治理贫困

法国的社会问题

（1789—1848）

[意]乔凡娜·普洛卡奇 著　　乐启良 译

ZHEJIANG UNIVERSITY PRESS
浙江大学出版社
·杭州·

GOUVERNER LA
MISÈRE

LA QUESTION
SOCIALE
EN FRANCE,
1789-1848

图书在版编目（CIP）数据

治理贫困：法国的社会问题：1789—1848 / (意)
乔凡娜·普洛卡奇著；乐启良译. -- 杭州：浙江大
学出版社，2023.9
ISBN 978-7-308-23759-8

Ⅰ.①治… Ⅱ.①乔… ②乐… Ⅲ.①社会问题—研
究—法国—1789-1848 Ⅳ.①D756.58

中国国家版本馆CIP数据核字（2023）第078122号

Gouverner la misère
La question sociale en France (1789-1848)
by Giovanna PROCACCI,

©Éditions du Seuil, 1993

浙江省版权局著作权合同登记图字：11-2023-254 号

治理贫困：法国的社会问题（1789—1848）

（意）乔凡娜·普洛卡奇　著　乐启良　译

责任编辑	谢　焕	
责任校对	陈　欣	
封面设计	云水文化	
出版发行	浙江大学出版社	
	（杭州天目山路148号　邮政编码：310007）	
	（网址：http://www.zjupress.com）	
排　　版	浙江时代出版服务有限公司	
印　　刷	杭州钱江彩色印务有限公司	
开　　本	880mm × 1230mm　1/32	
印　　张	10.125	
字　　数	259千	
版 印 次	2023年9月第1版　2023年9月第1次印刷	
书　　号	ISBN 978-7-308-23759-8	
定　　价	78.00元	

序

先讲一段人生履历。一个意大利的青年女社会学家受到法国智识和政治舞台的吸引,在 20 世纪 70 年代初远离波河河畔,来到塞纳河畔。她不仅学习了巴黎八大－万森大学(不久改名为圣德尼大学)的课程,也聆听了米歇尔·福柯在法兰西公学的系列讲座。她专注思考"治理艺术",思考"社会范畴"。在后一个领域,弗朗索瓦·埃瓦尔德和雅克·东泽洛(Jaques Donzelot)分别发表了《福利国家》[1](1986 年)和《社会范畴的发明》[2](1984 年)。乔凡娜·普洛卡奇坚持不懈地研究 1789 年和 1848 年期间人们对贫困的理解。她是法国国家图书馆的常客,在书海世界里遨游。她探究的领域异常复杂,不能简化为一般意义上的"学科"史或者社会控制史。她在 1984 年提交的博士论文给人留下了深刻的印象,因为她希望呈现各种各样的话语,并试图勾勒它们的谱系。

但是,乔凡娜·普洛卡奇并不满足于此。她申请并获得了一份奖学金,远赴普林斯顿高等研究院深造。在此,她遇到了阿尔伯特·赫希曼(Albert Hirschman)。赫希曼变成了她的第二位导师,并对她产生了不可磨灭的影响。

经过漫长的研读和深邃的思考,这本著作终于面世了。无论是英法两国政治经济学的伟大经典作家,还是对"社会经济学"概念的构建作过贡

---

1 François Ewald, *L'État-Providence*, Paris, Hachette, 1986.

2 Jaques Donzelot, *La Police des familles*, Paris, Éditions de Minuit, 1977.

献，但更为平凡的博爱学家、教授、医生，她都从贫困的角度进行重新释读。不管是亚当·斯密、萨伊、还是马尔博（Marbeau）与谢尔比烈（Cherbuliez），他们都被置于贫困人类学的框架下考察。实际上，没有什么能比此举更刺激、更有趣了。

7

为了保持批判的眼光，研究者必须和知识对象保持距离。本书有别于他人探讨的实践史，[1]它着重考察幸福/不幸、劳动/懒惰、欲望/需求、救助、合法慈善、公共救济等观念或概念的历史。长期以来，"新史学"抛弃了观念史和概念史，认为它们空洞无物，缺乏"体验"，只能存在于我们教材里的"人与著作"栏目。但如今，这个领域已经满血复活，18世纪的相关研究更是充满希望。19世纪，尤其是它的前半个世纪，靠政治而非经济著称，鲜有理论家，故而很少受人关注。然而，这恰恰激发了乔凡娜·普洛卡奇的研究兴趣。

乔凡娜·普洛卡奇的抱负远不止于此。她希望理解法国大革命由于否认"市民社会"，在国家与公民之间留下的"真空"如何孕育出了"社会问题"。政治经济学相信劳动能够解决一切问题；不同于重商主义，它把分析的重点从商业转向了生产。它曾经幻想，所有权的自由以及不走极端的必要的不平等能够给所有人带来幸福。但不幸的是，却由此涌现出了不计其数的穷人大军。马尔萨斯是政治经济学的第一位伟大批评者。在他看来，迂腐落后、粗俗野蛮的爱尔兰农民是穷人的典型形象。

"国民财富"越增长，贫穷越严重。贫穷是如此的严峻，以致催生了一种集体性的灾难——贫窭（paupérisme）。为什么如此？怎么会这样？如何应对？经济学家、批判者［包括乔凡娜·普洛卡奇作过精彩分析的西斯蒙第、李嘉图、比雷（Buret，他信奉反工业、反英国的基督教政治经

1　我们特别期待卡特琳娜·杜普拉博士论文的出版（Catherine Duprat, *Charité et Philanthropie à Paris dans la première moitié du XIXe siècle, Paris-I, 1991.*）

济学）〕、公共卫生学家与医生、19 世纪的新型专家、博爱学家与"扶贫巡视员"（le visiteur des pauvres）[1] 反复宣称，在经济范畴、政治范畴和权利的个人主义之间，还存在一些社会问题。它们需要另一种解决路径——社会经济学。总而言之，社会经济学拥有独特的调研手段（统计学、调查、巡视家庭）、分类法（将穷人分为好穷人与坏穷人）和行动手段。难道如后来的马克思所言，它是"庸俗的经济学"吗？相反，乔凡娜·普洛卡奇在社会经济学的描述里，看到了许多真知灼见。穷人拥有一些独特的行为；在观察家们的眼里，他们或许是荒谬乖张的，但并非没有意义。所以，著名的"懒惰工人"宁愿享乐，也不愿多赚；尽管调查者们有时会把他与野蛮人相提并论，但毫无疑问，他的行为表达了对工业心态的抵制。因为对于无法给自己带来好处的工业，穷人根本提不起兴趣。所以，治理贫困，就是要移风易俗、发展需求、教育欲望，并培养劳动兴趣，因为它是实现幸福和成熟思虑的核心。问题的关键是不仅要提供救助，而且要塑造一种新道德，要培养良好劳动者的道德。它是和谐制度的基础，有助于消灭乞丐、无证件（在此期间是工人手册）者、单身汉、贫民窟的居民、工人宿舍的寄宿者（他们腐蚀妇女）等令人深恶痛绝的形象。

社会经济学主张，人们应当用劳动的文化取代贫穷的文化。这牵涉到表征和行为，而不涉及权利。在这一点上，似乎并没有发生什么变化。权利涉及法律范畴和政治范畴，而不涉及社会范畴。[2] 大革命表明，承认救助权利是一桩危险之举；承认劳动权利也同样是进退两难的事情。多亏了托克维尔，1848 年的讨论变得清晰可辨。这些讨论充分说明，当时的争论

1　"扶贫巡视员"的提法出自热朗多的著作《扶贫巡视员》。（J.-M. de Gérando, Le Visiteur du pauvre, Paris, 1820.）
2　在主要讨论 1848—1914 年时期的《福利国家》中，弗朗索瓦·埃瓦尔德考察了社会权利如何取代自由权利的过程，尤其着重考察了 1898 年劳动事故法颁布以后的历史；同时，他也分析了风险概念和保障技术所发挥的影响。

是如何地激烈。人们宁愿选择义务的概念，强调富裕公民对贫穷公民负有义务，强调穷人对帮助他的社会负有义务，强调国家负有义务。譬如，奥古斯特·孔德竭力鼓吹在某种有机团结的观念中孕育的义务观念。后来，莱昂·布儒瓦（Léon Bourgeois，他更多是"团结主义"的继承人，而不是其公认的发明者）和埃米尔·涂尔干（他是主张重建社会纽带的社会学家、第三共和国的理论家）也继承了孔德的思想。作为社会主义的替代方案，团结主义试图协调国家的义务和个体的权利，与此同时，它拒斥对工人阶级或穷人世界（即我们当代所言的"第四世界"[1]）的承认所带来的团体主义危险。归根结底，在这背后，隐藏着政治范畴的自主性和社会范畴的自主性等重大问题。它们也是托克维尔呕心沥血加以思考的问题。

9

在乔凡娜·普洛卡奇的努力下，这些历史争论具有了非比寻常的现实意义。在阅读这本真诚而又不失厚重的著作时，我们必定会斩获极大的快乐，因为它到处洋溢着闪烁智性之光的情感。

米歇尔·佩罗

1　"第四世界"（le quart monde）是指当代发达国家中占四分之一人口的弱势群体，他们在贫困线上挣扎。和"第三世界"的概念从"第三等级"的概念汲取灵感一样，"第四世界"的概念也从革命者路易·皮埃尔·德·威利耶（Louis Pierre de Villiers）提出的"第四等级"（le quatrième ordre）概念汲取了灵感。——译者注

目录

导　论

1.论贫穷

不同于常规的做法，本书虽然论及革命，但主题却不是关于大革命的。它探讨在现代社会的发展过程中，处理"国家贫穷"问题的政治必要性所带来的冲击。由于政治经济学，人们对财富的影响了如指掌。人们同样容易能够理解，绝大多数人口陷入贫困（misère），会严重制约工业经济发展的政治的与社会的条件。事实上，在推翻旧制度、建立新社会以后，贫困问题在政治议程中占据突出地位。众所周知，"贫穷政策"（politique de la pauvreté）与财富政策一样，皆是自由主义社会诞生的典型特征。所以，拙著旨在考察围绕"贫穷政策"引发的博弈。

一组矛盾映入我们的眼帘：在旧制度向新社会制度转变的过程中，贫穷的角色出现了重大变化。两种形象限定了本书讨论的贫穷问题：旧制度的乞丐和现代的穷人。一方面，各色各样的乞丐不断增多，他们的生存离不开好人的施舍和慈善，他们把济贫院挤得人满为患，充斥在大街小巷。另一方面，按照杰弗里·卡普洛（Jeffry Kaplow）的说法，这些"毫无用场"

的人与"进步的道路格格不入"[1]。人们并不把他们看作个体，而是视为"危
险阶级"。这就是所谓的贫窭。现代穷人不再是衣衫褴褛、身有残缺的乞
丐，而是四肢健全、身强体壮但却"放荡不羁"的人。他们很少以孤家寡
人的形象出现；在他们的背后，一个蠢蠢欲动、好吃懒做、桀骜不驯和"寡
鲜廉耻"的世界若隐若现。贫窭尤其属于城市的穷人，他们或成群结队地
聚集于工作场所，或三五成群地出没于酒馆和妓院，或浪荡在给城市的劳
动与治安带来梦魇的肮脏街区。因此，人们应当抛弃镇压的方法，转而采
取预防的手段吗？无论如何，这两种贫穷的形象泾渭分明。

毋庸讳言，这两种形象之间也存在某种延续性。因为不平等的制度总
会把一批人抛向社会阶梯的底层，迫使他们处在不平等的负极。或者，因
为个人命运的多舛，因为难以叵测的不公待遇，穷人始终会存在。而且，
无论身处何种社会组织，穷人总是会对这种组织提出挑战。旧制度的政治
作品热衷于思考如何杜绝乞丐和流民的产生。然而，在旧制度灰飞烟灭后，
穷人既没有停止乞讨，也无法改变自己在寒风中哆嗦的命运。此外，大革
命没有废止镇压乞丐和流民的政策，仍然一如从前，把他们收押在集收容
所和监狱于一体的惩戒所里。[2]1810 年的拿破仑《民法典》明确规定了流
浪罪和乞讨罪，从而给镇压行为提供了法律依据。[3] 相反，救助还是主要
依靠私人慈善。[4] 可以说，19 世纪法国的救助组织与"18 世纪保持了一种

1　Jeffry Kaplow, *Les Noms des rois: les pauvres de Paris à la veille de la Révolution*,
Paris, Maspero, 1974, p.223; "Sur la population flottante de Paris à la fin de l'Ancien Régime, "
Annales historique de la Révolution française, XXXIX, 187 (janvier-mars 1967), pp.1-14.

2　1790 年 5 月 30 日—6 月 13 日法令开设慈善工场，用以收容法国籍的乞丐。J.-B.
Duvergier, *Collection des lois, décrets, ordonnaces, règlements et avis du Conseil d'Etat (1788-
1830)*, Paris, Guyot et Scribe, 1834, t.1.

3　*Code civll*, livre 3, articles269-283.

4　Charles Le Roux, *La Vagabondage et la Mendicité à Paris et dans le département de la
Seine*, Paris, 1907, p.52.

惊人的延续性"。[1]

　　无论是镇压部分，抑或慈善部分的历史研究，都拥有专业的杰出历史学家。笔者无意于在他们的研究之外画蛇添足，而只想考察贫穷在旧制度与后革命社会之间的惊人延续性。当然，贫穷在两个时代之间的断裂也不容置疑。米歇尔·福柯曾经阐明过贫穷政策对减少监狱数量的积极影响。由于发现了人口价值，18世纪70年代的杜尔哥改革和1782年英国的《吉尔伯特法案》（Gilbert's Act）都在不同程度上恢复了穷人的名声。[2] 自此以后，传统的慈善和监狱似乎变成了"危险的开支"，人们转而从经济的角度整合穷人。除了减少监狱外，人们对待穷人的态度变化还产生了什么后果？

　　可以确定，在大革命创造的新社会制度里，无论是乞讨，抑或对它的镇压，皆无法涵盖贫困问题的全部。除了在革命断裂后依然残留的传统贫穷，贫穷在18世纪末突然创建的新社会里，还获得了一种崭新的内涵与价值。它似乎变成了一种挑战，严格地说，它变成了一个问题。更重要的是，它变成了一个公众关注的问题。人们倾向于认为，它关乎新社会秩序的生死存亡，在象征层面和实践层面都占据着至关重要的地位。"社会问题"（la question sociale）便由此孕育而生。社会问题既是一种话语，也是一种实践，它代表着贫困给社会带来的诸多问题。在社会问题的框架下，救助贫困变成了一种社会义务。换言之，贫困尽管保持了某种延续性，保持了某种制度的惰性，但却获得了一些与新生的自由主义现代性密不可分的新特征。

────────────

1　Pierre Rosanvallon, *L'Etat en France de 1789 à nos jours*, Pairs, Éditions du Seui, 1990, p.149-150. 在谈论贫穷在两个时代的延续性时，罗桑瓦隆得出结论说，19世纪的人没有能力按照现代的方式处理贫穷。但笔者认为，社会问题恰恰体现了一种和乞讨、慈善的世界出现断裂的贫困观。让娜·加亚尔更为深刻地认识到了这种转变。Jeanne Gaillard, "Assistance et urbanisme dans le Paris du Second Empire," in Lion Murard et Patrick Zylberman（eds），*L'Haleine des faubourgs, Recherces*, 29, Paris, 1978, pp.395-422.

2　Michel Foucault, *Histoire de la folie à l'âge classique*, 2e éd., Paris, Gallimard, 1972, p.422 sq.

事实上，大革命的代表们在颁布的第一批法令中，便强调了消灭贫困的必要性。同样，不计其数的著作、调查以及各个学院和学会的有奖征文也竞相讨论贫困问题。博学的热情忽然聚焦于贫困，试图近距离地观察它。人们围绕贫困问题，为社会编织了一幕跌宕起伏、影响深远的大戏。为什么贫困变成了人们思考社会根基的主题，而不是使人简单地重建曾经试图铲除它、遏制它的救助机构和治安机构？什么原因导致现代的穷人有别于旧制度的乞丐与流民？笔者将考察自由主义社会最初推行的贫穷政策，剖析它们与旧制度的贫穷政策之间存在的差异，并尝试对上述问题作出解答。

职是之故，笔者的研究聚焦于差异性，而非延续性。人们对贫困的理解出现了根本性的变化。从前，人们把贫困视为个人的命运；此时，把它看作一种社会现象。18 世纪下半叶，各色的新社会理论催生了伟大的改革浪潮，并由此导致人们对待贫困的态度出现了重要变化。新的社会理论体现了资产阶级对王权专制的批判，目的是把社会从王权的枷锁下解放出来。[1]同时，它们还把贫困归咎于专制。因此，它们与其他理论一道，奠定了**理解贫困现象的新政治思维**，后者的宗旨是同时解决治理问题和贫困问题。[2]

是故，在反对专制的关键斗争中，大革命认为贫困是主战场，也就不足为奇了。此外，穷人也是大革命的重要参与者。他们从巴黎街头涌向凡尔赛宫和国民议会的门口，并把民众的贫困推向了政治舞台。战争和征兵还把他们变成了完整的公民。然而，他们也构成了人口的大多数，仅凭铲除旧特权而无法获得彻底的解放。封建权利虽然已经消亡，但穷人却没有

1　Reinhart Koselleck, *Krytik und Kryse.Ein Beitrag zur Pathogene der Bürgerlichen Welt*, Freiburg, Verlag Karl Alber, 1959. (trad.fr.:*Le Règne de la Critique*, Paris Éditions de Minuit, 1979.)

2　J.R.Poynter, *Society and Pauperism.English Ideas on Poor Relief, 1795-1834*, London, Routledge&Kegan Paul, 1969, p.XXII.

获准平等地进入法律的世界。¹而且，大革命加快了非基督教化的进程，
推动了乡村人口流向城市，尤其是流向巴黎，并由此极大地改变了生存资
料的分布状况。不过，大革命的财政政策只对财富的再分配进行了微不足
道的调整。²但是，经济增长的社会和从此以后由人民主权提供正当性的
政治权力，不能对穷人的诉求视若无睹。穷人不再处于人们能够将之归咎
于旧制度的边缘地带，他们持有的武器、重塑新社会的政治法则使人无法
再将之和昔日的乞丐、流民相提并论。

14

　　尽管后革命时期的法国继承了旧制度的贫困，但穷人变成新的主体。
从此以后，他们和别人一样赢得了道德独立，拥有相同的不可剥夺的权利。
《人权宣言》庄严宣告了旧特权的灭亡。除了镇压破坏公共秩序的骚乱外，
人们开始对穷人在强制整合他们的社会方案（因为它不能排斥任何人）里
能够扮演的角色（毋宁说，能够拒绝扮演的角色）感到忧心忡忡。因此，
人们必须有组织地干预贫困，构建一种**贫穷政策**，以应对穷人的挑战。

　　在法国，"社会问题"似乎与劳动问题休戚相关。社会问题与劳动问
题的关联源于自由主义理论的本质，因为它不但用失业来解释贫困，而且
认为劳动是解决贫穷问题的政治方案的重要组成部分。罗伯特·卡斯特尔
表示，贫穷与劳动政治的关联可追溯到14世纪；在旧制度时期，"社会问题"
尽管经常被简化为救助，但它的目标实际上也是维护传统的劳动组织。³
不过，一些重要变化正在悄然发生，改变了"社会问题"及其与劳动的传

　　1　Alan Forrest, *The French Revolution and the Poor*, Oxford, Basil Blackwell, 1981;trad.
fr.:*La Révolution française et les Pauvres*, Paris, Perrin, 1986, p.41.

　　2　Alan Forrest, *La Révolution française et les Pauvres*, pp.224-229；罗伯特·施内布指
出，大革命爆发后，财政制度并没有出现重大变化。［Robert Schnerb, "Les vicissitudes de
l'impôt indirect de la Constituante à Napoléon, "in Jean Bouvier et Jacques Wolff（eds），*Deux
siècles de fiscalité française*, Paris, Mouton et École pratique, 1973, pp.57-70.］

　　3　Robert Castel, "La question sociale commence en 1349," *Cahiers de la recherche sur le
travail social*, 1989, pp.9-27.

统关联。

保罗·皮亚森扎（Paolo Piasenza）指出，从17世纪末开始，在地方自治出现危机，中央集权急剧膨胀的大环境下，贫穷纯粹由个体造成的观念开始分崩离析。[1] 对穷人的管理开始超越地方，逐步卷入一个全新的社会空间，获得了日后贫窭的主要特征，即群体属性。[2] 贫穷与劳动的关系由此呈现出了迥然不同的面貌，它们更令人担忧，变成了重大政治问题的象征。可以说，在现代社会诞生之际，在自由经济和代议制诞生之际，"社会问题"的本质已初露端倪。

我们之所以强调"社会的"，乃是为了阐明一个崭新的事实：劳动问题与救助贫困的问题不但密不可分，而且从此以后，它们关乎整个社会的命运。原因在于，人们必须在民族内部建立社会机体的统一性，必须团结具有浓厚个人主义气息的主体。现代"社会问题"的独特性在于，人们不再应该把贫穷现象视作个体的命运，而应当从**博爱**问题的角度，也就是说，应当从为民族成员构建某种纽带的角度思考贫穷现象。所以，"社会问题"构成了大革命的内核，它源于在个人自由和平等的基础上构建社会秩序的困境。它也由此获得了政治力量。

乍一看，博爱的组织易如反掌，似乎只需要借助劳动，借助这种唯一重要的社会化手段，即可大功告成。但是，在19世纪初这种看法却强化了贫窭与工人问题的关联，使之变成了"社会问题"中最具政治色彩的内容。同样，贫困研究在博爱的领域里，还催生了一个举足轻重的问题：如何在平等的社会中证明不平等的正当性？

如果只把上述问题理解为形式平等与事实不平等的对立，并由此对它

1　Paolo Piasenza, *Poliza e città. Strategie d'ordine, conflitti e rivolte a Parigi fra sei e settecento*, Bologne, Il Mulino, 1990.

2　Bronislaw Geremek, *La Potence et la Pitié.L'Europe et les pauvres, du moyen age à nos jours*, Paris, Gallimard, 1988.

们置若罔闻的话，那么未免过于简单。问题的症结与其说穷人体现了事实的不平等，不如说权利向穷人揭示了平等。把平等作为社会秩序的基础，是一种纯粹的法律建构。这种做法遵循了自然法权论（jusnaturaliste）的逻辑，无法容忍任何例外。穷人尽管不名一文，但**却不能不是平等的人**。与所有公民一样，他们拥有相同的法律地位。因此，从法律平等的角度而言，不可能把穷人排除在外。这就导致了贫困问题在自由主义制度下获得了一种崭新的特征，从而迥然有别于昔日的乞丐问题。昔日关于乞丐的监管制度尤其变得不合时宜。从此以后，人们必须向穷人敞开权利的大门。

面对"社会问题"政治化可能带来的危险，自由主义的贫困理论试图遵照博爱学（la philanthropie）的方法，把社会问题解释为道德问题，从而将之排除在政治领域之外。但是，贫困的道德解释论苍白无力。1848 年革命爆发后，人民再次将自身的贫困归咎于失业，并争取新的权利。所以，贫困的道德解释论不得不让位于贫困的社会解释论。需要特别强调的是，贫困的社会解释论并非源于自由主义。贫困的社会解释论认为，社会化的程度差别决定着贫困所揭示的不平等；它试图减少不平等，它为博爱提供的解决方案远远超越了经济范畴和法律范畴。**社会性（socialité）变成了一种道德义务**。贫困的社会解释论认为，穷人与富人、国家和社会的矛盾会影响社会的整合，所以应当尽力重构这些矛盾。此种做法拥有两个好处：一方面，人们借此可以规避贫困给政治带来的危险；另一方面，人们开展了一些不可或缺的社会实践，在消除个人主义的消极后果的同时，又维护了个人主义原则。最终，人们创造出了大革命的博爱。

2.论政府

贫穷史，尤其是旧制度末年以前的贫穷史，通常被当作边缘的犯罪史

16

来研究。卡米耶·布洛赫（Camille Bloch）说过，穷人曾经被看作一个有别于农民和城市民众的独特群体，"一个真正的社会阶级"。[1]有人宣称司法档案是认识贫穷的真实档案，却忘记了一个重要事实：乞丐和流民更多属于法律的分类而非研究的分类。[2]将贫困史和犯罪史叠合，一方面会导致人们无法看到多数农民的脆弱处境，无法看到城市人口的贫穷更加严峻的事实；另一方面也会使人只关注镇压的维度，而忽略预防的维度。贫困处在边缘地带，与社会脱节，它导致穷人只会谈论穷人。

17　　　相反，在工业化时代的穷人历史学中，尤其在研究无产阶级状况的马克思主义历史学中，贫困与社会建立了联系。然而，社会贫困却由此变成了一个"特别属于经济范畴"的问题[3]：作为储备大军，扎堆于济贫院的穷人是一群相互竞价的劳动者，雇主能够随意压榨他们，降低他们的工资。在马克思主义历史学的影响下，人们开始把注意力聚焦于济贫机构负担的那部分贫穷，聚焦于它与自由劳动的关联。按照此种思路，英国济贫院和法国"乞丐收容所"的职能就是把穷人转变成为无产者。英国救助贫穷的策略主要停留于经济层面；法国则不同，它催生了一种贫困的社会解释论，它奉行的干预政策更少涉及生产领域。在19世纪上半叶，对穷人的关注首先表现在，人们发明了一些社会技术，以填补劳动制度的漏洞。人们发明它们，主要是为了抵制民众阶级为抗拒社会变迁而采取的反社会行为。可见，贫困的社会解释论希望借助劳动，创造一个有别于生产者的主体。换言之，它希望创造一个充分意识到公民义务的社会化主体，希望创造"市

1　Camille Bloch, *L'Assitance et l'État en France à la veille de la Révolution*, Paris, Picard, 1908, p.3.

2　Paolo Piasenza, "Povertà, construzione dello stato e controllo sociale in Francia:alle origini del problema," *Rivista di storia contemporaneau*, janvier 1980, pp.1-36. 杰弗里·卡普洛也强调说，人们应当把警察的调查报告作为研究巴黎流动人口的档案："Sur la population flottante de Paris."

3　Paolo Piasenza, "Povertà, construzione dello stato e controllo sociale in Francia", p.15.

民社会"的主体。

　　贫困不只关乎离经叛道者，无法被简单地归罪于工业剥削，它也是人们分析社会机制的关键因素之一。而且，对贫困的解释也是理解现代性的重要智识维度，因为它为人们理解社会事实建构了一种既非经济，亦非法律的思维模式。一言以蔽之，无论在理论层面，抑或在实践层面，它都是建构社会观念的关键要素。社会形成于政治范畴（le politique）与社会范畴（le social）分野之处，它是新治理实践的主体和领域。

　　唯有把对政治范畴的分析与主权的法律属性、国家的制度属性相分离，[1]并转向指导行为的**治理**（gouvernement）概念时，这一切才有可能发生。米歇尔·福柯深刻阐述了"治理术"在 16 世纪的兴起。在当时的语境下，治理意味着"要在某种意义上作用于他人的可能行动领域"。[2]这要求在治理关系的另一端，存在着主体自由；实际上，主体自由就是主体行动的可能性；而且，主体的行动自由需要借助治理关系来实现。所以，主体不再是权力的对立面，而是"权力的最重要结果之一"[3]。

　　主体将权力关系内化，对自由主义的个人观念产生了深远影响。[4]更重要的是，它还改变了人们对社会化范式的分析。自由主义社会受困于**经济人**（Homo æconomicus）与法律主体的根本对立。前者追求自己的利益，借助利益的多元化，利用市场模式，实现社会化；后者通过放弃其至高无

18

　　1　Michel Foucault, *Résumé des cours au Collège de France*, Paris, Julliard, 1989;*De la gouvernementalité*, Paris, Éditions du Seuil, 1989; Giovanna Procacci, "Notes on the Gouvernement of the Social, " *Histoire of the Present*, 3, 1987, pp.5-15.

　　2　Michel Foucalt, "The subject and Power," in Hubert L. Dreyfus et Paul Rabinow (eds), *Michel Foucault: Beyond Structuralism and Hermeneutics*, 2e éd., Chicago University Press, 1982, trad.fr.:*Michel Foucault, un parcours philosophique*, Paris, Gallimard, 1985, pp.312-313.

　　3　Michel Foucault, "Cours du 14 janvier 1976," in Colin Gordon (ed.), *Power and Knowledge.Selected Interviews and Other Writings, 1972-1977*, London, Harvester, 1981, p.98;*Difendere la società*, Florence, Ponte alle Grazie, 1990, p.34.

　　4　Alessandro G. Pizzorno, "Foucault et la conception libérale de l'individu," *Michel Foucault Philosophie*, Paris, Édition du Seuil, 1988, pp.236-245.

上的权利，利用契约模式，进行联合。因此，所谓的政治问题，就是要创造一个能够兼容两种主体的社会空间。福柯表示，为限制国家行动而构建的"市民社会"概念，正是为应付此种挑战而发明的一种治理技术。[1]

由此可见，市民社会并不反对国家行动，而是人们建构治理技术、创造治理知识的准绳。而且，新的治理技术和治理知识并不把利益和法律作为社会化的基础。一些人诉诸市场，另一些人推崇至高无上的个体（individu souverain）的观念。在此之外，人们还创造了一些新的社会实践，它们能够兼顾个体利益和"大公无私的利益"（intérêts désintéressés）。市民社会的概念可以规范那些既不属于法律范畴，也不属于经济范畴的社会关系。这些社会关系立足于地方，指向某个族群，而不像法律范畴那样指向全人类。笔者希望考察这种以市民社会为导向的治理方式的诞生过程，聚焦于它的第一个实施领域，即把贫穷理解为"社会问题"。

19

既然要考察市民社会的治理模式，还应当弄清楚它产生了什么后果。人们曾经害怕乞丐的祸害，如今则分析伴随现代社会诞生的贫窭。在此过程当中，不光是人们对贫穷的理解出现了改变，而且贫穷问题本身也发生了变化。此外，人们的研究对象是相对的，而非绝对的。尽管贫穷依然历历在目，但在每一个具体的社会里，贫穷概念所指涉的现象却是截然不同的。总之，拙著旨在考察一种"贫穷观念"。[2]

当然，问题的关键不是用观念反对事实，因为它们的对立是一个老生常谈且毫无意义的话题。基思·贝克（Keith Baker）指出，思想史也属于意义的范畴，因为"意义是任何社会行动都具备的一个维度"[3]。与此同时，

1　Colin Gordon, "Foucault en Angleterre," *Critique*, 471-472, 1986, p.831.

2　Gertrude Himmelfarb, *The Idea of Poverty. England in the Early Industrial Age*, 2e éd., New York, Vintage Books, 1985.

3　Keith Baker, "On the Problem of the Ideological Origins of the French Revolution," in Dominick LaCapra et Steven L. Kaplan (eds), *Modern European Intellectual History*, Ithaca, Cornell University Press, 1982, pp.197-219.

赖因哈特·科泽勒克（Reinhart Koselleck）对社会史与概念史之间关系的论述、福柯对话语实践的研究，也使人对该问题的理解出现了明显变化。[1]同样，问题的关键也不在于宣称贫穷催生了某些行政分类，而这些行政分类又"发明"了贫穷。毋宁说，关键在于理解如下的一点："时人[2] 提出的一整套观念深度介入了贫困问题及其解决，并深刻影响了贫困的发展史。"[3]

依笔者浅见，贫穷问题虽非虚构，但贫穷概念的指涉对象却在很大程度上影响了社会的自我反思。现代社会的诞生意味着人们对待财富的方式出现了重大变化，并造成了一些令人痛心疾首的结果，如乡村人口的流失、强制性的城市化和民众阶级的贫窭化。同样，在处理贫穷问题时，还出现了另一种并非无足轻重的变化。它要求人们分析贫困的原因和解决方案。这既是怜悯的道德要求，也是社会稳定政策的需要。

拙著并不是要效仿格特鲁德·希尔默法尔布（Gertrude Himmelfarb），探讨各色各样的贫穷观念，也无意于揣度隐藏在事实背后的意义和阴谋。拙著也不打算考察贫穷的某些研究者所创造的重要思想内容。毋庸讳言，在贫穷研究演变的背后，总是生活着一群有血有肉的人。但是，笔者并不想探讨使他们功成名就或者功败垂成的"人道主义意图"。[4] 换言之，笔者无意于考察（社会学或文化学意义上的）行动主体，而是要研究限定贫穷观念演变的政治的、社会的、智识的互动场域。笔者希望研究劳动的信仰、自由市场的信条、改革的必要性，希望研究财富的新特权和社会政策，希

20

1　Reinhart Koselleck, *Vergangene Zukunft. Zur Semantik geschichtlichen Zeiten*, Francfort-sur-le-Main, Suhrkamp Verlag, 1985. 有关福柯著作的论述，可参见：Paul Veyne, "Foucault révolution e l'histoire, " *Comment on écrit l'histoire*, 2e éd., Paris, Éditions du Seuil, 1978, pp.201-242.

2　19 世纪的人。——译者注

3　Gertrude Himmelfarb, *The Idea of Poverty*, p.7.

4　艾伦·福里斯特考察了大革命的贫穷政策史，将之视为"最容易为人遗忘的领域中的人类进步史"。（Alan Forrest, *La Révolution française et les Pauvres*, pp.201-242.）

望研究自然权利、法定权利（droits positifs），希望研究义务、道德范畴（le moral）和社会范畴（le social）。诸如此类，不一而足。所有这些因素都会影响政治与贫穷的关系变化，它们也远非每个行动者的意图和意愿所能完全主宰的。

阿尔伯特·赫希曼（Albert Hirschman）告诉我们，当代社会科学热衷于阐释构成能动性（agency）的各种要素，[1] 却经常忘记一个重要事实：行动者、话语、期望效果以及现实效果等推动社会变迁的因素，并非总能完美地相互契合。治理概念的优点恰恰在于，它并不要求这样的契合性。治理关系是影响他人行动的行动，它总是处在某种摇摆之中。唯有这些差距和摇摆，才有助于我们重构新贫困观念的**可能条件**，因为新的贫困观念不可能不与事实产生矛盾，不可能不与良知产生冲突。因此，笔者无意于呈现五彩斑斓的贫穷观念，而是要汇聚人们曾经用于思考贫穷问题的各种要素，并界定人们据以解释和处理贫穷问题的政治思维框架。由此，我们便能明白，一些理论、学说和实践的要素虽然不无冲突，但却共同推动了这种框架的形成。

也许有人会说，在理解贫穷时，存在多种思维模式，因为人们在分析贫穷问题时，总会卷入各色的意识形态、政治策略和宗教信仰。饶是如此，它们还是会拥有共同的，或者说至少都无法回避的内核。譬如，它们都承认，贫困与劳动紧密相连。这是自由主义和社会主义在贫困问题上的共同立场，哪怕它们的政治后果是如此大相径庭。笔者试图考察在走向工业社会的进程中，自由主义的贫困论发挥了何种政治影响。在笔者看来，自由主义的贫困论之所以特别值得关注，主要是因为如下的事实：对贫困的分析暴露

1　Albert Hirschman, *The Passions and the Interests: Political Arguments for Capitalism before its Triumph*, Princeton, Princeton University, 1977;trad.fr:*Les Passions et les Intérêts*, Paris, PUF, 1980, p.118.

了自由主义制度的内在矛盾（与民主相比，它的矛盾更为明显），并由此催生了一种为古典自由主义拒斥的改革话语。由是观之，民主与其说是自由主义模式的自然延伸，不如说是一种新战略，其目标是追寻自由主义模式缺失的社会化原则。

笔者虽然无意于讨论自由主义的定义，但还需要对它的使用范围作出界定。如今，在使用自由主义的概念时，人们似乎有意无意地扩大它的外延。当然，这种做法和社会主义的危机恢复了自由主义意识形态的活力不无关联。笔者要反其道而行之，从更狭隘的意义上使用自由主义概念，仅仅用它指代与自由主义的诞生休戚相关的政治原则和经济原则。在笔者看来，它是指作为理论体系而非作为政治制度的"古典"自由主义；而且，在政治上，自由主义断无可能独自运行。从这种意义上说，从来没有出现过所谓的"自由主义社会"。然而，无论是对其拥护者而言，抑或对其反对者来说，古典自由主义的基本原则都是无法回避的参数，因为它是一种在 19 世纪初独领风骚的政治思维。[1] 哪怕我们在古典意义上使用自由主义的概念，也会招致许多批评。因为在不同国家，在不同作者的笔下，自由主义原则总是会呈现出千差万别的面貌。笔者的目标不是描绘这些细微的差别，而是要考察自由主义原则在变成制度现实，以社会结构的面貌运行之后所暴露的张力。这些张力能够揭示自由主义原则的本质，能够阐明深受其影响的社会发展所制造的冲突。

也许，笔者的定义更接近于美国流行的自由主义概念。路易·哈尔茨（Louis Hartz）表示，在美国，自由主义已经变成了一种"传统"，变成了一种根深蒂固的习俗，变成了所有人在实践上都会赞同的原则与价值，　22

1　François Ewald, *L'État-Providence*, Paris, Grasset, 1986, p.23.

哪怕是"反自由主义者"，也不例外。[1] 又如，约翰·罗尔斯对自由主义作过类似的界定，并借此批评发展了**福利国家**需要的"民主传统"。[2] 然而，由于要证明自由主义理论并非出于偶然才拥抱福利国家，自由主义传统与民主主义传统的对立似乎由此很快变得模糊不清。[3] 谢里尔·韦尔奇（Cheri Welch）指出，遵照罗尔斯的思路，缩小自由主义与福利国家之间鸿沟的努力日渐增多。[4] 而且，这些努力并不局限于美国。它们试图证明，自由主义不仅可以保护自由，而且还能够为人们通常归功于社会主义的团结（solidarité）提供基础。[5] 有人甚至还断言："古典自由主义与福利国家的道德基础之间存在一种实质的延续性。"[6]

毋庸置疑，与自由主义原则并行不悖的慈善是一种利他主义；但是，要从效用主义[7]的"同情"演绎出现代社会国家的必然性，也绝非易事。熊彼特指出，尽管效用主义的"同情"中存在着**福利**概念的某种先兆，但积极关注公民幸福的社会观念只能建立在其他的基础上，而且更多的是建立在"团结"而非自由主义之上。植根于工业社会的贫穷日益加剧，这恰

1　Louis Hartz, *The Liberal Tradition in American*, San Diego, Harcourt Brace Jovanovich Publishers, 1955, 2e éd., 1983；"The rise of the Democratic Idea, " in Arthur M. Schlesinger et Morton White (eds), *Paths of American Thought*, Boston, Houghton Mifflin Co., 1970, p.44.

2　John Rawls, *A Theory of Justice*, Cambridege (Mass.), Harvard University Press, 1971 (trad.fr.: *Théorie de la justice*, Paris, Éditions du Seuil, 1987).

3　John Rawls, *Théorie de la justice*, pp.315-324；Wolfgang Fach et Giovanna Procacci, "The thin man: on life and love in liberalism," trad.fr. in *Bulletin du Mauss*, 23, 1987, pp.101-131.

4　Cheri B. Welch, "Liberalism and social rights, " in Murray Milgate et Cheryl B. Welch（eds），*Critical Issues in Social Thought*, New York, Academic Press, 1989, p.183.

5　Stephen Holmes, "Liberal guilt: some theoretical origins of the welfare state, " in J. Donald Moon (ed.), Responsibility, Rights and Welfare, Boulder（Colorado），Westview Press, 1988, pp.77-106；Luc Ferry, "Les droits de l'homme, " in François Furet, *L'Héritage de la Révolution française*, Paris, Hachette, 1989, pp.285-307.

6　Stephen Holmes, "Liberal guilt: some theoretical origins of the welfare state," p.83.

7　在中国学界，"utilitarisme"通常被译为"功利主义"。但依译者管见，翻译为"效用主义"可能更为妥帖。在本书里，"utilité"译为"效用"，"utile"译为"有用的"。——译者注

恰证明了自由主义原则与团结原则之间存在的鸿沟。这道鸿沟极大改变了
自由主义社会，超越了它与贫穷的关系。弗朗索瓦·埃瓦尔德在剖析福利
国家的诞生时，阐明了各种自由主义解决方案的内在缺陷，认为它们迫使
人们试图超越权利与义务的对立，创建一种独一无二的社会义务制度，并
把社会确立为新的权利主体。[1]

福利国家并非产生于"自由主义为之提供框架的民主个人主义的逻
辑"，[2] 而是产生于两个重要的因素：一是为了解决民主个人主义逻辑所
催生的政治问题，二是"治理贫困"对政治范畴作出的社会解释。所以，
自由主义必须持续不断地吸纳某种体现了反个人主义张力的"民主"策略。
莱因哈特·本迪克斯（R. Bendix）精辟地指出，工业化和民主化并不是同
一个进程；从主体的权利（droits subjectifs）向整体的个人主义社会观念
的转变也绝不是民主发展的充分条件。[3]

3.社会范畴

在 19 世纪城市贫窭的悲剧里，社会范畴（le social）崭露头角，并逐
渐与经济范畴（l'économique）、法律范畴（le juridique）相分离。它尽管
肇始于生产领域的困境，但却置身于另一个更少受到个人主义束缚的领域。
它既要解决一个治理问题，即要化解不平等在一个平等社会里制造的潜在
冲突，也要反驳打着政治范畴深刻烙印的法律主义（juridisme）。

在现代社会的形成过程中，社会范畴是如此的重要，以致人们不能将

1　François Ewald, *L'État-Providence*, p.345. 朱迪思·斯通认为，法国的改革策略和"一
种更重视集体力量的古典主义反思"密不可分。(Judith Stone, *The Search for Social Peace*,
Albany, State University of New York Press, 1985, p.5.)

2　Luc Ferry, "Les droits de l'homme," p.296.

3　Robert Nisbert, "The French Revolution and the rise of sociology in France," *American
Journal of Sociology*, 49, 1943-1944, pp.156-164.

之等同于对经济范畴和法律范畴的批判，不能把社会范畴看作一个从属问题。人们也不能把社会范畴简单地看作团结主义宣传的"发明"，[1] 或者将之视为一种保守的伎俩，目的是要抵制某些与社会权力分配息息相关的重大问题。为了理解社会范畴的价值，应当直接研究它，并勾勒它的实质内容。因此，拙著的目标是要阐明人们用于建构社会范畴，并界定其原则和实践的概念分类。

对贫穷政策的分析表明，社会范畴之所以产生，乃是为了消解贫穷涵盖的潜在冲突。社会范畴用反社会性（antisocialité）的概念解释贫困，目的是使贫困变得可以治理。社会范畴体现了治理贫困的诉求，并用非法律的概念将之表达出来。它使得社会不再纠结于权利与权力的冲突，而是把目光聚焦于组织化和社会化的问题。它提出了一些与分享权力无关的社会实践。由此可见，社会范畴被定义为**一种非政治化**（dépolisation）的策略，它的目标是避免平等社会里的不平等（无论是财富的不平等，抑或权威的不平等）侵入政治范畴。社会范畴并不反对政治，恰恰相反，依靠社会范畴，政治范畴的治理才变成了可能。换言之，政治范畴才得以摆脱社会契约原则施加的共识束缚。

20 世纪 60 年代末，社会范畴的重新发现主要是因为经济范畴的分类概念出现了危机。它试图摆脱社会事实的经济解释论所面临的困境。人们重新发现了"生产关系"所遮蔽的、充满着斗争和差异的世界。经济学曾经妄称，它揭示了现代社会的全部真理。社会范畴不但抵制此种经济学的谬论，还呈现了一种不同寻常的多维性。[2] 从此以后，它变成了阶级冲突的场所。但在传统上，阶级冲突属于经济范畴。在 20 世纪 70 年代，**社会**

---

1 Jacques Donzelot, *L'Invention du social*, Paris, Fayard, 1984.

2 Giovanna Procacci, "Legittimità politica, legitimità sociale, " *Sapere e potere*, 2 vol., Milan Multhipla E., 1984, 1, pp.93-103.

范畴的自主性（autonomie du social）观念日趋变得流行。

但是，社会范畴产生于贫穷政策的事实表明，它更多是一种治理策略，而不是构成了一个自主的领域。它既不是市民社会反对国家的产物，也不是一场为了打碎改良主义的枷锁，具有反叛精神的失败革命，更不是"体制"为了自我保全而采取的阴谋诡计。社会范畴的政治属性并非空穴来风的异物，而是与它所卷入的斗争休戚相关。社会范畴试图融合社会事实的知识和行政的实践活动，它是作为一种政治空间而诞生的。换言之，社会范畴产生于一种缓慢形成的纲领。它的本质在于，不管社会是否意愿，都要"近距离地治理社会"，目的是填补法权国家深陷其中却无法摆脱的鸿沟。因此，与人们通常所说的相反，社会范畴的构建是为了回应改造社会的需要，而不是为了维护社会的自主。

25

这就是为什么近年来人们对**社会范畴之自主性**的讨论会远远少于对**政治范畴之自主性**（autonomie du politique）的讨论。[1] 社会范畴的领域通常被理解为典型的服从领域：个人服从国家（或集体），而国家（或集体）则因保护太多而变成了压迫者。正如社会范畴的建构重新肯定了政治范畴，将之视为一个并不完全服从于经济范畴的领域，也会拥有某种解放的维度，并结出丰硕的果实。此举可以分离政治范畴与国家，用于思考皮埃尔·克拉斯特（Pierre Clastres）所言的"无国家的政治范畴"。它使人们在分析政治范畴时，更多地聚焦于关系维度而非制度维度（即权力），从而恢复了政治范畴在全部社会事实当中的独特地位。

同样，当代社会转向政治范畴导致人们对法国政治史做出了全新的解

　　1　在此，笔者是指新近出版的大革命著作试图证明政治和社会之分野。（François Furet, *Penser la Révolution française*, Paris, Gallimard, 1978.）基思·贝克也将革命的"社会解释"和"语言政治"对立。（Keith Baker, *Condorcet. From Natural Philosophy to Social Mathematics*, Chicago University of Chicago Press, 1975;trad.fr.:Condorcet, Paris, Hermann, 1988, p.206.）

读，并重新燃起了革命研究的热情。但是，在大革命两百周年纪念活动的推动下，这种批判的史学迅速变成了新的正统，并丧失了其解放维度。政治范畴在追求自我决断的道路上走得如此之遥远，以至于脱离了自己的肉身，纯粹化约成了一种精神活动。难道这是政治范畴在对脱离了自己的社会范畴采取报复行动吗？可以说，大革命两百周年的纪念史学最终否定了社会范畴的反自由主义属性。

革命的动力被分解成一系列的冲突，人们把一些概念、一些日期，当然也包括一些人物对立起来。为此，他们把讨论转移到哲学层面，认为唯有哲学才能恢复革命进程的政治维度。在哲学的层面上，个体和普遍、自由主义和雅各宾主义、平等和不平等、纯粹的原则与社会现实针锋相对。他们倾向于把大革命变成一种智识进程，将之理解成为一种精神结构、一种话语、一种文化，毋宁说，将之理解成为一个事件。[1]他们偏爱研究人物和分析概念，因为此举能够让他们割裂人物和概念的联系，能够无视使得这些人物和概念相互作用的社会政治问题。

26 　　唯有采取这样的理论立场，他们才能把激进的个人主义看作个人道德再生的意识形态的对立面，才能把 1793 年看作对 1789 年的否定。在 1989年，**启蒙岁月在反对恐怖岁月**。这是在模仿电影惯用的蒙太奇手法！

拙著试图重构的社会范畴是如此的复杂，所以在考察它的形成过程时，必须重构这些冲突。而且，社会范畴是平等与不平等之间张力的产物，这就意味着人们需要承认它们彼此关联。然而，批判的革命史学却矢口否认它们的联系，认为平等和不平等构成了大革命政治风景中两组水火不容的系列问题。一方面，平等自由的觉醒，它的纯粹法律属性使之规避了治理和公民资格的实践难题。譬如，皮埃尔·罗桑瓦隆表示，平等构成了"社

1　Olivier Bétourné et Aglaia I. Hartig, *Penser l'histoire de la Révolution française*, Paris, La Découvert, 1989; François Dosse, *L'Histoire en Miettes*, Paris, La Découvert, 1989.

会的想象"。另一方面，唯有在尊重差别的实践领域（它却被平等视若无物）里，政治范畴才能道成肉身，因为它的任务恰恰是要维护平等妄图将之夷平的社会世界。

假如套用社会学研究宗教的术语，在他们的对立中，平等变成了未分疏（indifférenciation）的同义词；相反，不平等则被简化为分疏（différenciation）。[1]这就演绎出了个人与公民的对立，但他们却由此忽视了一个重要事实：自由主义为保护个人自由设置的屏障，将使人们不得不承担放弃参与公共生活的巨大代价。

社会范畴的形成还植根于法律框架的内在张力，植根于国民与其代表们的矛盾（前者拥有不可剥夺的权利，是制宪意志；后者是被委托的主权，是宪制权力），植根于自然法与法定权利的关系。假如我们相信大革命的两百周年纪念史学，那么自然权利与法定权利也是相互对立、彼此排斥的领域。自然权利意味着公民资格的普遍性，断无可能催生出宪制权力，因为它与现实社会截然对立。[2]相反，法定权利则会用社会权利、依附和集体的优先性扼杀个人权利。[3]

如果说自然权利理论没有规定个人参与政治，是因为它规范的是主体而不是公民，[4]那么革命的《人权宣言》却相反，它谈论政治人（homme politique），而后者的自由取决于其参与立法的行为。因此，大革命确立的权利绝不是自然权利，它们提及自然，只是出于类比的需要[5]；大革命确立的权利与**社会人**（l'homme en société）的事实紧密相连。在《人权宣言》

27

1　笔者在此借鉴了涂尔干的"分疏"概念。

2　François Furet, "Introduction, " *L'Héritage de la Révolution française*, p.13.

3　Blandine Barret-Kriegel, *L'État et les Esclaves*, Paris, Calmann-Lévy, 1979, 2e éd., 1989, pp.202-203.

4　Pierre Lantz, "Genèse des Droits de l'homme: citoyenneté, droits sociaux et droits des peuples, " *L'Homme et la Société*, 85-86, 1987, pp.73-85.

5　Michel Gauchet, *La Révolution des droits de l'homme*, Paris, Gallimard, 1989.

里，个人自由与政治自由是一个有机整体。[1] 革命者在创造新权利时表现的审慎以及用义务限制权利的考量，就是最好的证明。[2]

社会问题之所以特别值得关注，乃是因为如果不消灭贫困的障碍，如果不建立权利与义务的联系，就无法实现个人的解放。然而，大革命的两百周年纪念史学却忽视了此种张力的政治价值，因为它认为，真正的问题在于区分人民的政治主权与社会基础，否则便无法将代议制建立在自主的基础之上。他们也由此从公民的自主性滑向了政治范畴的自主性。

对大革命的两百周年纪念史学而言，法定权利催生了与"公约"（convention）观念相连、与自然观念相对的法律范畴。[3] 因此，法定权利不可避免地要援引确立"公约"的社会权威，成为社会进程的原始投射。社会由此脱离自然，获得了自己的专属形式；法律理性囊括了这些形式，因为它是"实践的和人类的"。可见，法定权利给法律论断提供了一种社会维度，从而打碎了自由主义理论的藩篱：随着法定权利的形成，"解放问题取代了自由问题"。[4]

所以，自然权利与法定权利并非彼此孤立，它们代表着法律的两种维度。自然权利谈论每个人身上都存在的人性，而法定权利关涉每个人都牵涉的政治范畴。一方面，作为法律和社会分类的普遍解释原则，自然观念再次复兴。它创造了对政治范畴不可或缺的普遍平等，但却回避了权威问题。另一方面，法律不仅源于自然，而且还取决于风俗、人类意志、"公约"，因为法律的权威需要承认这些因素催生的不平等。在这种法律张力创造的政治空间里，社会变成了自然；反之，自然也具备了历史维度。同时，

28

1　Blandine Barret-Kriegel, *L'État et les Esclaves*；*Les Chemins de l'État*, Paris, Calmann-Lévy, 1993.

2　Michel Gauchet, *La Révolution des droits de l'homme*, pp.70-75.

3　D.R. Kelley, "The prehistory of sociology，" *History Law and the Human Sciences*, London, Variorum Reprints, 1984.

4　François Ewald, *l'État-Providence*, p.25.

社会范畴应运而生。

由于把革命政治的各个要素置于对立面，而不是揭示它们的张力，大革命的两百周年纪念史学无法洞察自由主义的困境，无法看到其解决方案的反自由主义属性。然而，一些"社会的"解决方案最终发挥了"社会学"意义上的影响，换言之，它们通过"社会分工"（fonction sociale）的技术处理，规避了政治问题。因此，社会范畴丧失了与个人主义批判的密切关系，它也丢失了向自由主义施加社会义务的能力。作为义务，社会范畴在权利之外，提出了其他的社会化原则；作为"社会分工"的原则，它消解了政治的二元对立，将之变成了一个组织问题。这无异于在认知进程里，消解了在选举过程中自然权利与法定权利的鸿沟。[1] 同时，这也无异于巩固了要求维护政治范畴自主的劳动分工。

由此可见，社会范畴并没有改变自由主义理论的基础，而是给自由主义及其组织提供了一种内在的解决方案。有鉴于此，社会科学本身应当被视为自由主义的某种演变，而不是针对它的断裂。[2] 功能主义的解释模式会使人拘泥于社会策略的字眼，这不仅有可能遮蔽社会范畴将不平等非政治化的努力，而且也会掩盖社会范畴因其反自由主义的属性而产生的政治范畴。为化解自然权利与法定权利之间的冲突而建构的"社会的"解决方案，已经深刻改变了我们置身其中的社会。因此，为了重构这些转型的政治属性，似乎应当摆脱功能主义的束缚。我们明白，自然平等不是虚有其表，而实质的不平等也并非仅限于效用。我们有可能再次承认贫穷的政治价值，认清现代民主的根基。

29

30

1　Pierre Rosanvallon, *Le Moment Guizot*, Paris, Gallimard, 1986, p.95.

2　Keith Baker, "The Early History of the Term Social Science, " *Annals of Sciences*, 20, 1964, pp.211-226.

第一部分

「社会问题」的发现

第一章 论经济治理

1.乞丐与流民

乞丐、无赖、流民以及各色的穷人充斥着旧制度的社会。让－皮埃尔·居东（Jean-Pierre Gutton）笔下"令人焦虑的人"不断威胁着旧制度的秩序。[1] 盘根错节而又随处可见的贫穷构成了旧制度的社会风景线，流行病和饥荒接踵而至，穷人扎堆于城市，农村骚乱与抗税叛乱的队伍随时都有可能壮大。尽管官方档案无视他们的存在，但历史学家还是在社会动荡的特殊环境下，找到了"脆弱生命"的蛛丝马迹。[2] 官方档案里出现了不计其数的仆人、伤残者、弃婴、单身妇女、行商和工人，呈现了一个龙蛇混杂的群体。盖雷梅克（Geremek）指出，对付他们的手段既有怜悯，也有绞刑架。

实际上，流动贫困的历史首先属于慈善史的研究领域，而慈善的最大

1　Jean-Pierre Gutton, *La Société et les pauvres en Europe (XVIe-XVIIIe siècle)*, Paris, PUF, p.11.

2　除了居东的著作外，还可参见：Olwen H. Hufton, *The Poor of Eighteen Century France, 1750-1789*, Oxford, Oxford University Press, 1974; Jeffry Kaplow, *Les Noms des rois*; Catharina Lis et Hugo Soly, *Poverty and Capitalism in Pre-industrial Europe*, London, The Harvest Press, 1979; Arlette Farge, *Les Marginaux et les Exclus dans l'histoire*, Paris, 1979; Arlette Farge et J. Revel, *Logiques de la foule*, Paris, 1988; Bronislaw Geremek, *La Potence et la Pitié*.

动力来自宗教情感，因为它把穷人视为上帝的选民。富人与穷人之间建立了某种象征性交换的人际关系，富人提供施舍，穷人为他祈福。双方的社会地位都得到了肯定，富人在减少穷人贫困的同时，也拯救了自己的灵魂，减轻了其财富的道德罪恶。

尽管负责解决贫困的机构异常混乱，但这并不妨碍时人为贫穷问题提出了一套整体的解决方案。居东表示，流行最广但绝非唯一的解决方案是把穷人监禁在封闭的机构里，强迫他们从事劳动。[1] 在济贫院里，慈善和镇压并举，目的是要斩断流浪、乞讨与犯罪的联系。因此，在穷人的想象里，济贫院与监狱密不可分。譬如，大革命初期，民众攻打济贫机构的事实也充分证明了这一点。在城市里，镇压穷人的工作主要留给了"资产阶级"，他们通常遵照"分而治之的逻辑"，分别消除各自街区的冲突。[2]

权威由此落到了负责组织慈善的显贵手里。然而，公共救助机构日趋官僚化，主导济贫总署（Grand Bureau des pauvres）[3] 的官方公共救助机构逐渐侵蚀了显贵的权威。因此，贫穷的轻罪变成了警察控制和法官镇压的对象。[4] 阿莱特·法尔热（Arlette Farge）为我们重构了反对乞丐的治安行动，重构了穷人不断反抗镇压的骚乱。

在 18 世纪，一些重要变化开始让穷人真正威胁到了社会秩序，以致慈善与镇压并举的济贫院显得左支右绌，并由此受人诟病。穷人数量的急

1　Jaques Donzelot, "Espace clos, travail et moralisation, " *Topique*, 3 (mai 1970);Stuart Woolf, *The Poor in Western Europe in the Eighteenth and Nineteenth Centuries*, London, Metuen& Co., 1986, pp.28-31. 布罗尼斯瓦夫·盖雷梅克说，此种做法是为了树立劳动伦理。（Bronislaw Geremek, *Potence et la Pitié*, p.238.）

2　Paolo Piasenza, *Polizia e città*, p.353.

3　1544 年 11 月 7 日，弗朗索瓦一世颁布敕令，创建济贫总署，授权巴黎市长与市政官员照料穷人。在此之前，高等法院领导本地救助。济贫总署的目标是救助穷人，打击乞讨。它的责任是给巴黎及其郊区没有生活能力的老人和儿童提供救济。它的救助形式多种多样，给壮年提供工作，给病人与残障人士提供医疗，给老弱、儿童与无助的妇女提供金钱，等等。——译者注

4　*Ibid.*, p.298.

剧增长导致个体的慈善救济和系统性的监禁显得捉襟见肘。波因特（J. R. Poynter）在研究英国贫穷问题时指出，18 世纪的人（无论是柏克，还是马尔萨斯）对人口"数量"的担忧与贫穷观念息息相关，并导致贫穷问题变得更为严峻。[1]

穷人数量的增长要求国家干预，并由此逐渐改变了救助的面貌。人们开始贬低慈善的施舍，推进救助的世俗化。[2] 在支持救助世俗化的开明人士当中，开始流行社会应当保障生存权（droit à la subsistence）的观念。孟德斯鸠宣称："给街道上的人提供施舍不等于履行了国家应当给全体公民提供生存的义务。"博多（Baudeau）神父表示："我们的根本原则是要让真穷人真正地拥有获取真实需要的权利。"甚至，杜尔哥还宣称，穷人"对富人的富余拥有某种无可争辩的权利"。[3]

生存权与**真穷人**的观念紧密相连，国家有义务给他们提供一部分的社会财富。卡米耶·布洛赫表示，慈善从不考虑"要认识穷人的数量，要认识赤贫的本质与程度"。而且，贫困既不稀见，也非偶然，拥有一种持续的、"流行的"特征。[4] 穷人虽然存在，人们虽然看见他们，却不认识他们。在善待乞丐的个体慈善里，由于没有什么因素能够让人们从整体的角度解释贫穷，所以贫困无法显现其庐山真面目。世俗的干预则不同，它反对人们无差别地救助穷人，因为这对善良的施舍者并不公道。应当区分哪些人

38

1　波因特引用柏克的原话，证明说："数量在本质上意味着贫穷。"（J.R. Poynter, *Society and Pauperism*, p.XIV.）赖因哈特·科泽勒克阐明了"数量意识"在时间断裂、革命经验中发挥的影响。（Reinhart Koselleck, *Die Franzö sische Revolution als Bruch des gesellschaftlichen Bewüsstsein*, Munich, R. Oldenbourg, 1988, pp.61-65.）

2　Bronislaw Geremek, *Potence et la Pitié*, p.165 sq.

3　Montesquieu, *De l'esprit des lois*, XXIII, chap.XXIX；Baudeau, *Idées d'un citoyen sur les besoins, les droits et les devoirs des vrais pauvres*, 1765;Turgot, *Progrès successsifs de l'esprit humain*, 1750. 所有的引文皆见诸：Camille Bloch, *L'Assistance det l'État*, p.148. 卡米耶·布洛赫表示，国家对穷人负有责任的观念是"当时所有作家的共同看法，无论他们是哲学家抑或经济学家"。

4　Camille Bloch, *L'Assistance det l'État*, pp.5-8.

值得救助，哪些人又不值得救助。应当辨别职业流民，将之视为罪犯，投入监狱惩治；对于"正派的穷人"（pauvre honteux），则应当提供救助和工作。

沿着 18 世纪下半叶社会思想开辟的道路，反对乞丐的实践出现了一些重要的断裂。一方面，伴随着对人口经济价值的发现，人们认为社会秩序是个体幸福之前提的新观念应运而生。另一方面，"真"穷人与"假"穷人的区分也使国家把解决贫困问题作为管控劳动力的手段。罗伯特·卡斯特尔表示，在现代国家里，禁止乞讨、流浪的做法与劳动义务以及对劳动组织的控制并行不悖。[1] 除了专门对付乞丐与流民的乞丐收容所（dépôt de mendicité）等具有监狱属性的机构外，借助劳动，推动真穷人重新融入社会的观念变得流行；人们相信，与济贫工场的强制劳动相比，自由劳动具有显著的教育功能。[2]

然而，在 18 世纪中叶，法国的救助工作依然主要由私人基金会和个体施舍承担。乡村基本上仍然停留于封建制度的阶段：技术进步异常缓慢，农场集中的趋势加剧了粗工的贫困，而重农学派鼓吹的"农业个人主义"［马克·布洛赫（Marc Bloch）的说法］导致形势进一步恶化。[3] 在城市里，乞丐和流民壮大了仆人和"苦力"的队伍，他们过着贫穷不堪、污秽无比的生活，游走于犯罪的边缘，与城市的资产阶级构成了"鲜明的对比"。[4] 尽管救助出现了集权化的趋势，但济贫总署、教区和济贫院还是无法容纳这些"流动人口"。由于这套纷繁复杂的管理机制无法取得成功，所以在面对穷人代表的社会危险时，人们仍然需要诉诸治安和监狱。[5]

1　Robert Castel, "La question sociale commence en 1349," pp.12-13.

2　S.Woolf, *The Poor in Western Europe*, pp.28-31.

3　Catharina Lis and Hugo, *Poverty and Capitalism*.

4　Philippe Hecquet, *La Médecine, La Chirurgie et la Pharmacie des pauvres*, Paris, 1740, 3 vol., 1, pp.XII-XIII, cité par Jeffry Kaplow, *Les Noms des rois*, pp.59-60.

5　Bronislaw Geremek, *Potence et la Pitié*, p.212.

虽然研究慈善史的著作已经汗牛充栋，但分析贫穷的兴趣却方兴未艾。贫困变成了社会史研究的一个独特对象；它复兴于 20 世纪 70 年代，其标志是最近史学研究里出现的"贫窭循环"（cycle du paupérisme）。[1] 但是，人们在研究贫困现象时，主要局限于考察它与工业化的关系。人们尽管承认前工业时代与工业时代出现了断裂，但在所谓"前工业时代"的分期问题上却是众说纷纭。这类史学作品总是津津乐道地谈论工业化，在解释贫困问题时，它们普遍采用"无产阶级化"的概念。它们勾勒了一幅独特的历史图景：在 19 世纪中叶以前，贫困化日益加剧。它们认为，这是与资本主义发展息息相关的劳工转型必然催生的结果，而资本主义的发展把工人等同于穷人，使贫窭现象获得了一种群体维度。[2] 于是，贫穷史便与工业生产组织中的劳工史和剥削史相混淆了。

归根结底，我们可以在贫窭的史学研究中发现两种贫穷的形象：一种是濒于犯罪的边缘人，另一种则是不断无产阶级化的工人。这说明，现代社会的贫穷拥有两个本质特征：贫穷既是被排斥的场所，也如盖雷梅克所言，与整个 19 世纪的工人问题密不可分。[3] 这种研究方法固然可以让我们理解贫穷、犯罪与无产阶级的关联，但却有可能掩盖贫困问题的独特属性。所以，拙著的第一部分内容试图探讨在现代社会的诞生过程中，贫穷如何改变了政治的与经济的思维模式。

40

2.社会的自然秩序

对社会之自然秩序的思考植根于自然权利的哲学传统。**自然**的观念不

1　Michele Fatica, "Potere, intellectually, società e poveri".

2　Bronislaw Geremek, *Potence et la Pitié*, p.295；Catharina Lis and Hugo, *Poverty and Capitalism*.

3　Bronislaw Geremek, *Potence et la Pitié*, p.297.

同于起源于民法的契约观念，它在 18 世纪得到了复兴，并被视作关于人类、社会和法律之分类的普遍解释原则。[1] 它旨在回应这样一种政治诉求，即要把人人的普遍平等建立在统一的自然之上，并反对旧制度的排他特权。同时，诉诸超越社会的自然，可以确立个体相对团体的优先性，把个体的至高无上性（la souveraineté individuelle）作为社会权威的终极来源。[2] 由此，人与上帝、人与君主之间的原始共同体所催生的宗教社会观便土崩瓦解了。自然法变成了共同体的起源，而不是相反。

科泽勒克在研究杜尔哥时指出，自然秩序理论是"间接夺权"的典型形式，它的目标是通过与国王达成共识，而不是通过推翻绝对主义国家的秩序，满足社会的诉求。[3] 一种道德的、超政治的普遍诉求掩盖了人们提出的问题、概念以及解决方案所具备的政治维度，从而避免与现行政治秩序产生冲突。这种"政治道德化"的立场使人保持乐观，对化解国家与社会之间的矛盾充满信心。在绝对主义国家改革的最后几十年里，道德反叛的气氛弥漫于整个社会。在大革命把矛头直接指向绝对主义国家之前，它的根基早已动摇。

社会的自然秩序观念绝不仅仅意味着自然观念的复兴。熊彼特尽管不那么推崇在当时尚处萌芽状态的经济学思想，但仍然认为它倡导的社会自然秩序观念扩大了自然法权学说的范围。[4] 在 18 世纪下半叶，自然权利理论增加了新的因素和新的干预领域。起初，自然权利理论局限于法律领域，只关心法律阐释问题。到了 18 世纪下半叶，它出现了显著变化，超越了狭隘的法律范畴。在此期间，自然秩序理论催生了一种新的道德哲学，其

---

1 D.R.Kelly, *Law and the Human Science*, p.636 sq.

2 Otto von Gierke, *Natural Law and the Theory of Society, 1500 to 1800*, Cambridge (Mass.), Cambridge University Press, 1950, p.96 sq.

3 Reinhart Koselleck, *Le Règne de la critique*, pp.123-131.

4 Schumpeter, *History of Economic Analysis*, Oxford, Oxford University Press, 1954; trad.fr.:*Histoire de l'analyse économique*, Paris, Gallimard, 1988, 3 vol., 1, pp.200-202.

目标自然是要为经济和社会创建一套普遍的原则体系，修复被历史撕裂的社会世界。自然被描绘成具有普遍一致性的王国，它能够消除历史的撕裂和仇恨。

自然秩序理论笃信乐观主义。科泽勒克表示，尽管它坚持批判的立场，但并不认为存在卢梭的革命预言意义上的危机。[1]对卢梭而言，国家和社会同时出现了危机；危机是权力缺位的前提，它预示着一场注定无法为理性主宰的颠覆运动。自然秩序理论表达了一种相反的信念：只要采取一种批判的立场（它本身和政治危机形影不离），危机就可以避免。

科泽勒克表示，这种"进步主义"批判的全部奥秘在于"宣布理性的追求目标皆是确凿的现实"；由此，当下完全被理性化的影响所遮蔽。诚然，自然权利理论的进步主义批判或许有些自欺欺人，它竟然对水火不容的事物抱有调和的幻想。但是，它的哲学影响激发了改革的热情，却也是不可辩驳的事实。绝对主义国家的政治危机首先表现为一些批判历史的概念；在批判进程打开缺口后，**进步主义哲学**初具雏形，它关注人类，旨在推动历史发展的世俗化。实际上，进步主义的自然法则就是要允许人类支配自己的未来，从神启的神秘机制下解放出来。[2]

在驯服未来的过程当中，贫困问题令人愁肠百结。这并不令人意外。贫困似乎构成了一片难以捉摸的黑暗地带。贫困触目可见，证明了社会秩序的扭曲，证明了它只顾眼前，无视未来，一味地屈从神意。贫困变成了应当推翻现存秩序的领域，代表着一种普遍批判的领域。而这种普遍批判倘若希望凭借自己的道德力量，消除自己在政治上软弱无力的局面，就必须旗帜鲜明地捍卫社会的共同利益。

42

1　Reinhart Koselleck, *Le Règne de la critique*, pp.133-143.

2　Karl Löwith, *Weltgeschichte und Heisgeschehen. Die theologyschen Voraussetzungen der Geschichtsphilosophie*, Stuttart, Metzler, 1953;trad.it.:Ed.di Comnità, 1979, pp.89-111.

　　所以，乐观的进步主义哲学背后隐藏的改良主义将会无可避免地遭遇贫困问题。为了推动全部社会关系的理性化，它的纲领（用魁奈的话说，即"经济治理"）不得不对贫困问题进行理解；从此以后，贫困进入了抗议绝对主义国家秩序的陈情书。贫困似乎是专制的产物，是旧制度的特权与无能造成的既可悲而又无情的结果。

　　在"旧制度"末年，社会的自然秩序理论构成了社会批判的思想框架。伴随着思想革命，各种制度也在悄然发生变化。首先，它将贫困问题置于社会制度变革的整体框架下考量。在危机变得积重难返以后，自然秩序理论将转变成为革命救助理论的基石。法国大革命爆发前夕，在相对温和的"经济治理"理论里，关于贫困的乐观主义只不过是隐藏在社会批判之下的进步主义哲学的另一副面孔。

　　自然与劳动

　　自然被奉为普遍一致性的王国，用以反对历史的撕裂。人们之所以诉诸自然，谴责历史，乃是为了重构被历史败坏的权利体系。在人们看来，历史是滋长世袭特权的温床，会催生陈规陋习，使权利蜕变为排斥，把忠诚变成义务。杜尔哥宣称："人权不是建立在它们的历史之上，而是建立在它们的自然之上。"[1] 在历史上，各种权利不可避免地变成了特权，但在自然里，它们只会源于每个人必须为满足自身需求而从事劳动的必要性。[2] 一切权利制度皆源于自然赋予我们，并要求我们予以满足的全部自然需求。我们的第一需求是自我保存：保存的本能是我们归属自然王国的标志。"任何人都要履行自我保存的责任，不然他就会受到痛苦的处罚；如果他疏忽

　　1　Charles Gide et Charles Rist, *Histoire des doctrines économique*, p.10.

　　2　"我们所有的权利都植根于第一种自然性——我们的需求；我们的第一权利是满足它们；我们的第一义务也拥有相同的起源，它就是为满足我们的需求而从事的劳动。"（Victor Riqueti, marquis de Mirabeau, *Les Devoirs*, Milan, 1780, p.16.）

了对于自己的义务，那末他将会独自受苦。"[1] 所以，自然需求变成了法律的基础。伊丽莎白·福克斯—热诺韦斯（Elisabeth Fox-Genovese）认为，这是魁奈经济学对自然秩序理论作出的主要贡献；[2] 罗纳德·米克（Ronald Meek）同样表示，这是重农学派的方法中最具革命性的维度。[3]

当时的开明之士普遍信奉自然因素的优先论。沃尔内（Volney）表示，自然法要求人类把"自我保存"，把服务于此的各种禀赋作为基本法则。[4] 自我保存是人的原始诉求，它决定着人的道德维度。医生卡巴尼斯对自然先于道德的立场作出了最为出色的辩护，指出它引起了"医生和道德学家"的共同关注。[5] 人的生存与保全的原则，以及受自然禀赋支配的社会化模式（即同情），能重新将人嵌入构成一切和谐原则之泉源的自然。社会本身即是人类的自然需求。沃尔内在批评卢梭时说道："这是自然借助人的自我组织而施加的一项法则。"[6] 社会不能割裂人与其原始自然的关联，否则将催生暴政，并陷入动荡不安的困境。

社会应当建立在自然的基础上，而人也因为立足于自然，变成了社会的动物，并会服从社会。因为在自然里，一切皆已注定，一切皆合乎正义。在自然的社会秩序里，个人承认自己的利益与别人的利益密不可分，而两者的融合取决于普遍利益的观念；人际关系的典型特征是交换的互惠性

⁴⁴

1　Quesnay, "Le droit naturel, " *Journal de l'agriculture, du commerce et des finances*, 1765-1766, p.371.（《魁奈经济著作选集》，吴斐丹、张草纫译，商务印书馆，1997 年版，第 301 页。——译者注）

2　Elisabeth Fox-Genovese, *The Origins of Physiocracy. Economic Revolution and Social Order in Eighteenth Century France*, Ithaca, Cornell University Press, 1976, pp.215-216.

3　Ronald Meek, *The Economics of Physiocracy. Essays and Translations*, Cambridge （Mass.）, Harvard University Press, 1963, p.373.

4　Constantin-François, comte de Volney, *La Loi naturelle, ou Catéchisme du citoyen français*, 1793, Paris, Armand Colin, 1934, p.107.

5　P.-J.-G.Cabanis, *Rapport du physique et du moral de l'homme*, 1795, 2e ed., Paris, 1805, 2 vol., 1, p.10.

6　Constantin-François, comte de Volney, *La Loi naturelle*, p.111.

（réciprocité），而交换的互惠性会又使人彼此依赖。既然自然是道德的基础，而道德又是人类的重要需求，那么自然就变成了理性的同义词，变成了人类科学的基础。卡巴尼斯认为自然包含了一切理性分析的方法，并且强调说："唯有以人类恒常的、普遍的自然为基础，我们才有可能让道德科学取得真正的进步。"[1]

如果对人的研究最终必须建立在其自然之上，那么一切人类活动都应当履行自然强加的自我保存的原始义务；同时，自我保存的义务也变成了道德的目标。人们也用自然概念界定利益，将之理解为自我保存义务的完成。由此，道德和经济重新建立了联系，因为它们都同样植根于需求，因为它们都"不能规避自然的谋划"。[2] 将整套制度建立在自然之上，其核心是对满足需求而言不可或缺的劳动。

劳动的概念重新联结了哲学与经济学；毋宁说，它淋漓尽致地体现了一种新的哲学，后者发明了经济学，并将之用于消弭社会的裂痕，尤其是消弭政治与道德之间的裂痕。《百科全书》对劳动概念作了如下定义："人为了满足需要而不得不从事的日常职业；他应当将健康、生存、安宁、理性，或许还有美德，归功于它。"[3] 因此，劳动不仅维持生命，还保障个人幸福；劳动由于与自然难分难解，便构成了新伦理的核心，因为它"把繁荣看成一种真正的完美形式"。[4] 劳动与自然的关系表现在多个维度上：首先是需求，劳动可以满足它；其次是社会性，劳动通过交换活动实现它；最后是所有权，劳动将之作为个体道德与社会道德的基础。

（1）所谓劳动，就是从自然汲取财富，满足人的需求。唯有经过人

1　P.-J.-G.Cabanis, *Rapport du physique et du moral de l'homme*, 1, p.115.

2　Mirabeau, *Les Devoirs*, p.10.

3　"Travail, " l'*Encyclopédie*.

4　Henri Gouhier, *La Jeunesse d'Auguste Comte et la Formation du positivisme*, Paris, Vrin, 1933-1941, 3 vol., 2, p.19.

的劳动，把自然果实改造成为可以满足需求的产品，自然才会变成财富的泉源。[1] 由于能够把潜在的无限财富转变为现实的繁荣，所以劳动构成了一切经济活动的核心。"人拥有靠自身劳动成果而生存的权利。"[2]

对每个人而言，劳动都是一项不可剥夺的权利。杜尔哥指出，唯有邪恶的立法才会把劳动变成特权，才会把它赐予一些人，却拒绝另一些人，才会把它变成国王的一种特权，以便他出售牟利。劳动的自然基础要求它摆脱这种肮脏的交易，因为"上帝通过给人提供一些需求以及必要的劳动资源，把劳动保障权变成一切人的所有权；在各式各样的所有权中，它最重要、最神圣，也最不可剥夺"。[3] 所以，应当恢复劳动不可剥夺的自然属性，否认行会理事会和特权的正当性。在杜尔哥改革运动的经济诉求中，行会理事会和特权是首当其冲的批判对象。马克·索泽（Marc Sauzet）表示，塞吉尔（Séguier）抵制杜尔哥敕令的斗争淋漓尽致地体现了国王权利与现代权利的冲突。[4]

46

劳动不但是一种自然权利，它还变成了衡量一切自然权利的标尺。魁奈强调，绝非如某些人抽象地宣称，自然权利是所有人拥有全部事物的权利，它只能是每个人占有自身劳动成果的权利。自然需求的明证性把劳动变成了自然权利，把劳动嵌入了自然。因此，劳动变成了所有人为获取自身生存资料之活动的代名词。人应当劳动，正如鸟没有权利占有天空中的所有昆虫，它的权利只能限于自己的捕获。[5]

1　Quesnay, "Grains," l'*Encyclopédie*, 1756, republié par Ronald Meek, *The Economics of Physiocracy*, pp.83-84.（《魁奈经济著作选集》，第 98 页。——译者注）

2　"Travail," l'*Encyclopédie*；"劳动使人变得荣耀，变得高贵，并肯定他的所有享受。任何人都不能打碎我们自身条件施加的枷锁，否则就会走向堕落，丧失自由。"

3　Turgot, "Edit de suppression des jurandes," 1776, Œuvres complètes de Turgot et documents le concernant, G. Schelle (ed.), Paris, F. Alcan, 1913-1923, 5 vol., 5, p.242.

4　Marc Sauzet, "Essai historique sur la legislation industrielle de la France," *Revue d'économie politique*, 1892, pp.359-364.

5　Qesnay, "Le droit naturel," pp.366-367.（《魁奈经济著作选集》，第296页。——译者注）

（2）劳动也是一种**平衡**的实践原则，因为它能够在自然与人类、人与人之间维持一种**交换**的互惠性。它变成了满足另一种重要需求的自然手段。这种需求就是他人的需求和社会的需求。实际上，对每个人的自我保存而言，它们同样不可或缺。出于同情，人类会把源于自我保存义务的自爱推己及人；[1] 通过劳动，同情关系也会获得一种交换的互惠性，而不会造成一些人对另一些人的依附。社会虽然以自然为典范，但却产生于劳动合作，因为唯有劳动合作，才可以保存每个人。

（3）最后，由于自然赋予我们占有**所有权**的倾向，所以劳动获得了一种社会形式。所有权尽管起源于自然的本能，但它却构成了人与人之间最强大的纽带，构成了证明社会正当性的个体基础。追求所有权的热情以及由此产生的心理眷恋是维持社会权威的黏合剂，并能证明服从的正当性。米拉波在论述所有权与政府的关系时，希望人们充分利用所有权的黏合力，把对所有权的迷恋转化成为对公共善的热爱。对重农学派而言，所有权不但可以实现个人利益，而且它本身也是一种持久的、特别的利益，有助于维持社会的存在。所有权占据的核心地位揭示了自然秩序与"自然状态"之间存在的鸿沟。在自然秩序里，自然并不反对社会，它只是先于社会而存在，并能够给社会制度提供坚如磐石的基础。[2]

所有权既是劳动的前提，也是劳动的结果。重农学派从经济的角度和道德的角度猛烈抨击地租，谴责它割裂了因占有权获得的收入和创造收入的有用手段，割裂了土地所有权与劳动，因而严重扭曲了所有权制度。相反，土地和劳动应当构成一个经济统一体。在重农学派的体系里，自然与劳动的融合在农业里得到了实现，为道德秩序提供了自然的基础。魁奈在

1　P.-J.-G.Cabanis, *Rapport du physique et du moral de l'homme*, 1, pp.156-159.

2　Charles Gide et Charles Rist, *Histoire des doctrines économiques depuis les physiocrates jusqu'à nos jours*, 1909, Paris, Sirey, 1947, 2 vol., 1, p.7-8.

其第三原则中指出，"土地是财富的唯一来源"，强调它对社会而言是唯一重要的所有权。对重农学派而言，唯有农业才能增加社会财富："财富的原则存在于人类生活资料的泉源。[……] 农业劳动能够抵偿垫支费用，支付耕种工资，提供利润，并产生土地收入。"[1] 由于农业耕作，土地的所有权不再是特权的根源，而是变成了一种公共所有权；它能够让个体利益与普遍利益浑然一体，因为所有人都会尽心尽力，最大限度地增加纯产品的数量。纯产品的法则能够让土地的普遍利益和支配自身所有权的个人自由水乳交融；通过每个人对公共所有权的保护，它提供了协调个体与普遍的原则。

48

重农学派将农业理想化，把"自然人"（l'homme naturel）作为核心概念。自然人首先是生产者；劳动在人与自然之间建立了联系。"唯有通过劳动，财富才能获得更新和永续。"[2] 而且，需求把人变成了消费者，而消费又构成了衡量财富的尺度。土地固然是财富的起源，但"它的产品只有在变成人的必需品并且在能够用于交换的情况下，才构成了财富"[3]。所以，正是因为自己的生产能力和消费能力，人才构成了财富的中心。对重农学派而言，兼顾人的生产者和消费者的双重身份，显得至关重要。倘若一些人只消费，不生产，那么他们将会因为剥削别人的劳动成果而减少社会财富。

如果人是财富的核心要素，那么充足的人口将会保障充足的财富，因

---

1 Quesnay, "Grains," l'*Encyclopédie*, p.72.（《魁奈经济著作选集》，第 84—85 页。作者在此犯了一个小错误，引文出现于第一原则，而非第三原则。——译者注）米拉波说过类似的话语："农业是唯一的工场。在此，一个工人的劳动能够给许多从事其他职业的人提供生活资料。"（Mirabeau, "Mémoire sur l'agriculture" pour la Société d'agriculture de Berne, 1759, in *L'Ami des hommes*, Avignon, 1756-1760, p.13.）

2 Quesnay, "Hommes," l'*Encyclopédie*, 1756, republié par Ronald Meek, *The Economics of Physiocracy*, p.98. 亦可参见：Mirabeau, "Lettre à Rousseau," *Ibid.*, p.15.（《魁奈经济著作选集》，第 110 页。——译者注）

3 Quesnay, "Grains," l'*Encyclopédie*, p.83.（《魁奈经济著作选集》，第 96 页。——译者注）

为"人恰恰是国家力量之所系"。[1] 杜尔哥高度重视人口的价值，所以他根据历年统计表[2]，在法国历史上首次组织了官方的人口统计；内克也根据相同的材料，制定了一份人口出生表。[3] 重农学派在人口问题上表现出来的乐观主义建立在如下的一种信念上：农业能够融合作为财富的土地与作为生产要素的人类劳动，能够把人置于核心地位。

自然人似乎是社会植根于自然的鲜活证据，因为社会的基础及其正当性建立在个人在进入社会之前便已然拥有的权利之上。人需要耕作土地，需要创造社会财富，不得不为自己的生理需求而烦忧。所以，人也是自然的产物。在自我保存的努力中，"历史人"（l'homme historique）创造了进步和文明，但与此同时，他也重新融入了自身的自然，重新变成了人。历史人体现了劳动与自然的结合。自此以后，劳动与自然的结合将取代宗教，构成社会秩序的基础。社会不再是等级森严并由君主人格体现的宗教共同体；它被理解为一个由平等个体构成的整体；为了所有人的最大福祉，他们齐心协力，把自然果实改造成消费品。

在自然秩序里，各种初始的差别是自然法则的产物，所以不会被高级的组织制度消灭。[4] 它们不过是在遵从自然要求的"劳动合作"原则，不过是体现了把自然果实改造为财富的劳动的多样性。它们并非由社会创造，所以社会也不能消灭它们，而只能加以削弱。杜尔哥认为，雇主与工人的差别"植根于事物的自然，并不取决于行会管事会的专断制度"。[5] 然而，

1　Quesnay, "Hommes," l'*Encyclopédie*, p.88："因此，在增加产品的生产与消费方面，人们本身就成为自己财富的最初的、根本的创造因素。"（《魁奈经济著作选集》，第 103 页。——译者注）

2　有关出生、婚姻和死亡的统计表。——译者注

3　Turgot, *Œuvres complètes*, 5, pp.428-429; Necker, *De l'administration des finance*, 1784, 3 vol., 3, p.159;Alan Forrest, *La Révolution et les Pauvres*, p.46.

4　Quesnay, "Le droit Naturel," p.368.（《魁奈经济著作选集》，第 297 页。——译者注）

5　Turgot, "Edit de suppression des jurandes," 1776, *Œuvres complètes*, 5, p.244.

如果各种差别起源于自然，那么它们就不可能催生社会性的特权。在经济的统一体里，它们履行大相径庭却同样不可或缺的职能。

　　熊彼特表示，农业之所以在重农学派中占据核心地位，乃是因为这些**经济学家们深受时代精神的影响**。[1] 这不仅是因为农业技术的重大革新使人看到了投资农村的经济潜力。熊彼特还指出，时代精神还引导他们对自然权利和自然，对自然和土地，最后也对农业作出了"一种反逻辑的结合"。从经济的角度而言，这种结合或许是"反逻辑的"，但它却无可辩驳地揭示了"经济治理"的机制。

　　在社会的自然秩序里，普世的人占据着中心位置，充当社会世界和自身组织原则（即自然）的中介。由于他身上隐含着社会组织建立在自然之上的奥秘，所以在某种意义上，他构成了一个理想的微观世界。根据 18 世纪人文主义的理解，人同时生活在两个看似难以调和的世界里，而劳动恰恰帮助人们实现了这两个世界的融合。劳动从超历史的、自然的角度理解人，它构成了人的道德世界的核心。重农学派理论的贡献在于，给讴歌人类普遍价值的**劳动伦理**提供了经济基础。

50

　　人的普遍价值体现为每个人的劳动价值；自此以后，劳动价值将变成衡量社会秩序与自然秩序是否吻合的主要标准。毋庸置疑，**有用劳动**(travail utile) 的理论是重农学派批判租地贵族的利器。在重农学派看来，租地贵族一无是处，他们凭借特权，过着懒惰而又奢华的生活。不过，假如从政治的角度分析贫困，那么有用劳动的理论很快又产生了其他后果。"经济治理"应当调动每一个人，使之追求创造财富的共同目标。如果人们希望避免挥霍有助于创造国家力量的人类潜力，那么穷人就应当在生产秩序中占有一席之地，就应当通过劳动做出贡献。因此，反对懒惰的"经济治理"

1　Schumpeter, *Histoire de l'analyse économique*, 1, p.323.

战略将重塑围绕贫困的政治斗争。

有用劳动和贫困

劳动首先是作为物质进步的要素而变得有用，它把自然果实加工成对人类大有裨益的产品。有用劳动尤其变成了一种道德价值，因为它构成了人类生存的规范。作为在道德上唯一正当的权利，劳动具备了责任的尊容，变成了义务。只有处于儿童、病人和老人等极端状态，人才可以免除劳动的义务；在"正常"的状态下，没有人能够逃避劳动的义务。人只要生活在自然世界里，就必须劳动。所以，劳动会对人施加一种约束的价值。对主张从自然汲取全部真理的进步主义哲学而言，没有什么能比自然能更好地施加义务。

由于效用（utilité）承载着一种道德价值，所以它变成了善的同义词。譬如，18 世纪博爱学的效用主义还发明了"善举"（bienfaisance）的概念[1]。然而，自然并非完美无缺，尽管它承认了一些正当的需求，但是却无法创建满足它们的有效组织。实证科学肩负的使命就是要建构一种良好的社会制度，使之既要遵从自然原则，又能实现自然秩序的潜力。理性社会依靠法律与仁爱，纠正自然的不平等，增加个体追求幸福和自我保存的能力。总之，唯有通过创建有用劳动的制度，才能实现社会组织的红利。

劳动的效用不仅可以满足自然人的自然需求，还能拓展成为**社会效用**（utilité social）。而社会效用将界定社会关系的伦理原则，惩罚违反自然的懒惰。《百科全书》这样定义了懒惰："懒惰违背人与公民的义务，因为人与公民的一般义务应当造福于某种事物，尤其要造福于其所属的社会。任何人都不能逃避此种义务，因为这是自然的要求。"[2] 在"要过既有益

51

1　*Ibid.*, p.22.

2　"Oisiveté," l'*Encyclopédie*.

于自己，也有益于同胞的生活"的新趋势里，迪皮伊（Dupuis）看到了现代个体抵制宗教冥思的合理性。[1]伴随着对无用性的批判，人们开始把非生产性的地租和乞讨都纳入了懒惰的范畴。依靠社会财富为生，拒绝从事劳动的租地贵族遭到了指责；基于同样的原因，乞讨也备受批评，因为它允许一些人游手好闲，对社会毫无贡献。地租和乞讨都违反道德，使社会无法变成一个巨大的劳动工场。

布里索（J.-P.Brissot）在《刑法理论》（*Théorie des criminelles*）里，清楚明白地界定了贫困问题："因为始终会存在富人，所以也应当拥有穷人。在秩序井然的国家里，穷人依靠劳动为生；在其他国家里，他们衣衫褴褛，好吃懒做，告贫乞怜，不知不觉地侵害国家。让我们拥有穷人，但不要有乞丐。这就是一个良好政府应当追求的目标。"[2]重农学派打着有用劳动的旗号，大肆抨击乞讨，推动穷人凭借生产者和消费者的双重身份，在经济体系里获得一席之地。"唯有从事生产，唯有依靠劳动获得收入，农民才能提供充足的食物和必需的体面衣裳，才能维持农产品的价格和土地的收入。唯有如此，他生活在农村才有意义。"所以，财富的再生产与再扩大取决于贫民的贡献，"如果贫穷加剧，[……]那么王国的财富会明显地减少"。[3]

魁奈的第二十条原则强调说，政府"不要减少最低阶层的富足；如果他们不能对无法消费的食物作出足够多的消耗，那么将会减少国家的再生产和收入"。魁奈指出，人们对待贫困的态度出现了明显变化："强制的贫穷无法使农民变得勤勉；唯有所有权以及对其财物的可靠享用才能让他

52

1　Charles-François Dupuis, *Origines de tous les cultes ou Religion universelle*, Paris, an III, t.VIII, p.489.

2　J.-P.Brissot, *Théorie des lois criminalles*, Berlin, 1781, p.75.

3　Quesnay, "Grains," l'*Encyclopédie*, p.83.(《魁奈经济著作选集》，第97页。——译者注）

们产生勇气，从事劳动。"[1] 在"论谷物"的词条里，魁奈表达了同样的看法：
"让人民的菜单变得丰富，让他们疲于奔命地赚钱，乃是至关重要的事。"
问题的关键不再是维持与财富对立、无视财富的法则及其组织之贫困。从
社会的层面上，贫困不再是"毫无用处的"。也就是说，对财富事业而言，
贫困并非没有利用价值。贫困造就的政治服从并不能说明在特权制度里故
步自封的社会秩序的合理性。"经济治理"的艺术意味着，人们坚持一种
看似悖谬的立场：一方面要承认穷人客观存在的事实，另一方面也要给贫
人提供某种社会地位。

　　杜尔哥专门论述过贫困人口的社会地位。在杜尔哥分析贫困及其解决
的方案里，我们发现了有用劳动的概念。它是一个举足轻重的调控要素，
可以根据不同的需求、不同的制度解决方案对穷人进行分类。在利穆赞省
出现一场饥荒后，杜尔哥提出了兴建公共工程、雇佣穷人的就业方案，其
核心措施是创建济贫署和慈善工场。不久以后，在商业与生计署的督办官
（l'intendant au Commerce et Subsistance）阿尔贝（M.Albert）的推动下，
杜尔哥的方案在 1770 年得到了政府的批准。[2]

　　杜尔哥坚持认为，人们应当提升救助组织的系统化与理性化，"不能
随意地、草率地分配救助"。[3] 倘若不对穷人进行分类，一切救助组织都
无法实现理性化；倘若不"对各县的穷人进行登记"，救助将不可避免地
助长懒惰。[4] 是故，"应当把穷人分为两类，并提供不同的救助。一类是
因年龄、性别或者疾病等原因而无法谋生的人，另一类是拥有劳动能力的

53

　　1　Quesnay, *Maximes generals pour un gouvernement le plus avantageux au genre humain,* Pairs, 1782.

　　2　Du Pont de Nemours, Mé*moires sur la vie et les ouvrages de M. Turgot*, Philadephie, 1782, p.87.

　　3　Turgot, "Avis et instruction sur les moyens les plus convenables de soulager les pauvres," 1776, Œuvres complètes, 5, p.388.

　　4　Turgot, "Instruction lue à l'Assemblée de Limoges, " 1770, *Ibid.*, 3, pp.212-213.

人。前者应当获得免费救助；后者需要工资，最可取、最有用的施舍是给他们提供谋生的手段"。

济贫署既要给前者提供救济，也要给后者提供工作。工作主要靠兴建符合普遍利益的公共工程来提供。杜尔哥清楚地意识到，对穷人的管理正处于转型期。问题的关键是要提供恰如其分的手段，将习惯于乞讨和流浪的穷人改造成士兵和劳动者。[1] 被收押在乞丐收容所的人应当是人们争取重新整合的对象；同理，习惯于管理乞讨的行政官也应当改弦更张。我们由此便能理解，杜尔哥为何要事无巨细地谈论各种应当采取的措施。

为了消除流浪的陋习，济贫署应当立足于地方，解决"当地穷人"的问题。这是确定贫困的真实性，鉴别那些"纯粹因为懒惰"而陷入贫困之人的唯一方法。[2] 此外，人们应当驱逐"外地人"，将之遣回原籍。人们应当确保他们在归途中获得各地济贫署的接力救助，目的是防止他们再度乞讨。人们应当建立一个覆盖全国的机构网络，它们管理穷人的流动，但不必进行镇压。杜尔哥在关闭一家乞丐收容所时，向卡昂的督办官解释了自己的立场："不应用骑警押解穷人；因为他们注定要变成自由人，所以应当让他们享受自由；如果他们偏离道路，没有回到原籍，那么再逮捕和惩治他们也不迟。"[3] "每法里给 1 苏"的口号表达了杜尔哥通过消除乞讨的根源，进而消灭流浪的意愿。为此，人们应当废止一切有助于维持乞讨及相关行为的措施。这就解释了为什么人们不应该给聚集的穷人群体发放救济品，而只能给他们发放指定商品的荣誉券；凭借此券，他们可以个别地获得必需品。[4]

54

1　Turgot, "Mendicité," 1776, *Ibid.*, 5, pp.426-427.
2　Turgot, "Instruction," *Ibid.*, 3, pp.210-211.
3　Turgot, "Mendicité," *Ibid.*, 5, p.426.
4　杜尔哥甚至在其"政令"里，提供了大米的烹制配方，目的是要打消民众对大米的疑虑态度，宣称大米能够快速膨胀，具有神奇的营养价值。（*Ibid.*, 3, p.220.）

　　但是，组织慈善工场的劳动并非不会滋生问题。"应当注意，一些劳动者会想方设法获得工资，同时又尽可能地偷工减时，职业乞丐的劳动质量尤其乏善可陈。"[1] 同样，还应当注意穷人在年龄、性别和体力上的差别，为之提供不同等级的工资。慈善工场组织的劳动应当在经济上具有吸引力，应当考虑劳动者的生产积极性，否则它就有可能成为一种变相的救助。所以，杜尔哥主张按劳分配。同时，为了避免慈善工场吸引本可在别处找到工作的人，为了避免与"普通"劳工产生竞争，慈善工场的工资应当始终低于普通工人的工资。而且，虽然在救助穷人时，尽量不要使用现钱，但慈善工场里的劳动关系不得不用现金结算。因为唯有借助工资政策，人们才能根据生产能力对工人进行分类。有鉴于此，问题的关键是既要确保慈善工场能够在经济上盈利，使之具备一种相对纯粹的慈善管理而言的新特征，又要避免它们扰乱正常的劳动市场。

　　总之，在其论述乞讨的著作里，杜尔哥坚持不懈但又谨小慎微地取缔陈规陋习，主张移风易俗。他表示，通过守时的劳动，人们能够抛弃陈腐的行为，确立新道德，建立根深蒂固的纽带。而这一切并不能依靠外部强制与法律来创造。[2] 人们首先应当创造有利条件，推广新的行为；唯有在这种方法没有奏效的情况下，才把惩罚措施作为教育手段，并且不能为了惩罚而惩罚。从此以后，"除了居无定所的外地人和自愿选择的流浪汉外，不可能再有其他的乞丐；在任何地方，骑警都有权逮捕他们"。杜尔哥还指出，应当"释放那些没有被标记为坏人或者不可救药的流浪汉，并承诺不再乞讨的人"。[3]

　　杜尔哥试图消灭穷人的传统生活方式，创建新的管理机构。他的方案

1　Turgot, "Instruction, " *Ibid.*, 3, p.214.

2　Turgot, "Discours sur les avantages que l'établissement du Christianisme a procures au genre humain, "1750, *ibid.*, 1, p.212.

3　Turgot, "Mendicité, " *ibid.*, 5, pp.426-427.

既明智又审慎。在此，他还提出了一种新观念：贫穷政策不仅是可能的，也是必要的；而且，它应当以劳动及其效用为核心。在担任财政总监后，杜尔哥矢志于铲除特权的制度框架，并消灭乞讨。对经济治理而言，这一点至关重要。尽管杜尔哥的改革失败了，但他的革新精神却得到了内克、孔多塞、西耶斯和大革命的继承。

3.消灭特权

消灭特权，首先是要铲除介于国家与个人之间、各种特权得以滋长的"特殊团体"。杜尔哥表示，"垄断精神"使它们把自身团体的特殊利益凌驾于普遍利益之上，[1] 就好像在面对国家时，它们拥有的权利要比公共权利强大。反对中间团体构成了启蒙改革的核心观念之一，它是杜尔哥与卢梭等人的共同信念，并在大革命期间广泛流行。奥托·冯·吉尔克（Otto von Gierke）指出，在很大程度上，自然权利理论孕育了铲除中间团体的政策。因为一切自然法均不会承认团体的权利，所以它们应当消亡，仅保留国家权利和个人权利。这种立场被吉尔克斥为革命政治的"原子化理想"，[2] 但对杜尔哥而言却是在实现"人类的权利"，实现他所推崇的基督教本质。在劳动组织和救助（它们皆由贫困催生）的公法地位问题上，中间团体占据了突出地位。管理小手工业劳动的行会制度变成了王国的普通法，并把劳动变成了国王的一种特权。大工业似乎游离在行会制度之外，并也由此置身于一切源于治安需要的法律之外。在马克·索泽看来，这正

56

1　Turgot, "Édit de sup pression des jurandes, " *ibid.*, 5, p.241.

2　Otto von Gierke, *Natural Law*, pp.166-167: "革命理论绝不可能走出这种观念的循环；革命政治一路狂飙，直接实现了原子化的理想。在革命进程中，发挥了重要影响的各种自然法权学说是行会的敌人。"

是行会制度变得令人难以忍受的重要标志。[1]

　　杜尔哥在 1776 年颁布法令取缔行会管事会时，特别强调人们通常将之视为普通法的事物实际上"违反了自然权利"。正如前文所示，自然权利宣布劳动自由，反对行会垄断。由此可见，达拉尔（d'Allard）在 1791年 3 月把 1776 年敕令视为第一部取缔行会的法律，并非无的放矢。在他为《百科全书》撰写的词条里，杜尔哥同样猛烈抨击不断增长的救助需求催生的私人基金会。[2] 私人基金会尽管是为了服务公共利益，但旧制度的法律把它们视为"未成年人"，将之置于国家的监管之下。这些私人基金会虽然被列入"治安"团体，但它们却认为自己应当遵守民法规范，反对王权介入，竭力维护自身的独立地位。在杜尔哥看来，随着时间的流逝，它们的精神日趋败坏；让未来几代人的意志受制于创建者的意志，更是不可理喻，因为"一切热情都将无法得到维持"。他批判说，尽管基金会团体不再发挥积极作用，却要继续苟延残喘。基金会的历史使它们变成了独特的存在，它们甚至还宣称自己拥有特殊的权利。事实上，自然绝不会批准类似的权利。基金会与呼吁持续变革的社会流动性水火不容，因为它们希望把权利建立在其他来源而不是公共效用之上。杜尔哥表示，与其把灵魂的救赎寄希望于创建者的专断，不如着眼于当下和未来的公共利益。[3]

　　如果说济贫院的财产之所以存在，乃是为了维护普遍利益，那么就应当把它们视为"社会的财产"。[4] 除了取缔所有中间团体，创建原子化和自由的社会组织外，这个矢志于改革的时代还在公法层面为走向一种更具

　　1　Marc Sauzet, "Essai historique sur la legislation industrielle," pp.382-385.

　　2　Turgot, "Fondation", 1757, Œuvres complètes, 1, pp.584-594. 米歇尔·福柯表示，经济学对济贫基金会的批判和医学分类同步发展，后者希望在整个社会的开放空间里观察疾病。（Michel Foucault, *La Naissance de la clinique*, 1963, Paris, PUF, 1983, pp.17-18.）

　　3　Camille Bloch, *L'Assitance et l'État*, p.140.

　　4　*Ibid.*, p.173.

社会色彩的国家观念，走向革命传统，创造了条件。[1] 人们打着"18 世纪的情怀"（la sensibilité du XVIIIe siècle，卡米耶·布洛赫的提法）的旗号，宣称国王在救助问题上拥有博爱的义务。这是另一种不会因为卢梭或大革命而更改的特征。[2] 此种情怀难道只是纯粹的"同情"（sympathie）问题，只是因为一些人的同情心比另一些人更强烈吗？

消灭特权的策略并没有奏效，"人人尽管相互帮助，但依旧痛苦不堪"；[3] 穷人依然命运多舛。社会自然秩序理论的乐观主义建立在这样一种信念上：平等原则和不平等的原则皆源于自然。换言之，平等是一种潜在的可能性，环境固然使它难以实现，但永远不会彻底否认它。平等的人和不平等的人是自然秩序学说的两副面孔，它们同时出现于革命进程。消灭特权促进了个体之间的自然平等；但是，自由的契约秩序仍然只是一种潜在的可能性，所以为了避免出现无政府的动荡，新制度必须根据人们反复构思的阶序，对社会需要的各种角色进行统筹安排。从政治的角度而言，让平等与不平等共存并非易事，因为公民的平等只能以某种无法具象的人民主权的面貌呈现。

劳动与繁荣的道德要求让凭借自己的劳动而对繁荣做出贡献的人有权分享政治权力。这就是"温和商业"的论断。赫希曼对它的影响作过精彩分析：[4] 因为社会以交换为原则，而交换又建立在劳动之上，所以每个人都是平等的。由此，风俗变得温和，统治与服从的矛盾也趋于消亡，至少

58

1　Henri Gouhier, *La Jeunesse d'Auguste Comte*, 2, p.23.

2　Rousseau, "Discours sur l'origine et les fondements de l'inégalité parmi les homes," 1754, Paris, Garnier-Flammarion, 1971, pp.139-249；John Chavet, *The Social Problem in the Philosophy of Rousseau*, Cambridge, Cambridge University Press, 1974.

3　Camille Bloch, *L'Assitance et l'État*, p.145.

4　Albert Hirschman, *Les Passions et les Intérêts*；"Rival views of market society," *Journal of Economic Literature*, 20 (décembre 1982);trad.fr. in l'Économie comme science morale et politque, Paris, Gallimard/Seuil, 1984.

大为缓和。温和的商业还肯定了一个重要的事实：自然建立了一种实质性的平等；毋宁说，不平等取决于环境，但它们绝不能否认人与人之间、人与他们的自然紧密相连的"原始平等"。[1]"自然给所有人都提供了追求幸福的权利；需求、欲望、激情以及以各色的方式组合它们的理性，是自然给他们提供了用于追求幸福的力量。"[2]

劳动制度使人同舟共济。无论是穷人抑或富人，无论是工人抑或雇主，他们在劳动制度中各司其职；剩下的工作很简单，只需要铲除妨害劳动的障碍即可。熊彼特表示，如果只把重农学派称为土地自由主义，就无法真正理解其立场的根本要旨。实际上，他们支持自由的劳动制度，尤其是鼓吹谷物自由，[3]希望摧毁在其眼里已经完全丧失意义的旧束缚和旧管制。但是，若要达成目标，就离不开国家的介入。因此，重农学派的自由主义首先是施压于国家，要求它进行干预，反对植根于过去的特权与管制。[4]

61

为此，"经济治理"希望消灭陈规旧俗的影响，希望消灭两个好吃懒做的团体——租地贵族和乞丐。"经济治理"无意于消灭贫穷，也不想消灭将贫穷与财富相对立的社会差别，而只想消灭贵族与贫困在一种与劳动制度相悖的社会秩序里制造的同盟关系和社会依附。贫困属于另一种性质的经济；人们应当通过消灭穷人的陈规陋习（它们渗透到社会各个角度，并纯粹以"利己主义"的面貌出现），在社会上消灭贫困。人们打着反对乞讨的旗号，从经济和文化的角度抨击贫困的荒谬，宣称它和"经济治理"

60 格格不入。

1　P.-J. Cabanis, "Quelques principes et quelques vues sur les secours publics, " basé sur les *Rapport fait à la Commission des hôpitaux*, Paris, 1791, p.4.

2　Turgot, "Discours sur les avantages du christianisme, 'Œuvres complètes, 1, p.206.

3　Karl Polanyi, The Great Transforamation: the Political and Economic Origins of Our Time, New York, Holt Rinehart& Winston, 1944 (Trad.fr:*La Grande Transformation*, Paris, Gallimard, 1983).

4　Schumpeter, *Histoire de l'analyse économique*, 1, pp.325-325.

第二章　论代议制政府

1.“地球上的强者”

财政总监杜尔哥的改革昙花一现，但改革的必要性似乎却并未消失。在 18 世纪，孟德斯鸠、重农学派与卢梭代表的社会思想坚持推动慈善的世俗化。不过，只有在 1789 年大革命实现了与过去的彻底决裂以后，人们才重启慈善的世俗化进程。大革命在济贫问题上取得的制度成果延续了旧制度末年的改革运动。[1] 前文已经指出，旧制度的改革运动实际上已经打破了与社会变迁背道而驰的乞丐政策的融贯性。

1790 年初，制宪议会颁布法令，创建了由拉罗什富科·利昂库尔（La Rochefoucauld-Liancourt）领导的反乞讨委员会（Comité de mendicité）。1791 年 1 月 21 日的宪法宣称，人们应当整体性地解决贫困问题，刻不容缓地研究消灭贫困的手段。[2] 这体现了一种普遍的信念：如果要有效地干预贫困，不仅应当把它理解为一个尚不为人理解的现象，还应当将之视作一个迫切需要解决的政治问题。在消除贫困的迫切性问题上，人们的看法如出一辙。事实上，所有的革命派别都特别关注救助贫困的政策，因为它

65

1　Camille Bloch, *L'Assistance et l'État*, pp.423-428.

2　*Archives parlementaires*, t.XI.

不但是各种策略的交锋场所，也是政治协商的重要领域。[1]

所以，立法议会在 1791 年 10 月 14 日、国民公会在 1792 年 10 月 20 日分别成立的公共救助委员会，重新启用了利昂库尔向制宪议会提交的工作草案。[2] 在此期间，国民议会内部各个政治派别的力量关系出现了戏剧性变化，议会的主导力量由吉伦特派变成了雅各宾派。政治形势的风云变化不可能不影响到救助贫困的方针政策。有人指出，制宪议会的立场更具哲学意涵，立法议会的立场偏向技术层面，而国民公会的立场最为激进。事实上，前后相承的三个委员会在贫穷问题上保持了一种惊人的延续性：它们对贫困作出了相同的政治解读，都相信贫困问题会影响社会的安定团结，都赞成救助的世俗化和国家化。[3] 有鉴于此，卡米耶·布洛赫概括道，制宪议会勾勒总体方案，而国民公会负责具体实施。[4]1791 年宪法规定要创建一个负责抚养弃婴，给壮年穷人提供工作的救助机构；1793 年 3 月法令奠定了公共救助的基础；共和二年（1794 年）葡月 24 日法令试图消灭乞讨；共和二年花月 22 日法令确立了济贫登记簿制度；共和二年穑月 23 日法令确立了救助的国家化原则，并规定出售济贫院的财产，等等。这一

1　L.Parturier, *L'Assitance à Paris sous l'Ancien Régime et pendant la Révolution*, Paris, 1897;Léon Lallemand, *La Révolution et les Pauvres*, Paris, 1898;Alexandre Tuety, *L'Assitance publique à Paris pendant la Révolution*, 4 vol., Paris, 1895-1897; Alan Forrest, *La Révolution française et les pauvres*, pp.65-90. 罗伯特·卡斯特尔从劳动组织的角度，研究了大革命时期的贫困问题。（Robert Castel, "Droit au secour et /ou libre accès au travail:les travaux du Comité pour l'extinction de la mendilité de l'Assemblée constituante, " in *La Famille, la Loi, l'État, de la Révolution au Code Civil*, Paris, Imprimerie nationale, 1989, pp.480-490.）

2　反乞讨委员会的所有法案（1 份草案、7 份报告、16 份专门的分析简报）被收录进：Alexandre Tuetey et Camille Bloch, *Procès-verbaux et Rapports du Comité de mendicité de la Constituante, 1790-1791*, Paris, Imprimerie Nationale, 1911. 人们尚未系统地整理立法议会和国民公会的救助委员会的法案，相关的报告与草案亦可参见《议会档案》。

3　关于三个委员会之间的延续性，可参见：Madelaine Rébérioux, "Du Comité de mendicité au rapport Barère: continuité et évolution, "in *Démocratie et Pauvreté*, Paris, Éditions Quart Monde/Albin Michel, 1991, pp.73-85.

4　Camille Bloch, *L'Assitance et l'État*, p.450，chap.5.

系列的法律法令皆是为了实施制宪议会的总体方案。

我们之所以将三个委员会的法令视为一个整体，乃是因为它们都是革命救助政策的工具。况且，早在大革命前夕，革命救助政策的基础已初具雏形。亨利·古耶（Henry Gouhier）在其考察实证主义渊源的经典著作里，已经指出了这一点。[1]在政治形势波谲云诡之际，三个委员会为共和主义的救助政策建构了前提和一般原则。第三共和国的公共救济署署长亨利·莫诺（Henry Monod）高度评价了它们的贡献。[2]毋庸讳言，各个委员会的内部存在冲突，其工作也不无分歧。对于理解大革命的历史而言，这些冲突也非常重要。但是，笔者无意于在此重构它们的历史，而是要考察何种贫穷观念支配着这些委员会的工作。

在大革命期间，存在两种大相径庭的策略：一种信任社会的自然秩序，另一种则希望实现个人的道德再生，抵制社会状态的腐化影响。这两种策略存在严重冲突，并深刻影响了大革命的进程。但是，在贫困问题及其解决方式上，它们的理解却是大同小异的。我们已经知道，大革命从启蒙运动的改良主义承继的贫困观念把有用劳动的概念作为核心。无论是在鼓吹人类无限完善的实证主义进步观念里，还是在卢梭传统的个人道德再生观念里，有用劳动的概念都占据了举足轻重的位置。两种策略尽管大相径庭，但都相信通过推广劳动制度，可以消灭贫困。对它们而言，劳动的价值至关重要。

总体而言，三个委员会的工作体现了**代议制政府**面对贫困的早期政策。自从代议制政府草创以来，立法者就必须回应穷人的关切，兑现他们拥有的某种债权，因为在危急时刻，他们参加并挽救了革命，所以有权获得一

1　Henry Gouhier, *La Jeunesse d'Auguste Comte*, 2, p.23. 亨利·古耶表示，1780—1788年是形成革命救助学说的关键时刻。

2　Henry Monod, "L'œuvre d'assitance de la Troisième République, " *Revue Philanthropique*, 26, 1909-1910, p.32.

些好处。但穷人们认为，它们无法直接从革命如火如荼展开的反特权运动中获益。制宪议会的反乞讨委员会在解决贫困问题时，似乎只是从乞讨的角度思考，将之等同于旧制度制造的社会苦难。它之所以不遗余力地消灭新社会的贫困，乃是因为它深信，在创建法律平等、劳动自由的新制度以后，（"经济治理"曾经予以猛烈抨击的）乞讨与旧制度的亲缘关系也将不可避免地走向消亡。不过，反乞讨委员会以及随后的两个公共救助委员会应当构建新的贫困政策，将之立足于"经济治理"的分析，并与代议制政府的诉求挂钩。

"经济治理"已经指出，穷人应当在劳动制度里占据一席之地。后革命的议会也赞同它的主要论断。此外，"经济治理"的乐观主义在各个委员会里得到了强化，因为它们都相信革命已经终结了旧制度的政治专制和经济惰性。贫困不再被理解为某些乞丐的个体命运；贫困的根源存在于社会，由坏政府造成；它的消亡标志着良好法律的诞生。"这种可怕的麻风病折磨着我们的社会，但它并不是乞丐们的罪过，而是源于立法者的罪恶。由于政府的错误与邪恶，它得到了延续。所以，在所有人权得到彰显的共和国里，仅凭法律的智慧，便可消灭乞讨。"[1]

三个委员会将"经济治理"对贫穷的分析转化为公共的救助制度。它们的贡献主要体现在预算领域和法律领域。它们反对慈善资源的碎片化，希望把救助的收入和开支纳入国家预算。为此，它们主张取缔在旧制度末年占据主导地位、深受宗教影响的私人慈善，将济贫院的财产收归国有，并创建国家救助基金。[2] 同时，它们还希望颁布一项新的救助法律，把对贫穷的分析融入法律思考；权利将否认宗教色彩浓厚的私人慈善；同样，

1　J.-B. Bô, *Rapport et Projet de décret sur l'extinction de la mendicité*, presenté à Convention au nom du Comité des secours publics, an II, p.2.

2　Robert Castel, "Droit au secours et /ou libre accès au travail," p.483.

劳动也将谴责乞讨。三个委员会按照新的观念秩序，确立了公共救助整体方案的基本原则。

第一项原则：**救助是一种国家服务**。救助是"一种不可侵犯、神圣的债权"(Une dette inviolable et sacrée)，它与赤贫者的权利相辅相成，因为"一切人都拥有生存权"。[1]这是一项核心的原则，它支配着三个委员会的工作，体现了它们的基本方针——"救助处于各个年龄段、各种状况中的穷人是国家最神圣的义务之一"。[2]如果说贫困是"政府的错误"，[3]那么消灭贫困也就变成了政府不可推卸的责任。因此，新宪法既要承认社会消灭贫困的义务，也要承认穷人获得救助的权利，否则它"将是不完美的"。[4]"无论在任何地方，只要有一个阶级缺乏生计，那么它必定存在违反人权的行为，社会平衡也必定遭到了破坏。"[5]所以，公共利益与"人类要求英明政府把减少贫穷置于首要义务的庄严呼声"并行不悖。

由此可见，革命的救助迥然有别于旧制度的慈善。慈善提供的救助总是意外的、偶然的与任意的；施舍固然重要，但并不符合正义，听凭个人关系的偶然总是难以满足总体的诉求。在旧制度，乞丐被抛弃在社会的边缘，无人关心他们的命运；他们也因此变成了"政府的敌人"，持续威胁它们的存在。

新社会应当像保护财产权那样保护穷人，把他们看作自己的成员，将他们的权利写入法律，并引导他们服从法律。[6]唯有如此，它才能让穷人

1　Alexandre Tuetey et Camille Bloch, *Procès-verbaux et Rapports*, "Plan de travail," p.310.

2　*Ibid.*, "Septième rapport," p.545. 贝尔纳·德·艾里（Bernard d'Airy）表示："对穷人的救助属于国家责任。"（*Rapport sur l'organisation générale des secours publics et sur la destruction de la mendicité*, à l'Assemblée Naitonale, 13 juin 1792.）

3　*Ibid.*, "Deuxième rapport," p.355.

4　*Ibid.*, "Premier rapport," p329. 穷人的立法"应当属于社会的宪法范畴"。

5　*Ibid.*, "Quatrième rapport," p.384.

6　*Ibid.*, "Plan de travail," p.309.

把自己的命运和对制度的保护联系起来。"人们曾经只给穷人提供慈善，

69 却从不宣传穷人对社会的权利和社会对穷人的权利。"[1] 从此以后，对穷人的救助植根于穷人与社会之间的互惠性：作为交换，社会应当要求受助者遵守某些义务，因为"团结并不是慈善"。[2] 救助也不再是一种"不假思索的情感"，而变成了一种义务，甚至"它就是正义"。[3] 所以，救助应当接受"深思熟虑的政策"的指引，而不能由某些善人领导，因为它的目标是维护公共利益。[4]

第二项原则：**贫困取决于劳动**，毋宁说，它是由劳动的匮乏造成的。"人之所以变得贫穷，并不是因为他一贫如洗，而是因为他无所事事"；[5] 所以，提供劳动是唯一正当的救助形式。[6] 劳动既是造成贫困的唯一原因，也是消除贫困的唯一手段。劳动的此种独特属性，可以同时满足多种诉求。首先，三个委员会强调要把救助组织建立在精确的规则之上，而劳动可以简化对贫困及其解决方案的分析。只要把它们与某种产品的供求关系挂钩，劳动便能给救助措施的统一化提供标准。而且，劳动还会催生一些道德利益，因为它反对金钱援助，主张间接救助，只提供工作，从而使受助者也能积极地介入减少贫穷的过程。借此，人们能够区分真实需求与乞讨行为，前者是由于失业而造成的赤贫状态，而后者是懒惰的结果，应当予以镇压。[7] 作为一种救助形式，劳动不仅打击好吃懒惰者，而且它也是救助的对立面。

1　*Ibid.*, "Premier rapport," p.328.

2　Madelaine Rébérioux, "Du Comité de mendicité au rapport Barère," p.82.

3　Alexandre Tuetey et Camille Bloch, *Procès-verbaux et Rapports*, "Quatrième rapport," p.385.

4　*Ibid.*, "Septième rapport," p.535.

5　J.-B. Bô, *Rapport et Projet de décret sur l'extinction de la mendicité*, p.4.

6　Alexandre Tuetey et Camille Bloch, *Procès-verbaux et Rapports*, "Quatrième rapport," p.426.《工作草案》规定："给所有拥有劳动能力的人提供充分的工作，是社会的责任。"（"Premier rapport," p.317.）

7　*Ibid.*, "Plan de travail," p.316："对贫穷的救助绝不应当变成对懒惰、堕落和短视的奖赏。"

"如果一种慈善轻虑浅谋，不管有没有劳动，都提供工资，那么它就是在助长懒惰之风，毁灭进取之心，并导致国家陷入贫穷。"[1] 因为劳动是满足需求的唯一途径，所以它能够让懒惰与拒绝劳动的人产生内疚甚至负罪感。[2] 最后，劳动还有一大优点，就是能够在贫困的社会关系里，引入昔日慈善活动完全缺乏的一种互惠性："如果有人可以对社会说**'请养活我'**，那么反过来，社会也同样有权向他说**'请给我劳动'**。"[3]

在三个委员会看来，关键是要利用劳动，规范穷人与社会之间的互惠性，因为唯有它才能够给赤贫者提供进入城邦的权利。在过去，慈善对赤贫置若罔闻；如今，社会应当抛弃漠不关心的立场，重新在财富与贫困之间建立一种交换。唯有如此，贫困才有可能融入社会规则。如果借助劳动制度，贫困在社会规则中拥有了一种地位，那么它就应当承认与此密不可分的义务体系。事实上，劳动构成了重要的组织原则，它能够确保社会互助制度服从普遍利益，并协调个体道德与集体道德。总之，借助劳动，新社会不仅希望减少赤贫者的苦难，也希望提供一把道德的标尺，把他们塑造成整全的公民："通过强加劳动的必要性，你们将引导他们变成有用的、有德的公民，因为你们在他们与社会之间建立了一种相互义务。"[4] 对委员会的成员们而言，劳动是消灭贫穷的最重要手段。[5]

为此，人们应当提供劳动；唯有如此，对乞讨的道德谴责才能产生效果。[6] 但是，用国家债务的概念把救助观念与以劳动调控为基础的救助政

70

1　*Ibid.*, "Plan de travail," p.316.

2　*Ibid.*, "Troisième rapport," p.384.

3　*Ibid.*, "Premier rapport," p.327.

4　J.-B. Bô, *Rapport et Projet de décret sur l'extinction de la mendicité*, p.3. J.-P. Picqué, Moyens de détruire la mendicité, ou Morale du pauvre, Paris, 1802, p.45："穷人的全部道德可以用一个词概括：劳动。他的全部生活取决于其胳臂。"

5　Camille Bloch, *L'Assitance et l'État*, p.432.

6　Alexandre Tuetey et Camille Bloch, *Procès-verbaux et Rapports*, "Troisième rapport", p.384.

策挂钩，却会催生许多新问题。从一开始，委员会的成员们就已经意识到了这一点。

第一，与**劳动**相关的问题。如果劳动是解决贫困的唯一手段，那么社会救助就意味着社会需要组织劳动。这必然会对劳动市场产生重大影响，这必然要求消灭昔日的束缚。然而，劳动市场的自由化很快暴露了自身的局限，因为它根本无法提供既充足而又稳定的就业。所以，国家必须介入劳动市场，通过创造额外的就业机会，或者通过改变劳动的布局，保障每个人都能够获得工作。但是，这又会破坏自由的供求关系定律。总之，国家变成了一个经济行动者，违背了自由经济要求它恪守的中立原则。在私人市场里随机的自由劳动和国家主导的"更温和"、更有保障的劳动之间，出现了一种不公平的竞争。此外，区分两种劳动的工资标准也不完善。何况，"在应当避免的各种困难中，工资差别只是一个很小的障碍；对普通人而言，懒散、独立和每天的快乐生活可能更有吸引力"。[1] 因此，社会提供劳动的做法最终会助长懒惰之风，导致个人丧失进取之心，进而减少劳动的约束力，以及人们期望从中获得的道德效果。

第二，与**法律**相关的问题。如果宪法承认穷人有权获得救助，而救助又等同于劳动，那么劳动就会变成一种个人权利，它将属于社会契约的范畴，并会限制国家的主权。肯定劳动权利，也会导致人们无法在贫困现象里甄别哪些穷人值得国家的帮助，而哪些人又不值得它的救助。更糟糕的是，这还有可能违背三个委员会不得触碰的另一项神圣原则——所有权的神圣不可侵犯性。1789 年摧毁了封建特权，开辟了"所有权的时代"[2]。新时代的本质首先在于确立所有权的绝对属性，强调它远不只是人与人之

1　Camille Bloch, *L'Assitance et l'État*, p.433.

2　D. R. Kelly et B. G. Smith, "What was property? Legal dimension of the social question in France (1789-1848)," *Proceedings of the American Philosophical Society*, 128, 1984, pp.200-230.

间订立的一份契约。人们应当给所有权的各种权利构建法律基础，使之变得持久、自然且不可侵犯。建立在自然之上的所有权只能是一个人为满足自身需求而从事劳动的结果，并且只能通过劳动来维持。因此，劳动并不必然导致财产的集中。在反对特权的斗争中，财产权与劳动一度结成了同盟，但它们很快又出现了矛盾和冲突。即便如此，劳动创造财产权的观念还是让财富自此以后变得正当与不可侵犯，一切再分配的政策都不能贬损它。这种所有权理论要求国家在捍卫公共利益时，必须遵守"自然"的束缚。换言之，它要求国家依据不可或缺的权威进行管理。相反，如果承认一贫如洗的人拥有劳动保障权，那么意味着国家需要扮演另一种角色，即强制征收赋税，履行再分配的职能。罗伯特·卡斯特尔指出，这种矛盾可以解释革命的救助理论为何难以付诸实施。[1] 国家将不得不承担给失业者提供工作的责任，否则它注定无法履行义务。

72

卡米耶·布洛赫指出，有鉴于此，三个委员会主张区分救助政策和劳动政策，建议国民议会不要承认劳动保障权的原则。[2] 在为赤贫者创造救济权利时，它们仅限于保证健全的穷人可以自由进入劳动市场。唯有在极端的情况下，社会才给有劳动能力的人提供就业；劳动不是一种权利，而是所有人的义务。政府没有义务提供工作，它只能间接地干预，"一般性地影响"劳动市场："它应当扮演劳动的助推器，但只能意会，不可言传。"[3] 三个委员会拒绝把国家救助的道德义务解释为契约性的义务，拒绝把劳动变为个人权利。

1　Robert Castel, "Droit au secours et/ou libre accès au travail," p.486.

2　卡米耶·布洛赫得出结论说，反乞讨委员会曾经考虑拒绝劳动保障权的学说。(Camille Bloch, *L'Assitance et l'État*, p.433.)

3　Alexandre Tuetey et Camille Bloch, *Procès-verbaux et Rapports*, "Quatrième rapport," p.431.

　　然而，1793 年宪法却把"劳动保障权"写入了人权宣言。[1]1793 年宪法是吉伦特派与山岳派的政治斗争日趋白热化的产物，深刻体现了个体权利与社会权利的妥协。[2]雅各宾派的影响可以部分地解释 1793 年宪法为何要抛弃各委员会的踌躇。但是，我们也不能否认，1793 年《人权宣言》回应了反乞讨委员会的意愿，后者在三年前就确立了"生存权"。由于劳动被看作谋生的唯一手段，所以生存权意味着一种"劳动保障权"，所以国家不能无视劳动保障权隐含的义务。鉴于反乞讨委员会的政策的隐藏内涵，莱昂·拉勒芒（Léon Lallemand）批评它发明了合法的救助形式。不过，他承认此举也推动了私人慈善事业的复兴。[3]三个委员会制造的断裂并不是由于雅各宾派对 1793 年《人权宣言》施加的影响，毋宁说，它植根于革命救助学说的原则。根据这些原则，法律和国家将不可避免地卷入其中。

　　如果说社会组织陷入紊乱，造成了劳动资料短缺的局面，并由此制造了贫困，那么穷人就变成了社会的债权人。于是乎，消灭贫困变成了应当完善自身组织的整个社会所追求的目标。所以，通过"更好地组织城邦"来消灭贫困，关乎社会的普遍福祉。[4]正如前文所示，此种观念肇始于"经济治理"。重农学派希望建立新的政治秩序，使个体利益促进普遍利益成为可能；重农学派的希望与普遍利益优先的观念并行不悖，而普遍利益优先的观念恰恰也是实证主义和卢梭的道德再生理念共同坚持的立场。[5]救助观念变成了国家主义膨胀的第一推动力。由此可见，国家主义并不只是雅各宾主义的产物。卡巴尼斯表示："政府的当务之急是采取行之有效的

73

1　第 21 条规定："公共救助是一种神圣的债务。社会或者通过提供劳动，或者通过给缺乏劳动能力的人提供必要的生活手段，应当给不幸的公民提供生计。"（Les Constitutions de la France depuis 1789, présentées par Jaques Godechot, Paris, Flammarion, 1979, p.8.）

2　Les Constitutions de la France depuis 1789, pp.69-77.

3　Léon Lallemand, La Révolution et les Pauvres, pp.43-52.

4　Henry Gouhier, La Jeunesse d'Auguste Comte, 2, p.24.

5　Albert Hirschman, Passions et Intérêts, p.89.

措施，消灭贫困的根源；给健全的穷人提供工作，给可怜的儿童、老人和病人提供庇护所；消除令人痛恨的乞讨。[……] 他们的安全和安宁要求政府立即采取行动。"[1] 救助政策是真正实现"公共福祉"的首要手段：一方面是因为国家继承了救助的财产，另一方面也因为它继承了救助的责任，所以救助应当遵守责任伦理，甚至应当变成新的"国家宗教"。[2]

社会伦理的本质在于权利与义务的对等性。它把劳动变成了整合的原则，用于整合身无分文、只能依靠身体与社会进行交换，否则将被排斥在法律之外的人。这也是卡巴尼斯在《论济贫院》里明确表达的立场。他把劳动视为消除贫困的唯一手段，"唯有在劳动里，才存在互惠性的交换；劳动不会扰乱人与人之间的自然关系，不会让一个人任由另一个人摆布"[3]。

交换形成权利。"劳动保障权"不仅把劳动变成了人与人的交换对象，而且还将之变成了原始契约的要素，变成了国家义务的对象。由于不得不履行救助的"民族责任"，国家也增加了穷人对国民代表的期望。此外，贫困源于坏政府的观念固然可以让新政府把贫困的政治责任归咎于旧制度，但也强化了新社会消灭贫困的责任。有人批判说："国家让赤贫阶级相信政府应当解除其生存的后顾之忧，应当免除他们从事劳动的必要性，乃是一种危险的观念。它有可能产生异常严重的后果。"[4] 然而，要避免三个委员会构建的救助政策走向巴雷尔在其著名的共和二年（1794 年）花月 22 日演说里所表达的后果，却也并非易事。巴雷尔如是表示："穷人是地球上的强者；他们有权以主人的身份，对漠视自己的政府发话。这些原则是腐败政府的敌人；如果你们任由政府腐化，它们将推翻你们的

1　P.-J.-G.Cabanis, "Quelques Principes sur les secours publics," p.5.

2　P.-J.-G.Cabanis, cite par Henry Gouhier, *La Jeunesse d'Auguste Comte*, 2, p.25.

3　P.-J.-G.Cabanis, *Observations sur les hôpitaux*, Paris, 1790, pp.29-30.

4　Alexandre Tuetey et Camille Bloch, *Procès-verbaux et Rapports*, "Quatrième rapport," p.447.

政府。"[1]

当杜尔哥在创办慈善工场，将国家与救助相连时，他只是在肯定劳动伦理，抨击私人基金会，目的是要"解放劳动者"。[2]后来，路易·勃朗谴责杜尔哥只关心如何建立自由劳动，却没有肯定它隐含的劳动保障权。[3]大革命爆发以后，当自由劳动学说获得了在杜尔哥与内克的改革时代不曾具备的制度形式时，形势发生了天翻地覆的变化。摧毁旧行会的壁垒，建立自由劳动市场，并不足以确保健全的穷人获得工作的机会。契约劳动的制度非但不能消灭贫困，反而因为周期性爆发的危机和低工资的政策，制造了新的贫困。

从此以后，劳动自由属于社会整体改革的政治范畴。从理性组织救助制度的角度而言，"经济治理"将救助等同于劳动原则的观念相当危险。由于宣称国家拥有消除贫困的责任（对此，没有人会提出异议），应当给每个穷人提供具体保障，所以国家为此背上了沉重的负担。罗伯特·卡斯特尔表示，劳动保障权在社会法律领域中占据的地位，犹如起义权在政治领域中扮演的角色。[4]或者更准确地说，劳动保障权走出了社会范畴，催生了起义的政治危险。

三个委员会夸夸其谈地讨论乞讨问题，但很少根据社会理论提供的新素材，全面地考察救助问题。而且，它们很快抛弃了乞讨问题，更频繁地讨论"公共救助"。在劳动问题上，三个委员会的成员们继承了"经济治

1　Bertrand Barère de Vieuzac, *Rapport fait au nom du Comité de salut public sur les moyens d'extirper la mendicité dans les camagnes, et sur les secours que doit accorder la République aux citoyens indigents*, 22 floréal an II, Le Moniteur, XX, p.445.

2　Henri Gouhier, *La Jeunesse d'Auguste Comte*, 2, p.20.

3　Louis Blanc, *Histoire de la Révolution française*, 1847-1862, cite par Léon Say, *Turgot*, Paris, Hachette, 1887, pp.192-193.

4　Robert Castel, *L'Ordre psychiatrique. L'âge d'or de l'aliénisme*, Paris, Éditions de Minuit, 1976, p.132.

理"的乐观主义，但他们很快意识到了其解决方案的矛盾，他们的信念开始动摇。此外，"经济治理"还留下了另一个棘手的难题：救助权变成"劳动保障权"，意味着需要抛弃自由劳动市场观念隐含的国家形象，让位于另一种相反的国家形象。

三个委员会面临的困境表明，公共救助是"一门应当精心钻研的政治科学"。[1] "乞讨是一种政治的、道德的疾病，它与人民政府格格不入。"[2]之所以说乞讨与人民政府格格不入，乃是因为它与人民政府代表的社会普遍利益势若水火。为了捍卫社会的普遍利益，必须消灭乞讨，并依靠劳动消除贫穷。

在社会为追求自身解放，向政治制度提出的道德诉求里，劳动居于核心位置。它是以个体道德价值为基础的现代法律观念取得胜利的法宝。在消灭特权的过程中，它发挥了举足轻重的影响，因为它宣布一切妨害自由劳动秩序的管制皆为非法。就有关行会或者发明专利的立法而言，国民议会在大革命爆发后推动的工业关系改革，主要继承了革命前夕的社会改革运动所希望推行的行政改革方针。取缔管制劳动的措施似乎足以维护社会的优先性，足以推翻因背离社会而失去正当性的旧制度。在取缔行会的管制措施后，自然权利与法定权利的矛盾尚未显露，所以人们以为成功摆脱了旧社会制度的束缚。消灭特权重建了任何事物、任何个人都不得违背的"原始平等"，所以剩余的工作似乎很简单。人们似乎只需要依据自然不平等的秩序，规范个人获得法定权利的过程。

但从贫穷的角度来看，这种做法并非万能。为了让因长达几个世纪的慈善和治安镇压传统而被排斥在法律之外的穷人重新获得权利，除了消灭

76

---

[1] Alexandre Tuetey et Camille Bloch, *Procès-verbaux et Rapports*, "Troisième rapport," p.385.

[2] Bertrand Barère de Vieuzac, *Rapport fait au nom du Comité de salut public sur les moyens d'extirper la mendicité dans les camagnes*.

特权外，人们还应当做得更多。因为贫困是糟糕的社会制度加剧自然不平等而产生的结果，所以仅仅在法律层面承认穷人，远不足以恢复自然状态。穷人权利的问题植根于自然权利的平等与法定权利的不平等（它需要国家的积极干预）之间的矛盾。

所以，问题的关键是重建自然平等，而贫困恰恰证明了社会经济的不平等。穷人在劳动秩序里应当占有一席之地，所以人们不可能消灭穷人。"贫穷是任何规模庞大的社会都会存在的一种弊病。良善的宪法、明智的政府只能减少，而不能彻底消灭贫穷。"[1] 所以，把穷人整合到法律范畴，避免他们的不平等背离法律平等，应当构成"我们宪法的根本原则"。[2] 三个委员会回旋的余地很小，经常捉襟见肘，对乞讨行为的谴责（此举是谴责旧制度的必然后果）更是演变成了对权利的一次重大拷问。由此，三个委员会的操作空间也变得异常局促。在穷人被整合到法律世界，变成公民后，贫穷将会变成什么？实际上，革命和后革命时代对救助的所有思考皆是对这个问题的解答。

2.所有人皆为公民

公民资格（citoyenneté）是革命政治理论的核心概念，它随后将在共和主义传统中茁壮成长。在革命语言里，"公民"的称号象征着依附于万恶的旧制度的等级制与特权制的摧毁。它具备一种**普遍**的属性，在实践上是个体的同义词。而且，它还赋予个体以了一种崭新的特征：从此以后，法人（personne morale）不再独立于个体的社会维度，只能依靠城邦所代

1　Alexandre Tuetey et Camille Bloch, *Procès-verbaux et Rapports*, "Plan de travail," p.315.

2　*Ibid.*, p.360.

表的社会性而存在。

自然秩序理论认为正当性的源泉是社会，所以它捍卫社会的道德权利，反对国家的专断命令。大革命爆发后，公民变成了社会道德的托管人，明确反对依靠武力维系的利己主义法律。杜尔哥曾经说过："如果我的目标只是让人追求自私的利益，用懒惰的、卑劣的审慎取代**有益于人类**的高贵激情，扼杀公民精神，那么对我本人而言，实属可悲。"[1] 公民资格的道德基础在于效用（utilité）。归根结底，公民资格植根于自然与劳动的结合，因为它们的结合可以保障社会的自然秩序，使之独立于政治制度。所以，在公民概念的深处，人们发现了与**社会效用**（utilité sociale）紧密相连的有用劳动概念。援引自然，援引劳动力量，能给社会效用提供一种普遍的维度。

为了理解大革命时期最典型的公民资格理论，我们将考察西耶斯。在其影响深远的小册子《第三等级是什么》里，西耶斯构建了有用劳动的观念。之所以说第三等级构成了民族，乃是因为社会主要根据劳动界定：合法且有益于社会的成员正是那些在私人领域，抑或在公共领域，从事符合民族需要的生产活动的人。"一个国家要生存下去并繁荣昌盛，要靠什么呢？靠个人劳动与公共职能。"[2] 西耶斯强调，无论是个人劳动，抑或公共职能，皆由第三等级承担。社会效用体现了一种"普遍利益"，它既代表社会机体里的个人一致性原则，也体现了个体利益的服从原则。在大革命期间，一切政治活动皆是为了实现创造个人、缔造民族的双重目标。

由是观之，消灭特权获得了一种重要价值：它把整合原则由多样性变成了统一性，并由此同时促进了个人发展和民族发展。一切独立的团体和

1　Turgot, "Fondation," p.590.

2　Sieyès, *Qu'est-ce que le tiers état* (1789), Quadrige/PUF, 1982, p.28.（西耶斯：《论特权　第三等级是什么》，冯棠译，张芝联校，北京：商务印书馆，1991 年版，第 20 页。——译者注）

组织都应当走向灭亡，因为它们代表着特殊利益，会依靠自身的人数优势强迫他人。西耶斯表示，由此将会"策划出危害共同体的计谋，形成最可怕的公众的敌人。［这就是他所说的集团利益。］社会只能允许存在普遍利益。如果有人试图建立一些与它对立的利益，那么秩序将无从建立。社会秩序必然要求目标的一致性和手段的协调性"[1]。相反，共同意志允许民族给普遍利益提供一种宪法形式，套用西耶斯的话来说，它能够提供"民族的特殊利益"。[2]民族的伦理就是社会效用。卡巴尼斯认为，它应当得到每个公民的遵从，因为民族需要"更多常识，避免激情取代公共效用"。[3]所以，社会效用既是一种伦理，也是一种知识、一种理性计算的体系、一种道德责任。它应当在个人与国家之间建立一种对称性和透明性。

杜尔哥表示，民族的伦理谴责贵族制。贵族好吃懒做，维护特权，所以变成了民族的敌人。因为维护特权，特权者丧失了公民资格，"丧失了公民责任感，敌视共同利益"。[4]人们难以"把贵族变成公民"，也就是说，难以让贵族放弃特权，与人民同甘共苦。[5]同理，大革命谴责了懒惰的乞讨行为，谴责"有害的、危险的且维持懒惰"的慈善；经过三个委员会的努力，革命政治致力于把穷人改造成为"有用的、有德的公民"，在穷人与社会之间建立"义务的互惠性"。对革命者而言，唯有"义务的互惠性"，才能构成权利关系的基础。

1　Sieyès, *Préliminaire de la Constitution. Reconnaissance et exposition raisonnée des droits de l'homme et du citoyens*, Paris, 1789, p.38.（实际上，该段引文的前半部分引自《第三等级是什么》。参见《论特权 第三等级是什么》，第 78 页。——译者注）

2　Sieyès, *Vues sur les moyens d'exécution dont les représentants de la France pouront disposer en 1789*, Paris, 1789, p.53: "任何个人、任何团体都不能将其特殊利益和普遍利益割裂，并变得不公正；民族也不能和普遍利益割裂，因为它的特殊利益正是普遍利益本身。"

3　P.-J.-G, Cabanis, *Rapport du physique et du moral*, pp.161-162.

4　Sieyès, *Qu'est-ce que le tiers état*, p.89.（《论特权 第三等级是什么》，第 81 页。——译者注）

5　Sieyès, *Qu'est-ce que le tiers état*, p.78.（《论特权 第三等级是什么》，第 70 页。——译者注）

借助劳动，效用的概念扩展到社会机体，变成了社会效用。它创造了公民资格的标准，它只把个人和民族作为准绳。它把社会关系理解为一种权利关系，而非一种历史关系：由于消灭了特权，社会整合将打着民族效用的旗号，立足于普遍性。公民资格反对特权的历史制度，代表着权利的世界。在某种意义上，它代表着自然权利的社会形象。它体现了自由的、平等的个体组成的社会，他们依据普通法而联合；它是每个人身上都具备的一种属性，因为他们都是社会的成员，不会为了某种特权制度而背弃自己的法律。"自由的获得不能依靠特权，只能依靠公民权利，依靠所有人的权利。"对西耶斯而言，公民资格存在于即便是自然不平等也无法予以否认的平等当中；它体现了个体的社会属性，并把个体嵌入一个能提升他、凌驾于他之上的统一的社会整体，因为后者弘扬每个人都拥有的"共同品格"。所以，"由于社会联合只能由一些共同点结合而成，所以只有共同品格才有权立法"。

甚至，公民资格可能是人们思考平等的唯一形式。它意味着每个社会成员都有权享受联合体的利益，尤其意味着社会应当保护自然权利的平等，抵制能力的自然不平等。唯有所有公民相对民族的平等，才能有效地创造民族的正当性，才能让民族把共同利益，也就是说，把由其"共同品格"体现的公民普遍性作为自己的目标。由于植根于自然，公民资格最终重新找回了把个体变成社会存在的所有"自然"特征，尤其是找回了自然捍卫的不平等（不过，社会不能利用制度，人为地加剧这种自然的不平等，否则它就有可能丧失自然给予的正当性）："使公民彼此区别的各种优势是超乎公民性以外的东西。财产与实业的不平等犹如年龄、性别、身材等等的不平等一样。但是，它们绝不会改变公民责任感的平等。"[1]

---

[1] Sieyès, *Qu'est-ce que le tiers état*, p.88.（《论特权 第三等级是什么》，第80页。——译者注）

公民的"共同品格"创造了民族的政治机构，后者治理民族，并提供了一种宪法性权力。个人的多样性与宪制政治的统一性水乳交融，并由此构成了社会权威的唯一正当基础。在西耶斯笔下，代表民族的"公共机构"是公民共同意志的产物，因为人民"任命替自己表达意志的代表"。[1]西耶斯无法接受社会契约的模式，因为它要求人民放弃自身的权利。实际上，公民什么也没有放弃，他们只是"委托"了自己的权利。换言之，他们只是自由地将权利委托给代表，但绝对没有丧失它们。"这不是一份契约，而是一种自由的代理制。"从这个角度来看，普遍的公民资格似乎变成了人民主权的政治面貌，并且嵌入了社会领域。公民资格并不需要放弃任何权利，而只是"根据委托者的意愿，安排了一项可以撤销的、有限的任务；和商业一样，它也拥有时间期限"。[2]

81

但是，由此也引发了一个棘手问题。普遍公民资格的"共同品格"在政治机构与公民共同体之间，创造了一种透明关系，它体现了后者的特征与意志。但是，这种透明性会阻碍决策权威和决策权力的正常运转。在人民主权的正当性原则创建"公共机构"时，应当让它与社会保持距离。因此，人们将不可避免地在普遍公民资格的一致性视野里引入分疏（la différenciation）。为了捍卫普遍利益，避免与个体利益进行无休止的讨价还价，公共机构应当将自己的权威建立在自主的基础上。人们应当在平等的人之间，在代议机构的参与者与它排斥的对象之间，在公共机构与人民主权之间，建立一些差别。行使代议制的政治权利应当有别于普通的公民资格。

作为思考平等的唯一可能形式，公民资格也是一种人为的建构，是一种法律的建构。所以，它最终会与平等概念一样面临相同的矛盾。一方面，

1　Sieyès, *Vues sur les moyens d'exécution*, p.23.

2　Sieyès, *Vues sur les moyens d'exécution*, p.21.

公民资格体现了一种普遍维度，体现了社会成员的自然权利，体现了为消灭旧制度的差别而建立的平等。由此来看，公民认同公共事务，他的个体利益与普遍利益浑然一体，他的道德价值在社会利益里得到了实现。另一方面，唯有借助多种特别的规定，尤其是借助保障政治机构独立的特别规定，公民资格才能发挥政治影响。由此，人们在平等公民当中悄无声息地建立了一些职能的分工，目的是协调作为自然权利的公民资格与作为享有法定权利的公民资格（代议制的权利），避免昔日令特权滋生的重要差别死灰复燃。

82

在区分积极公民与消极公民时，西耶斯就提出了公民资格的双重性问题。作为消极公民，公民资格代表每个个体的自然权利；作为城邦的政治权利，公民资格只属于积极公民。众所周知，并非所有的人都能成为积极公民，妇女、儿童、外国人以及穷人都不能行使积极公民的权利。对西耶斯而言，积极公民只能是有产者公民（citoyen-propriétaire），只能是社会的"股东"。

所有以有产者公民、股东以及基佐在日后提出的"贤能"（capacitaire）等面目出现的形象都是一些职能角色。由于这些形象，公民的普遍资格具化为各种各样的职能（不管这些职能是属于政治领域，还是属于经济领域，皆无足轻重）；同时，唯有这些形象，才能决定谁能行使代议制的政治权利。所以，这种职能观念有助于区分法定权利与自然权利（后者与普遍公民资格相连）。人们在此构建了另一种公民资格。这一次，更多是在政治上将新社会等级秩序（hiérarchie）合理化，而不是肯定与特权制度做斗争的普遍平等。

公民资格由于被人用有用劳动的概念界定，由于它的基础是经济与效用，所以它便具备了两重性。公民在政治职能上的差别不过是在贯彻实施有用劳动的观念，而有用劳动的观念恰恰构成了职能区分的标准。法定权利不属于依据其职能而行使它们的人，因为它们并不是与其道德人格相连的基本权利。根据自然权利的逻辑，排斥与差别将无可避免地催生与权利平等矛盾的不平等。然而，法定权利可以超越权利的平等，因为它们都源于社会职能，所以它们催生的不平等并不属于权利的领域，不属于平等的范畴。

83　　在此，公民资格的概念也拥有了两副面孔，揭示了一种模棱两可的属性。它一方面体现了打败特权的平等，另一方面则彰显了新社会的差别。所有人都是平等的公民，但他们并非同样地平等。这种矛盾源于公民资格概念的法律属性。公民概念是由权利的术语，是由法律关系中两个密不可分的维度——自然权利和法定权利——界定的。一边是平等公民的普遍性，它证明了民族的正当性，另一边是差别的领域，它允许公共机关独立于民族，变成一个自主的机构，并且能够维护自己的权威。在这两者之间，法律关系不能回避一个特别棘手的政治难题：在平等的基础上证明不平等的正当性。所以，这种矛盾植根于公民资格的概念，植根于它的独特属性，植根于它的法律主义（juridisme），而不是革命侧滑造成的悲剧结果。奥拉尔也指出，这种矛盾不可避免，因为只要宣布法律面前人人平等，就足以与民主原则产生冲突，因为此举必然要求：无论是在主体层面，抑或在主体与社会相连的法律关系层面，平等与不平等的张力都应当被消除。[1]

　　有人宣称能够分离公民资格的普遍维度与特殊维度，就好像可以割裂权利关系。但是，他们忽视了一个重要问题，也就是说，忽视了这两种维度的张力。譬如，皮埃尔·罗桑瓦隆就错误地认为，问题在于个体与公民的矛盾。罗桑瓦隆将平等人的象征形象与特殊的、以经济为基础的真实形象（有产者公民、士兵公民、劳动伙伴等等）对立起来。在分析基佐的"贤

1　A. Aulard, "L'idée républicaine et démocratique avant 1789, " *La Révolution française*, 1898, pp.6-45.

能公民"（citoyen capacitaire）时，他认为只要用社会职能的标准决定谁有权行使法定权利，就能消除公民资格的矛盾。[1]

但是，社会职能源于一个超法律的概念，换言之，它源于"有用劳动"的概念，后者决定了普遍利益的内容，决定了每个人相对普遍利益的地位。尽管社会职能可以区分法定权利与权利主体的主权，但却无法消解公民资格概念的根本矛盾。如果我们像罗桑瓦隆那样宣称形式平等只具有象征价值，不会产生政治后果，宣称它在被宣布时即已得到实现，那么就会导致人们得出结论说，全部的政治活动都是在创造差别，组织差别。从根本上说，这是在用一种社会学的功能主义掩盖公民资格的根本矛盾。

在研究贫穷问题时，社会职能概念导致的困境就是最好的证明。在革命进程战胜乞讨的惰性思维，摧毁孕育乞讨的绝对权力的温床后，穷人提出的政治问题就不再是协调自然权利与法定权利的矛盾，而是要求把自己整合到权利的领域中。公民资格的普遍性把穷人整合到了权利的领域里，但他们将无可避免地带入不平等。但是，问题的症结并不在于他们的不平等，而在于他们不能不平等，因为从此以后，他们再也不能被排斥在城邦之外。由于每个人都拥有公民资格，拥有不可剥夺的权利，一种新的变量正伴随穷人，悄然进入社会关系。他们虽然进入了权利的领域，却没有获得相同的法定权利。他们应当如何利用这种职能的差别呢？穷人的职能又是什么呢？有产者公民或者贤能之所以能够变成法定权利的主体，乃是因为他履行了某种社会职能，毋宁说，是因为他拥有财产所有权，或者因为他拥有才能。然而，贫穷的公民不能履行社会职能，除非摆脱了自身的悲惨境遇，他才有可能变成法定权利的主体。可见，功能主义的立场谴责了贫困，但却没有能力整合它。

84

1　Pierre Rosanvallon, *Le Moment Guizot*, pp.95-104.

在被运用于有产者或贤能的分类后，有用劳动的概念催生了社会职能的观念，并实现了扩大个体权利，阻止团体在社会里获得特殊权利的双重目标。相反，贫困并不产生于任何的社会职能，它只是资源稀缺造成的必然后果。所以，在被运用于穷人的分类时，有用劳动的概念只可能转变为在政治上极其危险的"劳动保障权"。作为自然权利的公民资格同样危险，它将不可避免地导致人们认为穷人也有权行使城邦的权利；而且，它也无法提出一些实践的标准，批准他们获得法定权利，或者证明对他们排斥的合理性。尽管如此，公民资格理论还是创造了一种全新的处境，它给贫困提供了一个新的身份，并将之整合了到主权的内部。

公民资格概念尽管发挥了政治影响，催生了一些制度性的、歧视性的实践，但却无法回避普遍平等与实质不平等之间的矛盾所带来的冲击。换言之，革命的公民资格本身即难以付诸实践，所以其根源并不只是因为卢梭主义有可能会导致人们走向某种极权主义的整齐划一。实际上，由于无法为限制自由、限制权威创造一套内在的标准，所以在组织社会差别的问题上，革命的公民资格理论会显得苍白无力。除了雅各宾主义强化了卢梭主义外，自由主义在消灭封建特权后，也没有能力把公民资格理论化。由此可见，问题不仅在于"参与公共事务导致走向了反对自由的困境"（罗桑瓦隆语），[1] 也在于自由主义的自由观念放弃了公共事务，导致公民资格的实践丧失了意义，因而在事实上否定了全部的自由制度。

3.分隔的艺术

公民资格无法为限制公共权威、限制私人自由提供内在的标准，但人们认为代议制（representation）能够提供一种制度解决方案。代议制在公

1　*Ibid.*, pp.13-14.

民资格和主权、自然权利和政治权利之间，创造了一种化繁就简的决策机制。在新的政治社会里，人们反对特权，铲除团体，不再承认团体的中介作用。在这样的社会里，代议制应当规范社会权威的授权与分配，"社会秩序必然要求建立目标的统一性和手段的协调性"。[1]**统一的**民族是权威的**唯一**来源，唯有西耶斯眼里的"公共机构"才能合法地代表民族的"法律意志"。为了影响法律的制定，各种各样的利益会八仙过海，各显神通，而代议制是它们必须遵守的制度形式。

　　这就是宪法观念的真正含义。1789 年 6 月 17 日，在第三等级组建制宪议会、反对王权时，宪法被视为一种斗争工具。宪法是他们争取解放，抵制国王否决权的不二法门。事实上，代表们接受了西耶斯的宪法定义。西耶斯强调制宪权源于最高人民的授权，拒绝把宪法看作人民与国王订立的一份契约。

　　西耶斯表示，由于国家人口众多、决策复杂以及一致性难以达成等因素，代议制是一种不可避免的选择，公意应当由"多元的意志形成"。[2]人们应当把多元的意志转化为统一的意志：代表们"为人民表达意志"，他们形成的共同意志将构成真正的法律。因此，代议制政府的核心问题是**共同地表达意志**。但是，这不是权力的转移，而是意志从国民向代表的转移。是故，"把武力授予代表，而不是留给民族"的说法在政治上极其危险。

　　而且，代议制不是一项权宜之计。帕斯夸莱·帕斯奎诺（Pasquale Pasquino）指出，无论现代社会的人口多寡，代议制都是创造政治统一性的最佳手段，因为代议制绝不能被简单地化约为共同意志的表达。[3]代议　　87

1　Sieyès, *Préliminaire de la Constitution*, p.38.

2　"人民的权力仅局限于行使委托权，换言之，仅限于选择和任命行使权力的代表；代表们行使真实的权利，尤其是创造公共机构的权利。"（*Ibid.*, pp.36-38.）

3　Pasquinale Pasquino, "Sieyès, Constant e il 'Governo des Moderni'. Contributo alla storia des concetto di rappresentaza politica," *Filosofia politica*, 1, 1 juin 1987, pp.77-98.

制还将社会职能的标准运用于政治范畴。一旦人们把代议制理解为宪制机构，那么它与以共同意志的面貌出现的人民主权维持的一种透明关系便分崩离析，让位于一种治理程序的现代化。一方是民族，它由全体结合者、由"所有的被统治者"构成，另一方是政治机构，肩负着治理的使命。由于社会实行劳动分工，把政治变成了一种"特殊职业"，所以政治机构可以独立于创造它的意志。帕斯奎诺表示，这构成了代议制的现代特征，迥然有别于社会契约论。而根据社会契约论的理解，每个人都会放弃自己的部分权利。

重要的是，在被运用到政治领域后，劳动分工变成了一种新事物，而不再是一种对劳动和能力进行组织的方法。担任公职如同从事其他行业；各种劳动日趋复杂化，所以把它们委托给"专业人士"[1]，将会变得更有效率。归根结底，这是一个关乎专业化的问题。帕斯奎诺认为，代表们追求的共同目标要以一种同质性，即要以"公民资格的空间"为前提。然而，将专业化的政治机构引入公民资格同质化的空间，有可能会复活人们曾经竭力驱逐的团体主义梦魇。但是，为了维持政治机构的良好运转，必须让它保持自主，自由地"表达意志和采取行动"[2]。意志的转移要以民族与代表之间关系的透明性为前提，但这也会影响民族与代表们的分隔（separation）。

西耶斯在论述 1789 年代表们履行职能的手段时，分析了行使权力的三个重要前提：做事的权利、行动的自由，以及成果的持久性。在共同决策的过程中，尽管每个人的个体意志发挥的影响微乎其微，但他们选举产生的立法权却明显是建立在个体意志之上的；可以说，在宪制的代议机关里，个体意志依然能够得到彰显。这就是为什么要建立多级的代表制，避

---

[1] Sieyès, *Vues sur les moyens d'exécution*, pp.112-113.

[2] Sieyès, *Préliminaire de la Constitution*, p.33.

免代表们的权力过分偏离委托，这就是为什么要在政治上更为明智地建立
地方分权的组织。在某种意义上，宪法保障的分隔首先要确保代表们的分
隔；就民族与政治机构之间的有机纽带而言，这种分隔有助于推进"组织
的完整化和简单化，以便整个政治机构均可履行职能"。[1]

毫无疑问，"只要代理人不断篡夺公民权利，就有可能建立一种特殊
的利益"。[2]然而，只要听从孟德斯鸠的教导，建立权力分立，便足以防
范这种危险。权力关系并不比企业关系更复杂。公民是"社会企业的大股
东"；他们任命的行政官只要拥有专长，即可根据自己的贡献获得相应的
薪酬；但行政官们不能擅自改变自己对股东的服从关系。代表们尤其不能
反对委托者；所以，人们必须在政治领域严格分立行政权和立法权。

民族与代表之间关系的透明性将会得到公共舆论的保障。西耶斯强调，
一切意见都应受到欢迎，因为它们是"协商的素材"。然而，这只是转换
而没有解决问题。西耶斯从舆论的角度，重申了分隔的必要性。"倘若没
有特殊意见的准备与推动，议会断无可能形成共同意志；但是，一旦作出
了决断，那么此前存在的各种意见及其包含的毫无意义且危险无比的成分，
应当立即消失。议会只承认和遵从共同决策的结果。[……]人们应当给各
种各样的意见提供神圣而不可侵犯的保护，只允许它们存在于某个必要的
时刻。"[3]对西耶斯而言，舆论自由只能持续片刻的时间；在议会出台完
善的法律后，它们应当立即消亡。

局势可以解释在反对国王否决权时，革命者的主要目标是保障第三等
级代表的权力而追求一种宪法手段，而不是维护政治机构相对社会的自主
性而设置一道屏障。而且，社会明确反对试图取缔所有团体的意志。譬如，

1　Sieyès, *Vues sur les moyens d'exécution*, p.74.

2　*Ibid.*, p.138.

3　*Ibid.*, p.99.

围绕民众的俱乐部和社团，围绕应当赋予它们以何种自由等问题上，人们展开了无休止的讨论。

对于推翻万恶旧制度的正当起义，对于人民自发的反抗运动，民众社团起到了推波助澜的作用。它们行使"起义权"，使之脱离契约论的哲学著作，走向街头，反对旧制度。但是，民众社团似乎无法理解推翻旧制度与创建新制度的区别。它们变成了令代表们感到头疼的问题，因为它们代表着有组织的舆论，宣称自己是独立存在的，对用"共同决策"融合各种意见的政治必然性置若罔闻。有鉴于此，第一共和国接二连三地颁布限制与禁止民众社团的法令。这说明民众结社的问题是何其重要，解决它又是何其困难。

在社会机体里实施不可限制的人民主权原则，乃是要给政治权力提供正当性。这会引发许多问题，而禁止民众俱乐部和社团似乎是解决之道。于是，在政治领域内取缔民众社团，如同在经济领域内取缔行会一般。1791 年 9 月 29 日，列沙白里哀（Le Chapelier）在制宪议会上发表报告："这些社团是自由热情的产物，[……] 但与所有自发形成的机构一样，它们获得了一种本不应具备的政治属性。"[1] 列沙白里哀指明了禁止民众结社的利害所在："当大革命结束以后，只能让协商和权力存在于宪法规定的地方，必须让每个人充分尊重公民权利，必须避免各种委托的职能僭越彼此的权力。[……] 只允许存在人民代表创建的权力，只允许存在人民委托的权威；只允许担负职能的代理人行动。为了维护该原则的纯洁性，宪法必须在王国内部摧毁所有的行会，只允许存在社会和个体。"在报告的结尾，列沙白里哀还明确区分了私人领域和公共领域：前者是最大限度的自由王国，而后者是代表机关的领域；除了代表机关，"一切公共特征、一切集体措

90

1　Le Chaplier, *Rapport sur les sociétés particulières à l'Assemblée constituante*, 29 septembre 1791, *Archives parlementaires*, XXXI, pp.616-624.

施都不得存在"。

禁止民众结社的利害关系得到了清楚表达。但是，结束大革命，巩固代表机关，解散民众社团绝非易事。代议制政府的目标是勾勒新政治社会的图景，而禁止俱乐部的做法进一步推动了人们对其本质的思考。人们应当依据代议制的原则规范公共生活，教育人民："自由既是一种情感，也是一种教育。它拥有自己的学校、教师和学说。它尤其应当拥有一些榜样，拥有一种充满活力的道德。"[1] 无论从政治角度，抑或从教育角度，取缔特殊团体的做法淋漓尽致地体现了对公共事务的忠诚（这是代议制政府的要求），体现了公共秩序原则优先的必要性。[2] 所以，禁止民众结社的做法遵循了两个重要原则：一方面要让起义权变得非法，另一方面要禁止所有集体的、公共的行动。

然而，在旧制度被推翻以后，民众社团似乎并不愿意放弃它们曾经正当行使的权利。它们宣称，管理公共事务的政府应当接受舆论的监督；它们由此变成了真正的压力集团。为了摆脱这种舆论的监督，政府必须宣布昔日正当的权利变成了非法。如果说推翻罄竹难书的政府证明了起义权的必要性，那么唯有现行制度的正当性才能否认它的合理性。列沙白里哀宣称："破坏的时代已经过去"，从此以后，人们应当致力于建设一个没有冲突的整体。[3] 代表们强调自身的权力是共同意志的产物，源于人民的选择。

92

1　Parent-Réal, *Sur les les société particulières s'occupant de questions politiques*, Conseil des Cinq-Cents, 26 fructidor an VII.

2　Le Chaplier, *Rapport sur les sociétés particulières*, p.617："如今应当让它们（即民众社团。——译者注）遵守宪法，但在此前，它们只有革命性。"

3　Mailhe, *Rapport relatif aux réunions particulières de citoyens s'occupant de questions politiques*, Conseil des Cinq-Cents, 8 germinal an IV："在旧制度时期，一个反对政府的机构的缺陷，可以由其目标的纯洁性掩盖。[……] 如今，问题的关键不再是破坏，而是保守。" Le Chaplier, *Rapport sur les sociétés particulières*, p.618："破坏的时代已经逝去；如今不再有应当革除的弊病，不再有应当抵制的偏见；从此以后，应当装饰自由和平等充当其基石的大厦。"

既然代议机构产生于人民意志的协商行为，那么它既是人民意志在政治机构的彰显，也表达了每个人的意志。借助选举代表的政治行为，人民主权创造了统一的意志，因为如汉娜·阿伦特所说，人民主权的意志必须是统一且不可分割的。[1]民众社团一方面宣称自己体现了人民的意志，另一方面又违背人民意志明确作出的委托，因而陷入了一种自相矛盾之中。所以，在某种意义上，取缔它们，乃是在肯定新制度的正当性。这种做法必然是正义的，因为代表们直接产生于公民意志，因为唯有人民的主权意志才是正当性的来源。

然而，在民众社团的问题上，人民的主权意志却暴露了自己的缺陷。在民众社团里，意见获得了一种集体的、行动的维度，它有别于报纸上发表的意见。在私人生活里，读者形单影只，无法进行联合；无论他的意见多么荒谬乖张，都不可能转化成行动。马耶（Mailhe）表示，"在俱乐部里煽风点火的演说者却是另一幅景象，[……]他拥有行动的一切要素"；所以，必须分隔演说者与这些要素。各种各样的法令不断限制结社的人数，不断约束社团的行动自由，尤其是禁止一切可能形成集体意见的行为（如会议纪要、传单、请愿和公告）。这些禁令虽然大相径庭，但万变不离其宗：意见只能是一种意见，绝不能允许它转化为行动。

因为代表们的行动产生于共同意志，所以它不但是正当的，而且还应当成为唯一的行动。所以，人们要防止公共舆论束缚宪制机构的行动能力。"人民已经庄严地批准了这些限制性法令，尽管它们约束了人民对自然权利与政治权利的行使，但却能真正地保护它的安宁和主权。"[2]所以，这些禁令既是约束，也是保护。唯有依靠自我约束，主权才能在实践层面得

92

1　Hannah Arendt, *On Revolution*, 1963; trad.fr.: *Essai sur la Révolution*, Paris, Gallimard, 1967, p.108.

2　Mailhe, *Rapport relatif aux réunions particulières de citoyens*.

到保障；唯有依靠自我约束的行为，主权才能得到实现。代表机关由此变成了行动权利的泉源，因为它创建了一个分隔的机构，后者负责行使政治权威和政治权力。由此可见，代表们不再是统一意志的投射，而是变成了专门履行社会职能的代理人。人民的主权意志丧失了权力，因为它放弃了集体行动。因此，取缔俱乐部的做法就是要把舆论自由限定在私人领域，禁止它进入公共领域。勒德雷尔（Roederer）强调，舆论不应拥有"胳臂和大腿"。[1]

总之，代表机关似乎变成了一种统筹原则，试图在参政与排斥之间建立一种艰难的平衡。代表机关源于人民选择履行公职的代表的最高权力，所以代表们是人民意志的投射。但与此同时，代表机关也催生了另一种能够限制人民意志，甚至取而代之的意志。人民授权代表，同意他们以自己的名义进行统治，但代表们却说要取代人民，自己进行统治。

一方面，无法简单地禁止民众结社，因为人们不能阻止公民关注公共事务；另一方面，作为汇聚个体意志，把个体意志转化为共同意志的手段，代表机关需要每个人参与政治，表达意志。此外，政治机构的目标还应当维持社会认同的情感。从这个意义上说，在教育新社会的政治价值方面，民众社团的作用无可替代。[2]

另一方面，应当将参政限制在私人事务的范畴，因为人们在选举代表的同时，也放弃了集体行动。从这个角度来看，民众社团又背离了自身的教育使命，因为它们推动公民介入本不属于他们，而且也不再取决于其自由意志的领域。公民之所以被驱逐出这个领域，恰恰是因为他有被统治的

93

1　A.-M. Roederer, *Des sociétés particulières, telles que clubs, réunions, etc.,* Paris, an VII.

2　Le Chaplier, *Rapport sur les sociétés particulières*, p.617; A.-M. Roederer, *Des sociétés particulières,* p.15.

需求。[1]

列沙白里哀宣称，在社会与个体之间不得存在其他主体，不得存在其他中间团体；在它们之间，只存在一个真空。唯有代表机构才能介入此种真空，因为它是唯一得到授权的行动集体。唯有在形成代表机构的最初时刻，而且仅仅在这一时刻，社会仍然存在于其构成要素即个体当中，而不会被他们的多元性撕裂。这是幸福的时刻，因为形形色色的个体齐心协力，追求共同的目标——提供一种精练的形式，让"整体"表达自己的意志。然而，在个体意志以如此方式呈现自己的时刻，也是决定社会政府命运的时刻；自此以后，只允许存在个体和社会；个人只享有私人领域的自由，而社会不再容忍中间团体，只认同自己的表达。在不可分割的意志（它创造公共领域）与自由（它分解为不计其数的个体意志）的矛盾里，代表们似乎是组织新政治社会关系的枢纽。

因此，政治范畴的分隔不能简化为劳动分工，因为它削弱了民族与代表之间关系的透明性，使之不断地被质疑。马塞尔·戈谢（Marcel Gauchet）虽然看到了民族与代表之间认同机制的重大缺陷，[2] 但却没有认识到两者的分隔也是一种异常重要的制度策略。唯有借助它，才能满足政治机构的自主诉求。在面对与平等的一致性紧密相连的政治合法化原则时，政治机构的分隔被视为维护公共秩序、行使社会权威的必要条件。然而，在面对社会问题时，政治机构的分隔却遭遇重创，因为在政治上，社会问题的解决已经变成了燃眉之急。

经济治理理论激发了人们对劳动秩序的信仰。如今，由于遭遇了一些政治难题，这种信仰陷入了危机。而且，代议制政府也暴露了一个无法被

1　Maximin Isnard, *Sur la nécessité de passer un pacte social antérieur à toute loi constituteionnelle*, à la Convention, 10 mai 1793.

2　Michel Gauchet, *La Révolution des droits de l'homme*, pp.86-87.

劳动解决的问题。一方面，社会试图监督代表自己的政治权力；另一方面，贫困变成了一种反抗力量，它反对代议制政府为摆脱人民主权的监督而采用的手段。实际上，贫困超越了将人民意志等同于共同意志的机制，超越了政治机体的分隔策略对公共空间的钳制。

穷人反对暴政的起义虽然帮助他们获得了法律主权，进入了平等的王国，但是却没有建立利益的一致性、目标的一致性，甚至敌人的一致性；唯有在反对专制的斗争里，才出现过这样的一致性。[1] 暴政的消亡只给少数人带来了自由，却在事实上排斥了人民。所以，人民的解放任重而道远。在统一意志的表面安定下，穷人复苏了个体意志的幽灵。而且，穷人需要为生计奔波，注定生活在公共空间里：他们引车卖浆，喧哗躁动；他们离经叛道，却没有归宿；无论如何，他们总会在公共空间打下了自己的烙印。我们只须列举巴黎拾荒者的例子，即可证明这一点。巴黎的拾荒者让富裕街区的居民感到提心吊胆，他们走街串巷，是"马路上的哲学家"。[2] 另外，路易·舍瓦利耶（Louis Chevalier）也特别引用了巴尔扎克对巴黎穷人的描绘。[3] 革命批准甚至煽动穷人，允许造反的呼声和姿态充斥了公共空间。现在让穷人远离公共空间，只允许他们享受私人世界的快乐，这谈何容易。实际上，穷人的私人世界并不诱人，而是充满艰辛；他们的习惯和需求会把他们从自己的世界里驱赶出来。

一言以蔽之，对于社会问题的治理而言，分隔策略显得捉襟见肘。更

95

1　Hannah Arendt, *Essai sur la Révolution*, pp.42-43.

2　Alain Faure, "Classes malpropres, classes dangereuses?," in Lion Murard et Patrick Zylberman (eds), *L'Haleine des faubourgs*, p.87. 阿兰·富尔（Alain Faure）还引用了弗里德里希·勒普莱（Frédéric Le Play）的著作：*Ouvrières européens*, Paris, 1860, p.272 sq。勒普莱表示，拾荒者通常在 6:00—9:00、10:30—17:00 和 17:00—24:00 期间作业；在绝大多数时间内，拾荒者都在室外劳作。

3　Louis Chevalier, *Classes laborieuses et Classes dangereuses*, 1958, Paris, LGF, 1978, pp.614-619.

糟糕的是，分隔策略实际上推动了人们将贫困与政治问题挂钩：个人的自主性尽管是自由主义制度的基础，但却与贫困产生了冲突。贫困不但制造了依附，而且与政治机构的自主性水火不容。在代议制政府里，哪怕分隔有其政治的必要性，它也必须建立在公民资格概念所要求的平等之上。然而，在贫困的世界里，在不平等的世界里，作为分隔原则之基础的能力差别只会加剧不平等，只会催生新的排他性权利。分隔的艺术是自由主义的典型策略。在迈克尔·沃尔泽（Michael Walzer）的笔下，自由主义是"一个围墙的世界，每个人都在创造一种新自由"。[1]但是，从一开始，分隔的艺术便与贫困问题产生了冲突，暴露了自己的局限，因为自由主义在"向贤能敞开大门"时，并不能阻挡其他人进入。

96

1　Michael Walzer, "Liberalism and the art of separation, " *Political Theory*, 12, 1984, pp.315-330.

第二部分

政治经济学与现代贫困

第三章 历史的贫困

在自由主义社会降世之初，贫困便被置于世俗化的进程（勾勒了新社会风貌的政治与经济法则进一步加速了它的发展）之中理解。对生产劳动的歌颂揭示了人口的经济价值，也由此强调了消灭贫困的重要性，因为它会导致一部分人口无法工作。人民主权的政治代议制拥有一些束缚，它们揭示了在以个体的自然平等为基础的秩序里，不平等问题拥有的政治维度。尽管有过处理乞讨的经验，但人们在提出社会问题时，却提出了一些新观念。而且，要把这些观念转化为治理策略，并非没有难度。

当人们在政治上诉诸劳动分工理论，试图化解代议制与新特权之间的冲突时，一种对劳动之进步力量的乐观信仰使人相信，经济科学能够解决贫困问题。社会问题提出了许多新挑战，它们使人认为应当根据新的经济思维，理解社会事实；与此同时，自由主义政治经济学的诞生也使人对社会财富的增长"寄予厚望"，对待贫穷的态度也在发生改变。

1.贫困的经济问题

自由政治经济学标志着一种崭新话语的诞生。毫无疑问，对于现代社会的快速转型及其困境的治理，此种话语并非熟视无睹。在这一点上，政治经济学的话语显得不同寻常：它置身于现代社会的历史内核，置身于支配和反抗的场域，一言以蔽之，置身于现代社会的各种冲突之中。在考察把财富生产作为首要目标的政治经济学话语时，应当立足于它对贫困的分析，并用"世俗"的眼光看待经济科学。首先，要用非经济学的角度考察，尤其要考察政治经济学置身其中的社会关系和话语网络，而不是关注其理论体系的内在融贯性。问题的关键不是分析它在资本与劳动、价值与财富、交换与货币之间建立的关联，而是要研究它积极推动的"社会转型"。[1]经济学的创新之处并不在于分析产品的生产、交换、国家的财政管理等社会实践（尽管它也尝试这么做），而在于它的分析遵循了一种新的话语框架，后者的结构"由资本、利润、交换、生产和分配等一整套独特的概念集合塑造"。[2]

米歇尔·福柯表示，这种变化与其说是发现了一个在此前被人忽视的新对象，不如说是古典时代以来的知识出现了一场深刻的变革。古典知识特别关注**表象**（représentation）的分析，而现代知识则重新聚焦于"原始内核"，聚焦于表象的**经验内容**。[3]在经济学领域，如果说古典知识把财富分析建立在商业贸易上（由此催生了重商主义），那么自由主义政治经济学的考察重心则是交换产品的生产活动，即劳动。劳动是生产活动的原始内核，它无法从交易中生成。相反，劳动创造了交易的基础，因而从逻辑上说，生产理论比流通理论更重要。

这是一场波澜壮阔的转变。尽管商品经济保持了延续性，但人们更关心财富的创造而非财富的转移，并把财富的生产劳动作为分析的重点。因此，自由主义经济学反对重商主义，抨击商人对经济政策的影响，开始谈论"财富的美德"。伊斯特万·洪特（Istvan Hont）表示，传统价值将道

1　Karl Polanyi, *La Grande Transformation*, p.165.

2　Keith Tribe, *Land, Labour and Economic Discourse*, London, Routledge& Kegan Paul, 1978, p.5.

3　Michel Foucault, *Les Mots et les Choses*, Paris, Gallimard, 1966, chapitre 8, pp.261-275.

德与贫穷相连，认为财富不可避免地会带来堕落；但从休谟开始，此种看法遭到抛弃。[1] 休谟在《论奢侈》中指出，在政治生活里，奢侈拥有积极的社会和道德价值。[2] 由此，贫穷丧失了道德魅力。在旧社会，人们之所以包容贫穷，乃是因为相信"贫困的效用"[3] 在于它能强迫穷人劳动；尽管如此，人们还是采取严厉措施，镇压穷人。[4] 相反，新的劳动伦理为劳动创造的财富正名，认为它不会催生腐败，而是会传导积极生活的价值。从此以后，贫困变得"毫无益处"，属于应当被消灭的消极形象。

在经济学家们看来，贫困是经济糟糕的典型表现，是旧制度经济的重要特征。他们对待贫困的看法与对待奴隶制的看法如出一辙，认为它们皆是违反自然的现象。[5] 亚当·斯密特别指出，奴隶制虽然帮助积累了数量惊人的殖民财产，但却以强制劳动，以绝大多数人的被奴役为代价。殖民财产的积累建立在错误的学说之上，因为如果一个社会的多数成员陷入悲惨境地，那么它无论如何都不可能长期保持繁荣。[6] 斯密表示："一个国家繁荣的最显著标志是其居民数量的增长。"[7] 然而，唯有在与生产建立联系以后，人口才能切实增加国家力量。既然如此，那么贫困的事实意味着

107

1　Istvan Hont, "The rich country-poor country debate in Scottish classical political economy, " in Istvan Hont and Michael Ignatieff (eds), *Wealth and Virtue*, Cambridge, Cambridge University Press, 1983, pp.271-317.

2　David Hume, "Of luxry," （1760 年，休谟把该文的标题改为 "Of refinement in the arts"） in T. H. Green et T.H. Grose（eds）, *Philosophical Works*, 4 vol., London, 1874-1875, 3, pp.299-306, cité par J. Robertson, "The cottish englightment and the civic tradition," in Istvan Hont and Michael Ignatieff (eds), *Wealth and Virtue*, p.157.

3　Edgar Furniss, The Position of the Laborer in a System of Nationalims, New York, 1920, cited by D.A.Baugh, "Poverty, protestanitism and political economy, " in S.B. Baxter (ed.), *England's Rise to Greatness, 1660-1763*, Berkeley, University of California Press, 1983, p.76.

4　*Ibid.*, p.77 sq.

5　J. R. Poynter, *Society and Pauperism*, p.234; D.A. Baugh, "Poverty, Protestantism and Political Economy," p.85.

6　Adam Smith, *An Inquiry into the Nature and the Cause of the Wealth of Naitons*（ 1776 ）, R. H. Cambell et A. Skinner (eds), Oxford, Clarendon Press, 1976, 2 vol., 1, p.96.

7　Cité par Gertrude Himmelfarb, *The Idea of Poverty*, p.109.

人口与生产的关系陷入了困境。让－巴蒂斯特·萨伊（Jean-Batiste Say）解释说，在旧制度时期，错误的人口政策导致人们推行增加济贫机构的政策，结果使得许多人没有发挥作用。[1] 在其乌托邦共和国——"奥尔比"（Olbie）里，萨伊把穷人斥为"无用之人"。[2]

　　福柯指出，经济学在转向分析劳动的各个经验要素后，深刻改变了人们对贫困的理解；与此同时，经济学的话语还破天荒地开始讨论社会组织。[3]套用卡尔·波兰尼的话来说，"市场经济只可能存在于市场社会里"。所以，人们不能把经济制度简单地看作社会的一种职能。经济现象从社会机体中独立出来，拥有自身的驱动力，并倾向于把整个社会置于驱动经济的原则之下。

　　市场经济希望把所有的经济主体都置于市场机制之下。从一开始，古典政治经济学就试图把（在传统上游离于市场之外的）土地和劳动转化为商品，从调节市场走向自我调节的市场。土地和劳动不是生产出来用于销售的商品；但是，借助它们，人们把自然环境和人（换言之，社会的质料）置于市场法则之下。在 18 世纪末，市场的扩张"彻底改变了社会结构"，唯有政治代议制的颠覆影响才能与之相提并论。[4]

　　政治经济学之所以能够推动社会的重大转型，乃是因为从一开始，它就深信自己构建的经济机器无法独立运转。政治经济学的理论贡献在于它希望回应如下的指令：如果不提供配套的社会技术和国家政策，就无法在

　　1　Jean-Baptiste Say, *Cours complet d'économie politique pratique*, 1828, 3e éd., Paris, 1852, 2 vol., 2, p.363："长期以来，人们认为人口众多是国家的财富，却很少关心它的生产，所以许多政府都以为增加济贫机构符合自身的利益。"

　　2　Jean-Baptiste Say, "Olbie. Essai sur les moyens d'améliorer les mœurs d'une nation," 1799, in *Œuvres diverses*, Paris, Guillaumin, 1848.

　　3　我们可以参考戴维·温奇对亚当·斯密的"政治科学"作出的精彩评价。David Winch, *Adam Smith's Politics. An Essay in historiographic revision*, Cambridge, Cambridge University Press, 1978；Th.D. Campell, *Adam Smith's Science of Morals*, London, 1971.

　　4　Karl Polanyi, *La Grande Transformation*, p.105.

资本主义生产体系里增加财富。[1]

因此，政治经济学在掌握权力后，即便不想战胜贫困，至少也应当直面它。在经济领域里，贫困与财富并非像在慈善领域里那样能够相互补偿。经济学家们认为，与财富不同，贫困显得多余，因为它会阻碍财富的增长。哪怕无法彻底消灭贫困，至少也应当让它在经济上变得有利可图。[2]

经济学家们表示，贫困首先是旧时代、旧错误的产物，所以它应当被消灭。它危害了一些本来能为新经济提供必要劳动力的社会群体，使之变得麻木，甚至还反对自由劳动市场。所以，政治经济学的使命不能局限于推广契约劳动。对"经济治理"的理论而言，契约劳动足以解决贫困问题。在全国性的竞争市场当中组织劳动意味着，为了满足工业生产的新需求，必须反对与旧社会经济秩序互为表里的劳动力的零散化和麻木化。

劳动的供给与需求应当匹配。这要求人们为它们的交易建立一个更广泛的市场，以超越农业和手工业生产的地方市场。然而，贫困却是旧劳动组织的重要支柱。尽管封建世界分崩离析，尽管有组织的奴役制度土崩瓦解，尽管阻止弱势群体命运恶化的旧保护条例荡然无存，但贫困现象依然如旧。在新社会制度下，贫困似乎变成了旧制度负隅顽抗的阴暗地带。所以，贫困迫使政治经济学思考历史，思考进步主义的解释（它通常是社会转型过程最显著的特征）所忽视的维度。按照阿尔诺·马耶尔（Arno Mayer）的说法，贫困体现了"旧制度的残余"，[3] 严重阻碍了工业的现代化。

此外，作为一个重要的理由，贫困从反面证明了发展的迫切性。也就是说，贫困代表了新经济科学承诺消灭的一种停滞状态。在从重农学派到

109

1　Lionel Robbins, *The Theory of Economic Policy in English Classical Political Economy*, London, MacMillan &Co., 1953.

2　J. R. Poynter, *Society and Pauperism*, p.XVI.

3　Arno Mayer, *The Persistance of the Old Regime. Europe from 1848 to the First World War*, New York, Pantheon Books, 1981. (trad.fr.: *La Persistance de l'Ancien Régime: l'Europe de 18148 à la Grande Guerre*, Paris, Flammarion, 1983.)

亚当·斯密、边沁、李嘉图勾勒的政治经济学的知识谱系里，贫困的主题经常是"财富分析"的对立面。[1]古典经济学家把贫困视为旧制度的重要特征，所以他们认为经济增长和社会发展注定会消灭贫困。

根据古典政治经济学的理解，纯产品相对往年的增长表现为劳动、消费和收入的盈余：换言之，贫困减少了。只要纯产品增加了，贫困就会减少，它将缓慢但确定地减少。资本的增加必然会增加劳动，并逐渐减少由来已久、积弊丛生的贫困。

从根本上说，古典政治经济学的乐观主义建立在如下的一种假说上：贫困具有历史属性，是对政治经济学原则一无所知的前工业社会的产物。贫困通常表现为旧制度时期的自给自足，所以它象征着仍有待于消灭的旧制度的残余。它不仅反对扩大生产，反对拓展市场，而且对它们带来的好处熟视无睹。经济学家们表示，贫困构成了一片有待开垦的荒野，代表着一些尚未复苏的欲望，象征着一些未加引导的需求，是无限市场取之不竭的潜在宝藏。

由此可见，贫困是一个经济问题，而经济学应当为之提供解决方案。

110 道德改革、教育改革，以及马尔萨斯推崇的"趣味与习惯"的改革是重要补充，它们的目标是引导穷人脱贫。政治经济学分析贫困问题的框架，一方面受制于劳动市场的需求，另一方面也取决于对人口价值的重视。工资理论实现了两个要素的有机结合，因为它宣称工资取决于资本与人口的比例。归根结底，贫困首先是一个应当用人口界定的数字问题。经济学家们，而不仅仅是马尔萨斯，试图用人口不受控制的增长解释贫困现象。[2]在这一点上，马尔萨斯的定律发挥了催化剂的作用。

1　Adam Smith, *Draft of the Wealth of Naitons de 1763*, in W.R. Scott, *Adam Smith as Student and Professor*, Glasgow, 1937;Bentham, *Pauper Management Improved*, 1798, *The Works of Jeremy Bentham*, J. Browring (ed.), Edinburgh, 1838-1843, 11 vol., 8, pp.369-437.）

2　Schumpeter, *Histoire de l'analyse économique*, 1, p.384.

2.贫困与人口

笔者无意于对古典政治经济学作出新的界定，尽管它的定义聚讼纷纭，催生了各式各样的经济学理论。笔者愿意采纳凯恩斯的定义。他赞同萨伊法则，认为古典学派忽视了"总需求的功能"。[1] 萨伊宣称："一切产品都会用于消费"；生产与消费相互适应；消费是生产的目标，"政治经济学的各个学派在这一点的看法不谋而合"。[2] 根据凯恩斯的定义，后李嘉图时代毫无保留地拥抱市场理论，坚持自我调节市场观念的所有经济学家，都属于古典政治经济学的范畴。当然，凯恩斯的定义并没有获得人们的普遍认可。不过，罗纳德·米克在探讨李嘉图的经济学为何在 20 世纪 30 年代衰落时，对政治经济学作出的界定类似于凯恩斯。[3] 依笔者管见，相比于托马斯·索厄尔（Thomas Snowell）在论述古典作家的基础上提出的宽泛定义[4]，罗纳德·米克的定义更为可取，因为它可以区分马尔萨斯与古典经济学家，尽管马尔萨斯的人口理论在古典政治经济学家群体当中异常流行，并对他们的贫困观念产生了重要影响。

伟大的托马斯·罗伯特·马尔萨斯以人口学家的身份，在经济思想史上留下了不朽的名声。在马尔萨斯的理论里，唯有他的人口学说得到了古典经济学家们的交口称赞。马尔萨斯由于对其他领域，尤其是对萨伊法则提出了尖锐批评，所以很不受他们的待见。马尔萨斯在《政治经济学原则》

111

1　Keynes, *General Theory of Employment, Interest and Money*, 1936; trad.fr.: *Théorie de l'emploi, de l'intérêt et de la monnaie*, Paris, Payot, 1977, p.44;"Robert Malthus, " in *Essays on Biography*, London, 1933, pp.140-141.

2　Jean-Baptiste Say, *Cours complet d'économie politique pratique*, 2, p.198.

3　Ronald Meek, "The Decline of Ricardian Economics in England, " *Economics and Ideology and Other Essays. Studies in the Development of Economic Thought*, London, Chapman&Hall, 1967.

4　Thomas Snowell, *Classical Economics Reconsidered*, Princeton, Princeton University Press, 1974, p.5.

里建构的狭义经济理论与古典学派，尤其是与李嘉图产生了冲突，所以反响平平。[1]凯恩斯恢复了马尔萨斯的名誉，指责李嘉图的"伪算术的智识霸权"遮蔽了马尔萨斯的影响。[2]马尔萨斯是第一个将人口理论建立在其经济模型的各个要素之上的政治经济学教授。拒绝生产与消费的"自动均衡"理论，倡导有效需求的理论，皆源于马尔萨斯的价值理论。[3]

李嘉图认为，价值只来源于"生产的艰辛或便利"。[4]马尔萨斯则不同，把价值定义为"个人或社会赋予某种物品的价格"[5]。马尔萨斯的定义把人的注意力从生产领域转移到社会与产品的关系：集体对产品的兴趣变成了决定价值的根本原则。由此可见，一切有助于激发和扩大产品需求的行为都会对经济活动产生重要影响。关于马尔萨斯的"悲观主义"，毋宁说，他与市场万能的幻想（李嘉图也深受其害）保持的距离，并不局限于批判的领域。马尔萨斯还分析了资本主义及其实现的条件与困境，构建了一系列的理论和实践的命题。这些命题与古典理论固然有相通之处，但却也提出了一些崭新的重大问题。

倘若不抛弃狭隘的自我调节市场的观念，我们便无法理解马尔萨斯人

---

1 Malthus, Principles of Political Economy, 1820, 2e éd. 1836 (trad.fr.: *Principes d'économie politique*, Paris, Calmann-Lévy, 1969). 马尔萨斯和李嘉图相识于 1811 年 6 月；此后，他们频繁通信。他们的通信见于《李嘉图的著作与通信》第 9 卷：*Works and Correspondence of Ricardo*, Piero Sraffa (ed.), Camdrige, Camdrige University Press, 1951-1955, 11 vol.

2 Keynes, *Essay on Biography*, p.103.

3 关于马尔萨斯对有效需求与价值理论之间关系的论述，可参见：Augusto Graziani, "Malthus e la teoria della domanda effettiva, " introducetion à Lilia Costabile, *Malthus. Sviluppo e ristagno della produzione capitalistica*, Turin, Eeinaudi, 1980, pp.VII-LV.

4 Ricardo, Principles of Political Economy and Taxation, 1817, trad.fr: Principe de l'économie politique et de l'impôt, Paris, Clamann-Lévy, 1970, p.218："价值在本质上有别于财富；因为价值并不取决于富足，而取决于生产的困难或便利。"

5 Malthus, *Principes d'économie politique*, p.293："如果一个人或一个社会赋予某种物品的价值，换言之，他们同意支付的价格，不足以补偿生产成本的话，那么我们可以确定，人们不会再生产它。"

口理论产生的影响。马尔萨斯拒斥市场理论：消费并不是生产的简单投射，不是镜子的另一面。事实上，在这面镜子的背后，存在各式各样的行动与反行动、利益、吸引、排斥。马尔萨斯表示，人们应当采取行动，改变产品的生产，使之符合消费者的需求、趣味和欲望。唯有如此，才能制造出符合并非完全自主的市场所需要的产品。"为了维持价值，必须对产品进行有效的分配，毋宁说，必须让消费品和消费者的人数、需求与手段形成恰当的比例；换言之，必须让产品数量与产品需求形成恰当的比例。"[1] 于是，"需求的科学"变成了生产科学不可或缺的补充；它构成了马尔萨斯关注人口、道德，尤其是消费者教育的经济理论框架。毫无疑问，这就是凯恩斯把马尔萨斯称为"第一位剑桥经济学家"的原因所在。[2]

马尔萨斯因为关注人口，所以注意到了贫困问题。在他看来，作为旧时代的产物，作为在无数阶层中根深蒂固的习惯，贫困既是一种伦理，也是一种文化，同时还是一种经济。马尔萨斯在把人口与需求相连时，提出了如下的命题：鼓励人民消费，消灭贫困对人民的排斥。事实上，贫困不仅使人民无法获得不可或缺的资源，还会使他们丧失消费的欲望。在马尔萨斯将人口与贫困相连之际，"爱尔兰的农民"变成了贫困问题的象征。在其《政治经济学》的第二卷里，爱尔兰人成了"财富进步"的对立面。 113

马尔萨斯沿着冯·洪堡及其《论新西班牙》的足迹，走向了经济人类学分析的道路，走向了反对李嘉图的立场。捍卫劳动效率的立场会让人为了追求享乐和奢侈而劳动，而不是为了填饱肚子而劳动，"如果说获得食物的便利将滋长懒惰的习惯，那么懒惰又会让他宁可选择无所事事的奢侈，

1　*Ibid.*, p.296. 马尔萨斯写信给李嘉图说："我绝不同意你的如下观点：'在激发需求方面，积累的欲望和消费的欲望同样有效'；'积累和消费同等地激发需求'。我也不同意你关于利润下降是由积累造成的看法，因为它只能是产品价格低于生产成本，即有效需求减少的结果。"（Lettre du 9 octobre 1814, cité par Keynes, *Essay on Biography*, p.118.）

2　Keynes, *Essay on Biography*, p.102："这种方法更接近于我的立场；我认为它比李嘉图的方法更容易得出正确的结论。"

而不是追求便利和舒适的奢侈"。[1] 所以，获取和生产食物的便利，非但不是决定物品价值的标准，反而会让人民变得懒惰，形成对财富漠不关心的态度。这就是开发新西班牙获得的经验教训。新西班牙的土地肥沃程度远远超出了欧洲人的想象；欧洲人吃惊地发现，在这里，"只要在茅屋周围耕种一块极其狭窄的土地，便足以养活一个大家庭"。尽管拥有得天独厚的条件，但当地的土著人却宁愿选择贫穷，而不愿劳作更多，不愿追求不止于糊口的美好生活。

爱尔兰农民是近在眼前的例子，他们的特性与西班牙殖民地的土著毫无二致。但是，他们的状况更令人担忧。爱尔兰的穷人依靠土豆为生，衣衫褴褛，住在破败不堪的茅屋里，符合需求经济学批评的有限消费者的形象。他抵制幸福的美好生活，好吃懒做，拒绝增加对经济发展不可或缺的欲望和需求。他不会购买任何产品，习惯于自给自足，亲力亲为，哪怕是衣服，也是亲手缝制。他微不足道的需求在家庭里即可得到满足。与美洲殖民地的土著一样，他对财富漠不关心，没有兴趣追求享乐和舒适。在马尔萨斯看来，自给自足给生产造成的消极影响，丝毫不亚于造成经济危机的低消费。爱尔兰农民"在生产谷物后，还拥有大把的时间，但他绝对不会将之用于追求享乐和舒适"。[2]

虽然农民们消费不足，但这并不妨碍资本家继续积累，因为这是他们的目标。资本家通常会不遗余力地扩大生产，却没有考虑到假如需求没有得到相应增加，他们的产品将无法出售的事实。[3] 爱尔兰的农民出现于这样一个社会：经济停滞，人口急剧增长，劳动严重不足，但人们却不愿采取任何措施，培养"通常会助长勤勉习惯的动机"。[4]

1　Malthus, *Principes d'économie politique*, p.273.

2　Ibid., p.283.

3　A. Graziani, "Malthus e la teoria della domanda effettiva," p.XXXVI-XLII.

4　Malthus, *Principes d'économie politique*, p.281.

在介绍马尔萨斯的经济人类学著作后，我们便可明白，摆脱了古典正统之束缚的政治经济学赋予贫困以怎样的地位。马尔萨斯表示，如果要扩大需求，首先应当关注奢侈品的需求，关注中产阶级的消费，尤其是要关注"非生产性消费者"的消费。但是，对爱尔兰农民的分析表明，扩大贫穷阶级的消费同样属于马尔萨斯的思考范畴。爱尔兰固然缺乏发展资金，但他反复强调，人们千万不要认为，只要提供资金，即可消除它的贫困："只要爱尔兰民族的绝大多数人依然保留我们今天看到的习惯，那么低需求将无法让巨额资本制造的产品得到销售。"[1] 所以，必须激发内部需求。总之，"需求的科学"主张采取措施，纠正可能催生危机的低消费机制。控制人口增长、培养趣味、发展商业，以及增加非生产性的团体都将有助于扩大消费。[2] 唯有扩大消费，才能化解贫困，才能把需求变成潜在的经济杠杆。

115

如果我们更仔细地观察，就会发现古典政治经济学对贫困的分析受制于两种必然性。一方面，政治经济学应当消灭贫困，因为贫困是一种内在的束缚：它会阻止和减缓生产的扩张，甚至会造成危机。另一方面，人们又无法彻底消灭贫困，因为贫困的事实恰恰能够证明经济扩张事业及其代价的合理性。所以，贫困是幸福诺言的背景，它使幸福具备了吸引力。而且，倘若没有贫困，劳动伦理便无从发挥作用。穷人应当继续贫穷，但应当让他保持独立，不能陷入贫窭的恐惧之中。穷人由此使得劳动伦理的凯歌高奏。贫困一方面限制了经济制度的发展，另一方面又在这种经济制度里扮演着不可或缺的角色。在这两个极端之间，政治经济学应当与贫困保持一种恰到好处的关系：规训它，教育它，利用它，但绝不能消灭它。

1　Malthus, *Principes d'économie politique*, pp.283-284："人们通常可以说，需求之于资本增长的不可或缺性，正如资本增长之于需求的不可或缺性。两者相辅相成；一者蓬勃发展，另一者滞后很多的局面，断无可能出现。"

2　罗纳德·米克表示，拥有一个非生产性阶级，是一种"持续的制度必要性"。（Ronald Meek, *Economics and Ideology*, p.66.）

人们应当把贫困作为生产的动力，同时用它威胁那些拒绝接受新生产伦理、拒绝为之作出牺牲的人。不过，人们也应当消除贫困的消极后果，质疑贫困的合理性，否认贫困是偶然的、无辜的观点。所以，移风易俗、培养奢侈与享乐的趣味、限制人口以及壮大中产阶级，并不是为了消灭贫困，而是为了削弱贫困，为了让最贫穷的人摆脱对社会的命运无动于衷的麻木状态。经济个人主义绝不能允许穷人置身于现代性的历史进程之外；无论如何，他们都必须参与历史。因此，应当让贫困产生罪恶感，应当斩断贫困与租地贵族的联系，因为此种联系会赋予贫困以某种正当的地位，并掩盖催生古典贫困观念的落后特征。

马尔萨斯的人口理论证明，在贫困阻碍经济发展的问题上，不能一概而论。贫困尽管阻碍了财富的增长，但绝不是它的对立面。与古典政治经济学的正统相比，马尔萨斯提出了一个异端的理论框架，因为他并不承认生产与消费的自然均衡理论。但是，古典经济学家们在分析贫困，尤其是在抨击济贫法（它们依然是英国反对贫困的主要公共政策）时，他们又重申了马尔萨斯的论断，取得了一致意见。

3.劳动的万灵药

英国的济贫法可以追溯到很久远，追溯到修道院解体和早期圈地运动时期。面对数量不断攀升的穷人和流民，1601 年颁布的《伊丽莎白济贫法案》，规定了组织公共救助，以弥补私人慈善的缺陷。每个堂区都必须缴纳济贫税，专门用于救助穷人。由于没有其他立法，济贫税构成了救济事业的唯一举措。与此同时，日趋严重的失业现象引起了经济学家们的高度关注。[1]

1　Schumpeter, *Histoire de l'analyse économique*, 1, p.380 sq.

英国的济贫措施代价高昂，取得的效果却难言令人满意。在 18 世纪下半叶，济贫法案招致了各方的猛烈抨击。人们提出了两个重要的问题。救助的组织应当立足于地方，还是应当建立集权的机构？救助应当采取在地模式，还是依靠济贫所（workhouse）？[1] 边沁质疑济贫法的价值，马尔萨斯批评其导致生活状况的恶化，因为它刺激人口增长，造成了劳动力供过于求的局面。此外，自由主义者也谴责济贫法，认为它阻碍了劳工的自由流通。各种批评意见尽管大相径庭，但都认为济贫法保护了贫困，甚至保障了它的合法存在。[2] 人们并不否认贫困的存在，但拒绝承认贫困拥有某种法律地位。经济学家们表示，济贫法的立场简直不可理喻。围绕济贫法的争论，出现了两种针锋相对的社会观念。

一方是大土地所有者，他们拥护**斯宾汉姆兰制度**（Speenhamland），[3]

1　研究英国济贫法的经典作品不胜枚举。笔者只想列举那些讨论济贫法和经济之间关联的著作。卡尔·波兰尼的《巨变》第二部分专门讨论济贫法在新生市场经济中扮演的角色。E.P. 汤普森的《英国工人阶级的形成》（E. P Thompson, *The Making of the English Working Class*, Harmondsworth, Pelican Books, 1968; trad.fr.: *La Formation de la classe ouvrière en Angleterre*, Paris, Gallimard, 1988.）在第 7、8 章中特别讨论了旨在改善农民和工匠之状况的法律。波因特（J.R. Poynter）的《社会与贫窭》（*Society and Pauperism*）梳理了鼓吹取缔济贫法之人与主张改革济贫法之人的争论史。格特鲁德·希尔默法尔布的《贫穷的观念》（*The Idea of Poverty*）也很有参考价值。罗斯（M.Rose）的《英国济贫法：1780—1930》考察了济贫法和当代经济史的关系。论文集《19 世纪的新济贫法》[D.Fraser (ed.), *The New Poor-Law in the Nineteenth Century*, London, 1976] 专门讨论 1834 年济贫法。此外，S.G. et E. O.A. Checkland 为《1834 年报告》撰写的导论也很重要（*The Poor-Law of 1834*, London, Penquin Books, 1974）。

2　经济学家们在济贫法上的立场，可参见：Adam Smith, *Wealth of Nations*, 1, pp.135-159; Jean-Baptiste Say, *Cours complet d'économie*, p.360 sq.; Malthus, *An Essay on the Principle of Population*, London, 1798（trad.fr.:*Essai sur le principe de population*, Paris, 2e éd., 1852, chap.V-VII）; Ricardo, *Principes de l'économie politique et de l'impôt*, chap. V; R. G. Cowherd, *Political Economists and the English Poors Laws*, Athens (Ohio), 1977.

3　斯宾汉姆兰制度是西伯克郡法官们在 1795 年 5 月 6 日聚集于斯宾汉姆兰而采取的各项措施总称，其目标是修订济贫法，并使之自由化。他们主张，在济贫所之外提供在地救助，创设济贫基金，以补助穷人的微薄工资。斯宾汉姆兰制度视面包价格的浮动情况而提供相应等级的救助；补助金额应当满足相应等级的最低工资标准。斯宾汉姆兰制度从未变成法律，但却得到了广泛实施。经济学家们特别反对斯宾汉姆兰制度的精神，呼吁创建自由劳动市场。有关斯宾汉姆兰制度的分析，可参见：Karl Polanyi, *The Great Transformation*, pp.112-123.

把穷人视为乡村世界的重要组成部分。他们认为，为了维持领地的社会和谐，应当征缴更多赋税，扶持穷人。由此可见，在大土地所有者与穷人之间，存在一种源于旧制度的同盟关系。[1] 另一些人则强调，济贫法的实施效果表明，国家的生产资源非但没有物尽其用，反而制造了停滞。他们研究穷人融入生产机制的手段。在他们看来，济贫法维护并保留了贫穷，它与鼓吹劳动价值、让贫穷产生罪恶感的诉求格格不入。所以，济贫法破坏了经济发展的战略，因为在新的战略里，贫困只是稍纵即逝的现象，会随着幸福不可阻挡的进步而消亡。[2]

经济学家们之所以批评济贫法，不仅因为他们认为它给富人增加了沉重的负担，[3] 也因为他们的批评与一种社会成本的分析休戚相关，因为他们深受广泛流行的自助（self-help）学说的影响。[4] 这种自助学说宣扬个人奋斗，反对一切形式的救助。经济学家们表示，各种济贫法只会制造停滞和麻木。济贫法把穷人束缚在悲惨状况之下，没有提供任何出路。它非但没有催生改良的希望，反而滋长了自暴自弃，妨碍贫困的艰辛转化为"激发道德与思想的动力"。它把许多人束缚在惨无人道的当下，剥夺了他们

118

1　Malthus, *Principes d'économie politique*, p.21："只要人身服务是人们的主要追求对象，就会很少有人会依靠资本的利润为生。社会的多数人分为两个不同的阶级：第一个阶级由大地产者或富人构成，第二个阶级由仆人和穷人构成。第二个阶级依靠第一个阶级当中最堕落的人生活。"

2　"必须把依附性的贫穷看成耻辱，哪怕在某些情况下，此举显得有些不近人情。对于多数人的福祉而言，此种看法似乎是必需的；一切旨在削弱贫穷的努力尽管拥有良善的意图，但却经常无法实现它追求的目标。"（Malthus, *Essai sur le principe de population*, p.366.）Ricardo, *Principes d'économie politique et de l'impôt,* p.79："济贫法只会把财富与力量变为贫困与虚弱，导致人只会为了糊口而劳动，而不可能拥有其他目标。[……]这种趋势比引力定律的作用还要肯定。"（参见：《李嘉图著作和通信集》，第一卷，第91页。——译者注）

3　马尔萨斯表示，财产税最终会有利于雇佣劳动的资本家，有利于维持低工资。"Letter to S. Whitbread on his proposed bill for amendment of the poor laws," in D.V.Glass (ed.), *Introduction to Malthus*, London, 1953. 李嘉图也坚持类似的看法。（*Principes d'économie politique et de l'impôt,* chap.18.）

4　J.R. Poynter, *Society and Pauperism*, p.XVIII; D.A. Baugh, "Poverty, protestanism and political economy," pp.65-66.

享受美好未来的机会。济贫法的宗旨是资助贫穷，确保陷入困境的穷人能够获得救助，但实际的结果却是助长了个人的鼠目寸光和不负责任，并且会破坏储蓄。它不仅没有让最贫穷的人为自己的不时之需进行必要的储蓄，还会导致富人把本应用于扩大投资的资金用于救助穷人。因此，济贫法非但没有如立法者期望那样减少贫穷，反而制造了普遍的贫穷。[1]

总之，济贫法把某种否认自由创业精神的依附状态制度化了。但是，问题恰恰在于，唯有自由创业精神才能实现经济的蓬勃发展。济贫法允许穷人随心所欲，得过且过，却无意于通过提供救助，改造穷人的道德行为与经济行为。李嘉图得出结论说，应当取缔济贫法，"使穷人深刻认识独立的价值，并教导他们不可依靠惯例的或临时的施舍，只能依靠自己的劳动为生"[2]。换言之，应当反对济贫法体现的道德，应当鼓吹新的劳动伦理，激发个人的积极性，主张通过劳动赢得正常的独立。经济学家们之所以批评济贫法复兴了一种与政治经济学思维背道而驰的落后社会观念，造成穷人的"道德堕落"，并不是因为它们真的削弱了道德，而是因为它们阻碍了新道德的成长。这是一个最终应当由新经济价值引领的道德世界；贫困的含义将根据新的财富观念而出现变化："一个人富裕是因为他家财万贯，而不是因为他节制欲望。"[3]

毫无疑问，倘若把消灭贫困作为目标，则大谬不然，因为人们根本无

---

1 Malthus, *Principes d'économie politique*, p.366："如果工人在陷入窘境时无法依靠堂区的救助，那么不难想象，他们将会把高工资的一部分进行储蓄，为其家庭准备将来的不时之需。"Richardo, *Principes d'économie politique et de l'impôt*, p.77："济贫法不能使穷人变富，反而使富人变穷。只要现行济贫法继续有效，那么维持穷人的基金自然就会愈来愈多，直到把国家的纯收入全部吸尽为止，至少也要把国家在满足其必不可少的公共支出的需要以后本应留给我们的那一部分纯收入全部吸尽为止。"（参见：《李嘉图著作和通信集》，第一卷，第 88 页。——译者注）

2 Ricardo, *Principes d'économie politique et de l'impôt*, p.78.（参见：《李嘉图著作和通信集》，第一卷，第 90 页。——译者注）

3 Ricardo, "Lettre à Say, 18 aout 1815,"in *Works and Correspndence*, 6, p.xx.

119 　法在人类社会里根除它。[1] 问题的关键不是消灭贫困，而是要使之造福于
社会，反对贫困存在于社会边缘的自然倾向。在马尔萨斯的影响下，所有
经济学家在实践层面都赞成取缔济贫法，认为合法救助只会制造更多的穷
人，而不是相反。所以，改革济贫法的做法并不可取，马尔萨斯的分析导
致取缔的立场占据上风。波因特（Poynter）表示，彻底取缔济贫法的做法
并不现实，救助也无可避免；但是，取缔济贫法的论断却可以阐明贫困问
题，给未来的改革方案提供理论预设。[2]

　　英国最终还是颁布了《1834 年济贫法》，它是妥协的产物。一方
面，它规定救助的管理应当接受一个集权机构即中央督察委员会（Central
Board of Control）的监督；另一方面，救助形式只能是济贫院提供的劳动。
与正常的劳动市场相比，济贫院的劳动更艰辛，工资也更低，目的是避免
人们宁愿选择济贫院的工作，而不愿接受独立劳动者的处境。[3]《1834 年
济贫法》表明，立法者希望调和济贫法与自由主义经济制度中最重要，但
却被合法救助忽视的两个因素：欲望和劳动。

　　1. 自从亚当·斯密以来，**欲望**（désir）教育始终是政治经济学话语中
一个无法回避的主题。欲望教育的主题源于欲望与需求的理论区分，源于
对欲望相较于需求而言的优点的分析。对于政治经济学话语而言，这一点
似乎显得有些悖谬，因为它把必然性奉为圭臬。欲望的优点在于它永不枯
竭，而需求的满足注定局限于"胃的狭小容量"（斯密语）。因此，"人

120 们会把满足有限欲望后剩下的物品，来换取无限欲望的满足"。[4] 李嘉图
补充道："享乐的欲望植根于人性，所以必须拥有满足欲望的手段；唯有

　　1　Malthus, *Essai sur le principe de population*, p.371；卡尔·波兰尼表示："人们能够
和贫困共存的观念植根于人们的脑海里。"（Karl Polanyi, *La Grande Transformation*, p.149.）

　　2　J.R. Poynter, *Society and Pauperism*, pp.XXIII-XXV.

　　3　*Ibid.*, p.305.

　　4　Adam Smith, *Wealth of Nations*, 1, p.181.（《国民财富的性质和原因的研究》，上卷，
第 158 页。）

增加生产，才能提供相应的手段。"[1] 政治经济学把盈余的世界而非必然性的世界，视为不可或缺的经济发展动力。财富无限扩张提供的褒奖超越了必然性的范畴，超越了需求的范畴。尽管欲望和需求都同样受制于生产世界，但盈余却是欲望追求的对象；欲望始终要追求"奢侈和享乐的物品"，但爱尔兰农民却缺乏类似的欲望。

政治经济学主张唤醒各种欲望，把它们变成习惯，并教育人们要形成正确的欲望，所以它也是一种文化纲领。它既反对奢侈文化，也反对贫穷文化。萨伊表示："在破坏良好风俗方面，巨额财富的危害绝不亚于贫困。"[2] 伴随着反对大地产者的奢侈的讨论日趋激烈，政治经济学应运而生；他们的奢华生活属于非生产性的消费，休谟将之斥为腐败。[3] 然而，在如何评价奢侈的问题上，政治经济学总是在不断调整自己的立场。[4] 这一点，在亚当·斯密身上尽显无遗。1759 年，斯密在《道德情操论》中抨击富人"铺张浪费、贪得无厌的欲望"，[5] 谴责他们获得了"别人都无法企及的惊人财富"，[6] 过着醉生梦死的生活，却从不考虑储蓄。斯密反对奢侈，主张人们应服从国家风俗、历史机遇和社会状况，过着必需而又正当的生活。[7] 换言之，只要超过生存的必需，斯密即斥之为奢侈。

但亚当·斯密又认为，也存在人们可以"有节制地使用"而不必受到谴责的某种事物，即盈余，因为盈余是经济改革的动力。在这种意义上，

1　Ricardo, *Principes d'économie politique et de l'impôt,* 232.

2　Jean-Baptiste Say, "Olbie," p.594.

3　David Hume, "Of luxury".

4　Schumpeter, *Histoire de l'analyse économique*, 1, pp.450-451. 关于从奢侈－腐败论以及贫穷有德论向政治经济学对财富美德的肯定论的转变，可参见：Istvan Hont and Michael Ignatieff, "Needs and Justice," et Istvan Hont, "Rich country-poor country debate,"in *Wealth and Virtue*.

5　Adam Smith, *Theory of Moral Sentiments*（1759）, D.D. Raphael et A.L. Macfie (eds), Oxford Clarendon Press, 1976, p.184.

6　Adam Smith, *Wealth of Nations*, 1, p.190.

7　*Ibid.*, 2, pp.869-871.

斯密举例啤酒便颇具典型意义。他表示，尽管有节制地饮用啤酒的现象越来越普遍，但啤酒本身却是人们可以割舍的一种奢侈。储蓄本身也只能以一定程度的盈余为前提。奢侈固然值得批判，但它的作用也不容小觑。总之，古典政治经济学应当肯定有节制的、资产阶级的观念，应当鼓吹正当的享乐和正确的欲望。总之，与批判贫穷无异，谴责奢侈也是为了鼓吹财富的价值。

由此看来，济贫法违背常理：它们无法支配难以满足的欲望，而只是把穷人束缚在一种持续的必然性之下，保障穷人苟延残喘，却没有给他带来改善命运的希望。因此，济贫法延续了旧制度的生命，延续了旧制度腐化人的倾向，使之"过着拮据而又卑微的生活"。[1]参与起草《1834年济贫法》的纳索·西尼尔（Nassau Senior）表示，济贫法代表着一种注定难以实现的妥协，它"妄图融合自由与奴役之间无法兼容的好处，[……]使人摆脱一切束缚，却又要像奴隶那样享受安稳的生活"。[2]

政治经济学倡导的改革方案与教育方案聚焦于欲望教育，主张通过改善穷人的物质条件，"提升社会底层的品格"，使他们摆脱懒散怠惰的习惯，并对未来的改良充满信心。他们"不再对自己及其儿女无法获得声誉、美德和幸福的手段，并为此备受煎熬的现状，而感到泰然处之"。[3]

2. 经济学为解决贫困问题提出了各种各样的方案。边沁主张在计算成本和利益的基础上，盘剥穷人。[4]欧文、傅立叶、蒲鲁东等人代表的人道主义派别，则试图按照集体生产的乌托邦模式，消灭绝大多数人口深受其苦的匮乏。另一些人，尤其是古典经济学家们认为，唯有精心论证人口与

1　Malthus, *Principes d'économie politique*, p.180.

2　Nassau Senior, *Three Lectures on the Rate of Wages*, London, 1830, cité par D.A. Baugh, "Poverty, protestanism and political economy," p.66.

3　Malthus, *Principes d'économie politique*, p.180.

4　Jeremy Bentham, *Esquisse d'un ouvrage en faveur des pauvres*, Paris, an X.

生产的比例，精心论证教育民众接受新经济角色的必要性，才有可能找到解决贫困问题的方案。无论如何，所有人都坚持相同的论断——把劳动而不是金钱作为衡量一切必然性的尺度。[1]

一切金钱的救助皆是危险之举，无论它是施舍，抑或是对富人征缴的济贫税。因为这会增加商品的需求，却无法相应地增加商品的供给。所以，它会导致通货膨胀，而通货膨胀又会重新剥夺穷人。如果习惯和趣味不革新，如果人口不停地增长，而劳动却在逐渐减少，也同样危险。金钱救助不但无助于穷人在李嘉图眼里不可或缺的独立情感，还会让他们减少劳动，使"每个人形成相对富足的幻想，并认为每天劳动几个小时便算不上懒惰"。[2]

应当用"劳动救助"取代金钱救助，唯有如此，才能使"穷人摆脱依靠救助的处境"。[3]但是，必须能够提供用于救助的劳动。所以，人们强调劳动能够保障独立，谴责金钱救助会导致穷人陷入依附状态，因而"牺牲了太多的幸福和自由"。[4]唯有将被雇佣者与雇主相连的契约关系，才能保障自由；反之，依附状态似乎变成了契约关系的对立面，变成了相互契约的缺失。

工资劳动保障个体独立，因为它使储蓄成为可能。萨伊强调，仅凭逐利的激情并不足以激励劳动，人们还需要有改良的希望。[5]萨伊是法国储

1　Karl Polanyi, *La Grande Transformaiton*, p.361. 正如前文所示，此种观点在乞讨和救助的委员会中占据主导地位。(Alexandre Tuetey et Camille Bloch, *Procès-verbaux et Rapports du Comité de mendicité de la Constituante*, p.52.)

2　Malthus, *Essai sur le principe de population*, p.148. 凯恩斯指出，马尔萨斯在1800年发表其最优美作品《论谷物价格昂贵的原因》(*Investigation on the Causes of the Present High Price of Provision*)后，抛弃了把劳动作为价值尺度的观点。(Keynes, *Essay on Biography*, p.102.)

3　Jean-Baptiste Say, *Cours complet d'économie politique pratique*, 2, p.362.

4　Malthus, "Letter to S. Withbread". 亚当·斯密在批评济贫法施加的义务时，也利用了个人自由的论断。(Adam Smith, *Wealth of Nations*, 1, pp.152-154.)

5　Jean-Baptiste Say, "Olbie," p.597.

蓄银行的奠基人之一，是巴黎储蓄银行的早期管理者之一。他把储蓄银行视为激励劳动的重要机构，因为它们允许人们积少成多，实现自我解放，为自己劳动。总之，唯有摆脱雇佣劳动，才真正实现了独立，因为理想模式不是工资劳动，而是独立的生产者。

唯有摆脱工资劳动，才能够享受到劳动向穷人允诺的幸福与自由。工资制度之所以得到承认，乃是因为它允许超越自身。所以，问题的关键不是谴责工资劳动，将之斥为意识形态的谎言，批评它掩盖了社会关系的真正本质，[1] 而是应当把工资劳动置于政治经济学诞生的争论语境中考察。政治经济学并非没有注意到资本家与雇佣劳动者的矛盾，只不过它认为，发展由小业主构成的中间阶级是化解两者冲突的重要解决方案。对马尔萨斯而言，中间阶级的发展与工资劳动息息相关；唯有工资劳动才能解决贫困，缓解它的固化影响，并调动国家的全部生产力。

尽管马尔萨斯谈论独立，但他并不否认新经济制度也会催生一些依附关系。不过，马尔萨斯的首要目标是否认大地产与贫困之间关系的正当性。因为资本主义关系无法独自创建与自己相匹配的社会制度，所以必须采取干预措施，把昔日的富人改造成为有别于"领主"的资本家，并使穷人摆脱习惯于接受救助的状态。在这样的转型过程中，鼓吹劳动价值和提升资本家与穷人共同信奉的新道德（它的口号是深谋远虑，把储蓄作为精神修行）并行不悖。一些人进行储蓄，以期改变自身的命运，不再向自由市场出卖劳动力；另一些人进行储蓄，乃是为了成为资本家。而资本家的本质不在于拥有财富，而在于增加投资、提升就业、扩大生产。

对贫困后果的焦虑形成了反对济贫法的共同阵线。马尔萨斯学说的根

1　熊彼特表示，从重农学派到亚当·斯密，工资政策属于"超分析的范畴"，所以马克思的意识形态理论对它的批评并非无的放矢。（*Histoire de l'analyse économique*, 1, pp.374-376.）

本特征是将贫困和对人口与需求的分析相连。他打破了人们对自我调节市场的无限信心，并由此要求为经济发展创造新的社会条件。所以，消除贫困变成了反对旧制度的重要策略。他认为，济贫法管理自给自足的贫困，象征着旧经济制度的残余，所以应当被取缔。在这一点上，济贫法的所有反对者达成了共识。爱尔兰农民代表着一个静止僵化而不思进取的世界，是一个挥之不去的梦魇。而且，爱尔兰农民的例子也表明，有待消除的贫困根深蒂固，它是人们应当推翻的"宫廷世界"的另一个侧面。 125

第四章　现代贫困与无法实现的改革

在古典政治经济学著作里，还存在另一种贫困的形象，即"现代的"贫困。它迥然有别于自由主义社会从旧制度承继的历史性贫困。现代贫困不是与经济扩张五彩的绚丽诺言构成鲜明对比的灰暗背景；它不再是进步的道德证明，毕竟进步的幻想也会破灭。相反，现代贫困勾勒了社会的遥远景象，勾勒了发展的潜在终点。它属于现代社会的另一个极端，展现了一幅令人忧心忡忡的景象，击碎了绚丽多彩的梦想。

古典政治经济学派并非没有意识到自己鼓吹的进步的局限性。这些局限不仅代表着一种遥远的命运，代表着他们所说的"长期趋势"，它们也很容易被人感知，构成了辉煌制度的背面。"在社会最繁荣的阶段，绝大多数的公民除了日复一日的劳动外，很可能一贫如洗；他们所处的状态接近于赤贫。"[1] 边沁的灰暗预言是经济学家们津津乐道的话题，它是古典制度造成的重要后果。事实上，只要讨论资本，贫穷问题便无法回避。显而易见，现代贫穷不是自给自足抑或经济停滞的产物，它只能是劳动的结果，至少是劳动收入不足的结果。

1　Jeremy Bentham, *Principes of Civil Code*, in The Works of Jeremy Bentham, 1, p.314.

1．现代性的贫困

在《国富论》论"劳动工资"的章节里，亚当·斯密考察了在引入劳动分工原则后，工人无法获得全部劳动产品，被迫把部分利润让给租地者和资本家的新事实。[1] 按照萨伊的理解，古典学说认为工资取决于"劳动服务"的供求关系。由于私人土地和资本分别参与了产品的生产过程，所以地租和利息也卷入了劳动的交易活动。熊彼特指出，工资理论的全部问题在于解释这些演绎的过程。[2] 从事实的角度而言，工资每次都由各方签订的合同决定。亚当·斯密不仅认识到了工人与雇主的利益冲突，也认识到合同双方的地位不平等。[3]

但是，雇主与工人的冲突可以说是一种自然的束缚。在魁奈提出最低工资（salaire minimum）的概念后，亚当·斯密也阐明了低得不能再低的工资水平，哪怕雇主联合起来，不愿增加工资，哪怕他们"在与工人的争执中几乎始终处于有利境地"。根据一个社会里严格限于维持工人及其家庭的生活必需品，可以计算出最低工资；倘若最低工资无法得到保证，那么"工人阶级的延续不会超过第一代"。所以，最低工资的概念允许亚当·斯密确定应然的工资分配标准；如果工资低于该标准，雇主也无法让对其资本剥削不可或缺的劳动力变得有利可图。

熊彼特表示，对古典经济学家们而言，最低工资标准的确立远比工资理论来得重要。但在亚当·斯密看来，这只是一种理论的限制；在实践层面，他支持魁奈的观点，主张提供比最低工资更高的"慷慨劳动报酬"（une

134

1　Adam Smith, *Wealth of Naitons*, 1, pp.82-104.（亚当·斯密：《国民财富的性质和原因的研究》，上卷，第 58-79 页。——译者注）

2　Schumpeter, *Histoire de l'analyse économique*, 2, p.383.

3　Adam Smith, *Wealth of Naitons*, 1, p.85.（亚当·斯密：《国民财富的性质和原因的研究》，上卷，第 60 页。——译者注）

rémunération libérale du travail）。实际上，唯有工资超过必需，工人才会产生劳动的冲动，因为"改善生活的快乐期望能使他们变得更加勤勉"。在此，亚当·斯密颠覆了传统观点，不再把强制作为督促人类劳动的必要条件。[1]自由劳动的报酬取决于两个前提。一方面，资本家必须理解自己的真正利益，放弃追求短期利益的最大化；另一方面，国民经济体系要处于经济繁荣状态。在经济繁荣阶段，充分调动生产力，而非财富本身，最有利于改善"贫穷劳工的状况"。[2]

李嘉图也很关注最低工资的问题，提出了"生计工资"（salaire de substance）概念，用以区分劳动的自然价格与市场价格，后者取决于劳动市场的供求关系。[3]李嘉图在罗伯特·托伦斯（Torrens）的基础上，用最低的"社会"工资取代最低的"生理"工资：[4]生计工资由工人再生产的必需品的数量，而非由金钱的数量决定。换言之，劳动价值依据"民族的风俗和习惯"，依据基本必需品的价格浮动而出现变化。在经济扩张时期，工人的福利趋于增长，换言之，劳动的市场价格要高于它的自然价格。除了购买必需品外，工人还可以增加消费。生活水平的改善会导致人口增长，劳动价值随之降低；社会发展将不可避免地造成必需品的涨价。李嘉图认为，这两种现象是危机的根源；它们的叠合影响会带来漫长的衰落期。社会的"自然趋势"是让劳动的市场价格围绕其自然价格上下波动，而利润将会难以避免地走低。"在社会的自然发展进程中，劳动工资只要受制于供求关系，就会呈下降趋势。因为工人的供给数量将按照相同比例持续增

---

1 *Ibid.*, pp.100-101（亚当·斯密：《国民财富的性质和原因的研究》，上卷，第75页。——译者注）;Istvan Hont, "Rich country-poor country debate".

2 Adam Smith, *Wealth of Naitons*, 1, p.99.（亚当·斯密：《国民财富的性质和原因的研究》，第74-75页。）

3 Ricardo, *Principes de l'économie politique et pratique,* pp.67-68.（《李嘉图著作和通信集》，第一卷，第78页。——译者注）

4 Schumpeter, *Histoire de l'analyse économique*, 2, pp.383-386.

加，而劳动需求的增加速度则较为缓慢。"[1]

总之，相比于旧经济体制下停滞状态制造的贫困，植根于经济繁荣的贫困更为严重。在古典经济学的想象的幽暗深处，自然资源注定是有限的，供过于求的人口不得不分享一块太小的蛋糕。现代贫困给古典经济学家建构的经济体制带来了阴霾，让天才们感到苦恼不已，因为古典政治经济无法为它找到理论的解决方案。现代贫困尽管存在于古典体制里，却不能依靠古典体制进行思考，因为它是财富扩张机制的结果，揭示了财富发展的限度。它超越了古典政治经济学的想象，它冷酷无情地抵制古典经济思维构建的解决方案。古典经济学家们猛烈批判任何旨在消除贫穷的诊治方案，认为它比贫困问题本身更为糟糕，因为为了消灭贫困，它必然会阻碍经济机制的良好运转。由此可见，在古典经济学的意志里，人们无法构建出社会改革的话语。

2.从幸福到和谐

这是西斯蒙第在批判李嘉图经济学时追求的目标，但也是他被边缘化，难以见容于官方的、"正统的"经济学传统的原因。经典的经济思想史研究通常低估西斯蒙第的贡献，将其社会批判等同于博爱学。[2]人们认为，西斯蒙是一位历史学家，敏锐地呈现了转型时代的痛苦；与此同时，他也

　　1　Ricardo, *Principes de l'économie politique et pratique,* p.72.(《李嘉图著作和通信集》，第一卷，第 84 页。——译者注)

　　2　Michel Lutfalla, "Sismondi critique de la loi des débouchés," *Revue économique*, 1967, repris dans Aux orignes de la pensée économique, Paris, Economica, 1981, p.147.

是一位社会改革家，服膺经验主义传统，矢志于批判经济学的抽象化。[1]
熊彼特称赞西斯蒙第建构了一种动态的经济模型，将之誉为"日后**社会政策**最重要的先驱者之一"。[2]在经济思想史上，西斯蒙第要么被塑造成一个改革家的形象，要么被视为介于古典经济学与马克思主义批判之间的一个过渡人物，简言之，被视为马克思的一个"先驱"。[3]

个中原因，不难理解。卢特法拉（Lutfalla）表示，前凯恩斯时代的多数经济学家并不能真正理解西斯蒙第的批判。在他们的世界里，市场定律依然占据主导地位，所以他们拒绝承认西斯蒙第揭示的市场缺陷。然而，在最近，西斯蒙第的经济理论似乎重新赢得了人们的青睐。[4]这有助于更好地理解西斯蒙第为何要拒绝斯密和李嘉图的信徒们捍卫的"纯粹科学"，更好地理解被他们阉割的自由主义。[5]西斯蒙第分析的动态特征呈现了其理论的现代性。通过考察收入与开支之间存在的时间间隔，西斯蒙第认识

1　Luigi Cossa, *Histoire des doctrines économiques*, Paris, V. Giard et E. Brière, 1899; Charles Gide et Charles Rist, *Histoire des doctrines économiques*; H. Denis, *Histoire des systèmes économiques et sociales*, Paris, 1904; R. Jeandeau, *Sismondi précurseur de la legislation sociale contemporaine*, Bordeau, 1913. 关于西斯蒙第对李嘉图与古典政治经济学的批评，可参见：Elie Halévy, *Sismondi*, Paris, F. Alcan, 1933.

2　Schumpeter, *Histoire de l'analyse économique*, 2, p.161.

3　Henryk Grossmannn, *Sismondi et ses théorie économique*, Varsovie, 1924. 有关西斯蒙第的最近研究，可参见：A.G. Ricci, "Sismondi e il Marxismo, " *Filosofia e Società*, 1972; Sergio Amato, "Sismondi e la critica dell'economia polica, " *Problemi del socialism*, XVI, 21-22, 1974, pp.397-419.

4　最近，举办了两场有关西斯蒙第的重要研讨会，一个是由意大利国家科学院在佩西亚（Pesca）举办（Actes du colloque Sismondi, Roma, Academia Nationale dei Lincei, 181, 1973），另一个是西斯蒙第之友会组织的。（*Histoire, Socialisme et Critique de économie politique*, Paris, Cahiers de l'ISMEA, 1976.）最近有关西斯蒙第的著作有：*La Pensée demo-économique de J.-B. Say et de Sismondi*, Paris, Cujas, 1969;F. Sofia, *Una bibioteca ginevrina del 700: I libri del giovane Sismondi*, Rome, Ed. dell'Ateneo e Bizzarri, 1983.

5　J. Weiller, "Actualité d'un double refus: celui d'une science économique sans politique ni cadres sociaux, " in *Histoire, Socialisme et Critique de économie politique*, pp.1141-1149.

到，经济增长哪怕保持高速，也会面临自我摧毁的风险。[1] 西斯蒙第的发展模型建立在一种信念之上："均衡是一种纯粹的理论抽象，在现实中只是例外；不均衡才是常态。"在 20 世纪的历次重大经济危机中，尤其是在 1929 年经济大危机中，西斯蒙第的模型重新焕发生机。[2] 最近举办的西斯蒙第研讨会也高度评价了其对经济理论的贡献。

人们之所以长期漠视西斯蒙第，主要是为了回避古典经济话语在1820—1840 年期间面临的尴尬时刻，目的是剥离其得以生成的社会—历史语境，勾勒一部自主的经济理论的历史。罗纳德·米克似乎逆潮流而动，认为李嘉图学说在 1835 年以后趋于衰落，乃是因为经济学家们越来越清醒地认识到，在社会上危险的事物在科学上也难以自圆其说。[3] 由此可见，恩里克·格罗斯曼（Henryk Grossmann） 和米歇尔·卢特法拉（Michel Lutfalla）毫无意义地割裂了西斯蒙第著作中的整体"社会"立场与其狭义的经济学理论之间的关系。西斯蒙第的贡献在于，他试图融合经济范畴的话语与社会范畴的话语。通过考察工业社会的社会组织问题，西斯蒙第指出李嘉图的经济学说里存在一些有可能会引发危机的重要因素。尽管西斯蒙第的分析框架依然是经济学，但其独特的人生经历使之能够洞察经济学的局限，能够认识到经济学话语对贫困及其不断恶化所产生的影响。

相对于古典著作，西斯蒙第在 1819 年出版的《政治经济学新原理》标志着一个重要的分水岭。在第二版序言里，西斯蒙第还是为它引起的轩然大波与招致的批评意见感到震惊。西斯蒙第表示，他把矛头指向了一种正统，指向了"无论在哲学领域，抑或在宗教领域里皆很危险的一种正统"，

137

1　H. Denis, "Sismondi précurseur de la théorie dynamique moderne, " in *Histoire, Socialisme et Critique de économie politique*, p.1208.

2　M. Saint-Marc, "Sismondi et les déquilibres économiques, " *Histoire, Socialisme et Critique de économie politique*, p.1230. Luigi de Rosa, "Sismondi teorico dello Sviluppo, " in *Actes du colloquye Sismondi*, pp.173-188.

3　Ronald Meek, *Economics and Ideology*, p.73.

并且他的批评很快得到了"事实的验证"。随着现代贫困问题（它和经济理论推动的经济工业化紧密相连）的浮现，"这些学说倾向于使富人变得更富，使穷人变得更穷，更加处于依附地位，遭到更严重盘剥"的事实，[1]变得越发明显。

　　古典正统无视自己与现实的矛盾，一意孤行地捍卫自身体系的价值。政治经济学妄称要"向政府传授管理国民财富的真正科学"，但它罔顾明证性的力量，追求体系的意愿尤为明显。西斯蒙第得出结论说，"经济学已经变成了一门理财学（chrématistique）"，也就是说，它只把财富的增长作为终极目标，却完全忽视了财富与幸福的密切关联。

　　财富与幸福的关联构成了西斯蒙第批判古典政治经济学的核心。"唯有让所有人都能享受劳动创造的物质利益，我们才能看见社会财富"；[2]如果说唯有让所有人共享劳动成果，财富的增长才有价值，那么财富与享受福祉的人口应当合乎比例地增长。[3]财富变成了一个相对的概念，因为只有与人口建立联系，它才有意义。《政治经济学新原理》完全建立在财富与人口的合理比例上，这使得它有别于古典经济学著作。[4]财富没有独立价值，只有相对价值。这意味着人们应当重新界定把增加财富作为目标的经济科学。对西斯蒙第而言，政治经济学只是政府科学的一个分支，后者追求"国民幸福"这一共同的目标。因此，政治经济学也拥有了一种政

138

　　1　Sismondi, Nouveaux *Principes de l'économie politique, ou De la richesse dans ses rapports avec population*, Paris, 1819, 2e éd. 1827, 1, p.51. 该书第二版的第一卷在 1971 年，由 Calmann-Lévy 出版社重印。作者本书使用本版本。（西斯蒙第：《政治经济学新原理》，何钦译，2016 年版，第 2 页。——译者注）

　　2　*Ibid.*, p.55.（西斯蒙第：《政治经济学新原理》，第 6 页。——译者注）

　　3　*Ibid.*, p.65.（西斯蒙第：《政治经济学新原理》，第 19 页。——译者注）

　　4　*Ibid.*, p.55.（西斯蒙第：《政治经济学新原理》，第 6 页。——译者注）

治维度。[1]

在 18 世纪的思想传统里，幸福（bonheur）是一个屡见不鲜的主题。在德国，它与对"繁荣国家"（Wohlfahrstaat）的思考休戚相关；在法国，它与反对旧制度的束缚、社会的解放进程紧密相连。但是，并非如人们常说的那样，西斯蒙第鼓吹幸福的主题，回归被政治经济学的科学分析摒弃的"道德"范畴，是一种理论上的倒退。相反，他将幸福的概念整合到经由政治经济学及其运行机制重新界定的新语境里，使之获得了一种有别于18 世纪的新含义。

18 世纪曾经把幸福、福祉（la félicité）视为社会的总体纲领和终极目标，呼吁权力尽力实现它。这意味着，社会不再被看作法律的简单产物。人们构建"繁荣国家"的概念，用以批判君主的专断权力，谴责它是国家破产和臣民反叛的元凶；与此同时，人们还用"繁荣国家"的概念抨击立法权，批评它没有能力约束君主，让他履行义务。"繁荣国家"的概念强调了一个重要事实：社会自主存在，遵循自身的机制和运行模式；它不是人们借助法律力量，便能专断改造的对象。相反，人们只能从社会里寻找制约权力的真正要素。

因此，"繁荣国家"并不是要否定权力的本质，而是试图重构权力和社会的关系；在政治社会的层面，它与君主权力并不矛盾，"开明专制"或者布朗维利埃（Boulainvilliers）鼓吹的"立宪君主制"就是最好的证明。[2]相反，为了揭示社会约束君主专断权力的机制，人们需要一门社会科学：通过认识限制君权的机制，汲取行政知识，它能够创造一个既包罗万象，

139

---

1 阿夫塔利翁指出，西斯蒙第用福祉（bien-être）的概念取代财富的概念，并由此对普遍利益产生了全新的理解。（A. Aftalion, *L'Œuvres économique de Sismondi*, Paris, 1889, p.76 sq.）

2 Henri de Boulainvilliers, *Histoire de l'ancien gouvernement de la France*, Paris, 1727. 在导论里，布朗维利埃猛烈抨击国王的督办官及其对国家的管理。不过，他也宣称："君主与国家拥有相同的利益。"

又细致入微的社会乌托邦。

国家的幸福、繁荣和安全首先是一份总体性的纲领，因为它面向整个社会；权力把它作为一种规范目标，并借助制度安排与管制条例，将之推广到社会各个角落。[1] 根据这种整体的目的论，个体将消隐：他不再首先是与国家和谐一致的幸福的主体。所以，在思考民族幸福的阶段，普遍与个体不可能出现冲突，"福祉要么是社会性的，要么什么也不是"。作为社会成员，个体们精诚团结，只是为了追求一种支配他们的共同目标，而绝不考虑个体生活的特殊目标。国家指引社会追求幸福；站在它对面的，不再是个体，而是人口。人口是构成社会的质料，国家应当认识它的规律，支配它的再生产模式。

140

在这种总体幸福观的另一端，还存在一种对细节的关注。在经济重商主义盛行、行政化倾向日趋明显的 18 世纪，起源于德国的"治安科学"（science de la police）催生了许多研究治安的著作，它们都异常重视细节。在此，"治安"的概念并不是对维持秩序的忧虑，而更多是指一种杂糅了知识与管制的混合物。作为德国治安科学的主要理论家之一，约翰·冯·尤斯蒂（Von Justi）强调治安的使命是"借助条例的智慧，巩固和增进国家的对内力量"。[2] 在治安科学的著作里，人们关注作为规范目标的幸福观念在社会里自上而下的传播机制，深入考察它的细枝末节，并试图将之理论化。[3] 作者们希望根据政府为追求福祉发出的指令，在从婚姻到服装，从劳动到娱乐和庆典，从健康到教育和商业，从迁徙到定居等的各方面，

1　Charles Castel（abbé de Saint-Pierre），*Les Rêves d'un homme de bien qui peuvent être réalisés*，1775，p.54："当研究社会如何提升个体家庭的幸福时，我们就能认识到，这些社会始终在增加旨在减少成员的痛苦、增进他们的好处的条例与机构。"

2　Von Justi, *Eléments generaux de police*, Paris, 1769, p.20.

3　F.-L. Knemeyer, "Polizei," Otto Brunner, Werner Conze et Reinhart Koselleck（eds），*Geschichtliche Grundbegriffe*, Stuttgart, E. Klett Verlag, 1978, 4, pp.875-897.

建立一套无所不包、精细入微的社会管理。[1]技术－军事的语言和哲学－道德的语言相互交织，目的是要讨论这种在 18 世纪为人津津乐道的幸福。

伴随着古典政治经济学的诞生，幸福的主题出现了深刻的变化。边沁的座右铭——"最大多数人的最大幸福"——淋漓尽致地体现了新的思维模式。在此，问题的关键是"最大多数人"。从此以后，幸福由获得幸福的个体来展现，只能用获得幸福的人数来衡量。这种幸福与个体利益相辅相成；政治经济学竭力抬高它的地位，把它作为社会的组织要素，甚至将之视为目的。詹姆斯·密尔表示，它就是要"尽可能多地免除痛苦，同时尽可能多地增加快乐"。[2]如果幸福的本质是快乐多于痛苦，那么就应当根据每个人倾向于选择快乐而不是痛苦的利益原则，对它们进行计量。所以，快乐与痛苦应当具有可比较性，能够叠加，并拥有独立于每个个体的特殊属性。个体们被承认是自身幸福的主体，但与此同时，他们也被整齐划一化了，变成了一个"数字"。借助这种平等的原则，效用主义倒向了社会效用的原则。[3]最大幸福不是普遍利益，而是个人幸福的总和，所以它只能是最大多数人的幸福。

141

在追求最大多数人的幸福时，国家不再居于支配地位。由于实现幸福的条件至少还部分地取决于政府，所以民主政府更能提升最大多数人的幸福，因为它的力量来源于公民的同意，因为它不能把国民的普遍幸福建立在对个体幸福的牺牲上。民主政府致力于增加幸福的总数，而不是削弱不平等。[4]这种把个体利益作为根基的幸福观念将不可避免地催生一种"平等的本能"，从而协调个体利益与最大多数人的普遍利益。"所有人都希

　　1　F.-L. Chesne, *Code de la police*, Paris, 1757. 关于治安科学和繁荣国家的关联，可参见 :Pasquale Pasquino, "Theatrum politicum," *Au-aut*, 1978, 167-168, pp.41-54.

　　2　James Mill, "Government, " *Encyclopaedia britannica*, suppléments de 1824.

　　3　Elie Halévy, *La Révolution et la Doctrine de l'utilité*, 1789-1815, Paris, 1930, p.312 sq.

　　4　B. Parekh (ed.), *Bentham's Political Thought*, Cambrdge, 1974.

望获得快乐，逃避痛苦；个体利益将会因此自然地走向联合，换言之，它们将会遵守某些必然的法则，遵从人类的利益。"[1]

政治经济学主张科学地建构一种和谐观念，以协调个体利益与普遍利益，以融合个体幸福的伦理与社会效用的伦理。[2] 对于建立此种和谐而言，市场与竞争应当是两个核心要素。[3] 自然和谐是古典知识体系的座右铭，无论是边沁的效用主义理论，抑或斯密与李嘉图的自由学说，都将之奉为圭臬。在边沁的理论里，个体的利己主义推动个人追求共同的目标（即**自我优先原则**）；在斯密和李嘉图的学说里，个人利益会根据市场的杠杆进行自我调整。最著名的例子当数亚当·斯密在《道德情操论》里提出的"看不见的手"的著名比喻。[4] 这个比喻在日后构成了斯密的市场理论的基础。它强调，每个人都参与建构普遍利益，"当一个人为使生产达到最高产量而指导自己的行动时，他只是在盘算自己的利益；但是，他却被一只看不见的手牵引着实现一个他根本无意于实现的目的"[5]。

对古典经济学家们而言，如果不构建一些补救措施，自然和谐将无从谈起，因为它根本不会自发产生。或者如埃利·阿莱维（Elie Halévy）所表示的那样，关键在于边沁所说的"利益的人为一致原则"，[6] 或者如罗宾斯（Robbins）分析的，关键在于边沁对国家的**当为之事**（agenda）与**不为之事**（non-agenda）作出的区分。[7] 甚至，亚当·斯密也认为，自然和谐

1　Elie Halévy, *La Révolution et la Doctrine de l'utilité*, p.310.

2　Keynes, *The End of the Laissez-Faire*, London, 1926.

3　Lionel Robbins, *Theory of Moral Sentiments*, pp.184-185.

4　Adam Smith, *Theory of Moral Sentiments*, pp.184-185："他们在一只看不见的手的牵引下对生活必需品作出的分配和假设土地在全部居民当中平等分割所形成的分配一样。因此，富人尽管无意于此，甚至在毫不知情的情况下，却促进了社会的利益和人类的繁衍。"

5　Adam Smith, *Wealth of Nations*, 1, p.456.（亚当·斯密：《国民财富的性质和原因的研究》，下卷，第 27 页。——译者注）

6　Elie Halévy, *La Formation du radicalism philosophique*, Paris, 1901-1904, 3 vol., 3, p.54.

7　Lionel Robbins, *The Theory of Economic Policy*, 第 1、2 讲。

的实现离不开某些补救措施。卡洛·贝内蒂（Carlo Benetti）在考察价格形成机制的基础上，精辟地指出"看不见的手"并非如此的看不见。[1]唯有诉诸竞争，让市场价格趋于接近自然价格，"看不见的手"才能发挥无形的作用。而且，市场的行动必须被隐藏。1979 年 3 月 28 日，米歇尔·福柯在法兰西公学的课程中指出，为了避免任何人侵害集体利益，应当让个体行动者对总体保持无知。[2]但是，有效需求决定着自然价格与市场价格的均衡，它不能被化约为原子化的个人决策机制。实际上，"看不见的手"还取决于另一个层次的市场：唯有在此，整体主义的观念以及对各种自然变量的配置才能成为可能。所以，尽管每个人竞相追逐自己的利益，但他们的个体行动会走向融合，走向另一个由中央市场决定其条件的总体结果。

于是，我们便能理解，亚当·斯密为什么会特别重视某些能够创造和谐的机制，尤其重视国家。[3]罗宾斯指出，自由概念是古典政治经济学的核心；然而，唯有把它与国家职能理论相连，人们才能真正地理解它。[4]在个体利益自然和谐论的背后，其实隐藏着一个中央组织机构的观念。卡尔·波兰尼指出，对亚当·斯密而言，政治经济学隶属于民族共同体的整体观念，它高度认可民族共同体的目标。[5]可以说，在肯定个体利益与普遍利益和谐一致的同时，政治经济学也呼吁建立一些超经济的机构。在这两者出现冲突时，它们能够进行干预。

李嘉图则不同，他认为没有必要为自然和谐提供补救措施。尽管他赞

1　Carlo Benetti, *Adam Smith. La teoria economica della società mercantile*, Milan Libri, 1979, pp.95-97.

2　Michel Foucault, *Naissance de la Biopolitique.Cours au Collège de France*, 1978-1979, Paris, Gallimard/Seuil, 2004, pp.271-290.

3　亚当·斯密：《国民财富的性质和原因的研究》，下卷，第五篇。在此，亚当·斯密讨论国家的职能，讨论保障国家行使职能必需的财政基金与手段。

4　Lionel Robbins, *The Theory of Economic Policy*, 第 1 讲。

5　Karl Polanyi, *La Grande Transformation*, pp.155-157.

同马尔萨斯的人口学说（它已指出了一些不和谐的可能性），但李嘉图更多地崇奉斯密的市场自我调节理论。李嘉图得表示，科学的经济分析应当建立在"自然价格"之上，而不必太在意可能的市场脱节现象，因为它们只是一些偶然的紊乱。[1]对他而言，"市场法则"是最重要的理论立场；定期爆发的危机尽管挑战了他对市场调节能力的信仰，但他仍然认为这是偶然的事件、短暂的失衡、稍纵即逝的因素，而且它们主要是由战争、商业危机，以及其他的社会政治弊端造成。总之，这是"一个富裕国家应当承受"的缺陷，因为它不会妨碍自己的进步。[2]不过，李嘉图并没有像亚当·斯密那样乐观。斯密相信，支配经济领域的法则与人类的命运在根本上相得益彰。

李嘉图指出，危机根源于耕地面积的有限性。所以，从长远的角度来看，危机注定无法避免。对此，立法者无能为力，只能尽量规避加剧危机的"人为因素"。李嘉图认为，危机不属于理论的范畴；他倾向于强调个体利益与普遍利益的根本一致性，并将之作为经济学理论的核心命题。[3]李嘉图生活在与斯密不同的时代，此时局势出现了变化；毫无疑问，"经济社会是政治国家的创造，但前者有别于后者"；[4]他倾向于忽略那些看似不属于经济体制范畴的偶然事件。相反，西斯蒙第反对李嘉图的抽象做法，批评他据此演绎而得的错误结论。西斯蒙第把事实作为评价理论的起点，因为"事实更顽强、更具反叛性"。[5]

144

1　Ricardo, *Principes de l'économie politique et pratique,* p.66. 李嘉图对工资变化持相同的看法。（《李嘉图著作和通信集》，第一卷，第 77 页。——译者注）

2　*Ibid.*, p.212.（《李嘉图著作和通信集》，第一卷，第 226 页。——译者注）

3　Elie Halévy, "Ricardo au Parlement, " *La Formation du radicalism philosophie*, 3, pp.51-54.

4　Karl Polanyi, *La Grande Transformation*, p.160.

5　Sismondi, *Etude sur les Constitution des peuples libres*, Paris, 1836, 3 vol., 2, p.46. 这就是熊彼特所说的"李嘉图的缺陷"。（Schumpeter, *Histoire de l'analyse économique*, 2, p.389.）

3.无法避免的不均衡

在西斯蒙第与古典学派进行辩论，把幸福作为政治经济学的目标之际，历史环境发生了天翻地覆的变化。问题不再是反对国王的专断权力，而是要完善无法克服自身弱点的新社会组织。在新的环境下，西斯蒙第倡导幸福观念，批判古典政治经济学构建的社会和谐论，将之斥为令人难以忍受的抽象。从此以后，主要挑战在于另一个同样令人担忧的重大问题：在工业制度推动下，介入财富生产的各个社会团体的利益并不趋同；相反，它们是相互冲突的力量。对西斯蒙第而言，它们的利益冲突构成了现代问题的一个关键维度。这不但关乎社会的幸福和繁荣，也会牵涉国家的安全和稳定。

不平等固然令人痛苦，但西斯蒙第认为，它们也是财富增长的重要因素，因为它们能够激发需求，并由此推动工业。所以，幸福并不要求消灭不平等："立法者应该考虑的，绝不是条件的平等，而是一切条件下的幸福。"政治经济学应当通过纠正不平等的制度，造福所有的人，从而提升幸福。[1]因此，幸福不能化约为个体幸福的总和，因为这需要以某种平等的条件为前提。然而，在社会制度的实际运行中，这样的平等条件并不存在。西斯蒙第的幸福观念只考虑追求幸福的鲜活生命，因为幸福就是我们期望获得的一些"享受"，它们能够满足我们各种各样、千变万化的需求和欲望。[2]如果把幸福作为刺激经济的原则，那么在界定幸福的内涵时，就应当考虑每个人在社会秩序当中扮演的不同角色。"一切条件下的幸福"意味着人们必须把不平等作为分析的起点：人们会看到各种各样的社会团体，应当

1　Sismondi, *Nouveaux Principes d' économie poltique*, 1, p.66.（西斯蒙第：《政治经济学新原理》，第 19 页。——译者注）

2　*Ibid.*, 1, p.95.（西斯蒙第：《政治经济学新原理》，第 46 页。——译者注）

承认它们拥有大相径庭的利益，并给它们指明各不相同的目标。

西斯蒙第的幸福观绝不是要天真烂漫地回归过去，而是具备了一种不可辩驳的现代意涵。他主张所有的社会团体都能分享新社会组织的好处；新社会组织的稳定则需要"政治社会的多数成员相信，唯有秩序才能保障自己的安全"。[1] 由此可见，当务之急是关心无法从社会获益的人，推动他们融入新秩序。除了自己的劳动，他们身无分文；在工业制度的压力下，他们被迫向劳动市场出售劳动力。西斯蒙第表示，如果科学的经济学分析希望维护社会秩序，就应当立足于大多数人无法享受自身劳动产品的事实；它应当确定"财富在通过劳动做出贡献的人当中本应分配的幸福比例"，使得所有人在不平等的秩序里都有立足之地。[2]

所以，并非如恩里克·格罗斯曼所言，西斯蒙第对古典政治经济学抽象化的批判，尤其是对李嘉图学说抽象化的批判，只有方法论的价值。实际上，西斯蒙第进行了釜底抽薪式的批判。对他而言，问题的关键并不是用经验主义的方法取代李嘉图的抽象，而是要全面地批判一种体系癖，因为它只关心体系的诉求，却对社会组织的许多重要事实置若罔闻。西斯蒙第抛弃了独立生产者的模式，而这正是李嘉图论证的基础。西斯蒙第并没有批评独立生产者的模式太过抽象，只是认为它已经落伍过时，因而简化和扭曲了现代社会的基本特征："我们看看当前的社会组织，看看一无所有的工人，他们的工资由竞争决定；只要不需要他们的劳动，老板便可随意将之解雇。因此，我们正是反对这样的社会组织。"[3]

西斯蒙第区分了"没有交换"的生产制度与以交换为基础的生产制度。

1　*Ibid.*, p.63.（西斯蒙第：《政治经济学新原理》，第 17 页。——译者注）

2　Sismondi, "Du sort des ouvriers dans les manufactures, " *Revue mensuelle d'économie poltique*, III, 1834, p.1.

3　Sismondi, "Balance des production et des consummation, " *Revue encyclopédique*, mai 1824. 该文以附录形式收录进：*Nouveaux Principes d'économie poltique*, pp.343-369.（西斯蒙第：《政治经济学新原理》，第 501 页。——译者注）

如果财富产生于人类活动，而人类活动又受满足需求和欲望的目标驱使，那么我们便可断言，交换并非无足轻重。在社会形成之前，一个产品的价值并不是按照它的价格，而是依据"它能够满足需求的范围"来衡量。[1]这是独立生产者的王国。他是需求的根源，知道用财富满足需求，也会为了追逐财富而采取必要的行动；他知道生产什么，知道为何生产，没有什么能够剥夺他拥有的科学知识（savoir organique）。只有产品出现剩余，交换才会产生：通过交换超过各自需求的产品，两个生产者可以减少彼此的艰辛，同时又不会忘记自己的真实目标是减少劳动。在独立生产者的王国里，交换只是为了满足休息的需求，它既没有给交换物品增加任何价值，也不会改变财富的性质："财富永远是通过劳动创造出来、为日后需求保存起来的东西，而且只是由于这种未来的需求，财富才有价值。"[2]总之，交换并没有撕裂使用价值占据支配地位的世界。

　　在引入劳动分工后，情况出现了重大变化。劳动分工不但提高了劳动的生产效率，还提升了消费需求，换言之，提升了"社会人的无限需求"。但是，劳动分工推动的经济活动不能脱离另一种分工，即劳动者与消费者的区分。如果抽象地思考现代社会，就有可能忽视两者的区别，忽视一个异常重要的事实："如今，劳动和报酬是分离的，因为劳动者和休息者并非一人；相反，一个人劳动正是为了让另一个人休息。"对于理解现代社会而言，劳动者与消费者的区分至关重要。无视这一点，就会做出错误的论证。譬如，社会人的需求没有限制的说法即便说不上是错误，也显得太过抽象。劳动者的需求是有限的；他固然可以增加需求，但他须臾不忘一种无可避免的限制条件——劳动需要付出代价。在此，马尔萨斯的逻辑被

147

　　1　Sismondi, *Nouveaux Principes d' économie poltique*, 1, p.96.（西斯蒙第：《政治经济学新原理》，第 47 页。——译者注）

　　2　Ibid., p.100.（西斯蒙第：《政治经济学新原理》，第 51—52 页。——译者注）

推演到了极致。在现实中，劳动分工带来的经济增长并不会直接地表现为生产者的消费增加。相反，他始终停留在必需消费的领域；毋宁说，经济增长只表现为富裕阶级的奢侈消费的增长。他们的消费才是唯一不受限制的消费。[1]

劳动分工引入了生产者与消费者的区分，这对现代社会产生了举足轻重的影响。对此，科学分析不能视而不见。由于生产者与消费者的区分，市场把交换价值当作财富价值的新源泉。西斯蒙第表示，交换价值最显著的后果是斩断了在独立生产者模式当中，财富的生产与应当满足的需求（即使用价值）之间存在的天然联系。一方面，在现代社会里，需求不再是生产的调节器；它扮演的角色将被利润取代，也就是说，将被一种不再源于生产劳动，而是源于交换价值的财富取代。另一方面，工业经济的典型特征是无情增长的不平等日趋加剧了"劳动者的命运和享受者的命运之间的不均衡现象"。[2] 从此以后，整个经济组织以抽象价值为准绳。

所以，真正的问题是不均衡的问题。而且，这种不均衡似乎变成了经济制度的法则，而不是经济制度出现紊乱的结果。经济把交换价值作为目标，不再致力于满足真实的需求；相反，人们为了销售才生产。所以，经济不再能够维持生产与消费的均衡。但在李嘉图看来，生产与消费的均衡每次都因为市场的自由竞争失而复得，因为市场竞争会引导资本从供大于求的生产部门流向供不应求的生产部门。在李嘉图的理论体系里，竞争是生产与消费之间均衡的调节原则。

在我们描绘的经济状况里，竞争无法独自维持生产与消费的均衡，因为生产者是为市场这个抽象的实体进行生产，所以他无法了解市场到底体现了怎样的真实需求。独立生产者拥有的科学知识将不可避免地走向消亡，

1　*Ibid.*, pp.104-105.（西斯蒙第：《政治经济学新原理》，第 57 页。——译者注）

2　*Ibid.*, 1, p.106.（西斯蒙第：《政治经济学新原理》，第 58 页。——译者注）

因为人们"看不见产品在哪里消费，无法判断应当满足何种需求，也不知道什么时候应该休息；他为填满公共谷仓进行不懈的劳动，却让社会决定怎样使用他制造的产品"。[1]

生产由此变成了一种注定会引发混乱、受逐利动机驱使的现象；它倾销远远超出了市场消化能力的大量商品。在独立生产者的制度下，人们从事生产只是为了满足自身的需求，所以生产过剩简直令人难以想象；相反，在以抽象的交换价值为导向的制度下，生产过剩注定是一种无法规避的风险。然而，超过需求的产品并不是财富。毫无疑问，问题的核心在于西斯蒙第的财富观念，在于他认为唯有与收入观念相连，财富才具有意义，因为收入的概念把财富与人口相连，把财富与真实的有效需求相连。

149

卢特法拉表示，在西斯蒙第的经济思想中，收入与储蓄紧密相连的观念占据了显要位置。由于相当比例的人口只能依靠劳动产品生活，所以他们的收入限制了他们的储蓄，也因此限制了他们的消费。[2] 这会对生产制度产生重要影响，因为投资取决于前一年的储蓄。然而，市场理论家们却没有注意到这一点。西斯蒙第开创了一种动态的论证模式，它与萨伊的静态分析框架迥然不同。萨伊宣称"一切产品皆会被消费"，所有违反该定律的事物皆是偶然的，皆是李嘉图所说的"稍纵即逝的因素"，因而无需加以讨论。但资本主义制度创造的"财富分配的不平等"导致了生产与消费的不均衡。这就是西斯蒙第为什么要把均衡作为《政治经济新原理》的核心论题。[3] 由于不平等，均衡不再是作为分析的公理，而是变成了经济科学应当予以解决的重大理论难题。

1　*Ibid.*, 1, p.68（此处作者的引文出处应该有误。西斯蒙第：《政治经济学新原理》，第 48 页。——译者注）；*Études sur les Constitutions des peuples libres*, 1, p.69:"每个人都追求自己的私人目标，却无法准确知晓社会需要产品的数量。"

2　Michel Lutfalla, "Sismondi critique de la loi des débouchés".

3　Sismondi, "Lettre au directeur de la *Revue encyclopédique*," *Revue encyclopédique*, 35, 1827.

西斯蒙第在批判李嘉图的**生产与消费均衡理论**时，把收入作为研究均衡条件的核心因素。如果拥有"交换手段"是进行消费的前提，那么就应当在所有的经济行动者当中分配它们；否则，它们只会增加富人的奢侈消费，无法带来有效的增长。[1] 因此，共同幸福要求人们分析社会收入及其分配；若干年以后，西斯蒙第说道："幸福取决于人口与收入的固定比例的持续时间。"[2] 收入分配及其变化会对人口产生影响，这要求人们对两者的最佳比例进行理论探讨。[3] 他表示，由于经济建立在抽象的交换价值之上，由于经济从根本上说会带来生产与消费的不均衡，所以必须对收入进行分析。

150

李嘉图却宣称，生产的增长会自动导致生产者的消费获得相应的增长。但是，工资劳动创造的条件却表明，他的逻辑根本站不住脚。在提高生产效率后，有产者为了提高利润，会解雇工人，并增加自己的奢侈消费。而且，在奢侈需求的增长重新建立新的均衡，重新招募失业的工人之前，还需要时间进行资本投资。而在此期间，工人的状况会继续恶化，基本消费也必将减少。有产者或许可以保住全部工人的饭碗，但劳动工资必定会急剧下降。所以，只有进行抽象思考，不顾时空的限制，人们才有可能得出结论说，生产的增长会带来所有生产者的消费增长。

在考察商品市场的基础上，西斯蒙第试图阐明在市场经济当中，生产与消费之间均衡的脆弱性。如果生产者的目标不是生产社会之所需，而是为了追求利润的最大化，那么生产过剩会造成销售价格下跌，造成收入减少，而并非如萨伊和李嘉图预期的那样会带来减产。相反，生产过剩很有可能导致生产扩张，因为通过提高销量，生产者有可能弥补产品单价下跌

1　Sismondi, "Balances des productions," pp.343-344.

2　Sismondi, "Du revenu social, " *Revue mensuelle d'économie poltique*, IV, 1835, p.222.

3　P.Guillaumont, *La Pensée démo-économique de Say et Sismondi*, p.70.

带来的损失。市场已经充斥着滞销的产品，所以滞胀将变得不可避免。此外，扩大生产带来的生产成本下降只会有利于大生产者，却会牺牲小生产者的利益，因为唯有大生产者才有能力降低销售价格。在这样的经济里，交换价值的波动所带来的生产增长与需求增长并不匹配。换言之，交换价值与使用价值的鸿沟始终在不断扩大。所以，生产资料所有权与劳动相分离的制度，必然会造成**集中和贫窭化**。[1]

151

如果考察劳动市场，也会得出相同的结论。生产资料所有权与劳动分离的制度也在劳动市场里引入了一种抽象的价值，即工资，并把它作为劳动交易的调节器。与商品的交换价值一样，工资根据工人的竞争激烈程度而上下浮动。由于劳动工资只能从上一年的生产收入提取，那么显而易见，上一年的生产收入始终只能支付固定数量的劳动。[2]如果市场上增加了劳动者的数量，那么固定的资金将会支付给数量无法固定的劳动者。劳动价值，毋宁说工资，将不可避免地降低。然而，在某种确定的环境下，创造定量产品所需要的劳动者数量是固定的，因为他们的数量取决于技术条件，而不是工资总量。如果人们用一种抽象的、变动的指数，即用以工资面貌出现的交换价值，去调节劳动市场，那么人们根本无法确定劳动的需求量。

按照西斯蒙第的理解，均衡的困难植根于经济制度的本质特征。他批评古典经济学家用抽象的、变动的价值取代自然的调节器，批评他们混淆了"使用价值和交换价值"，认为这会加剧生产与人口的比例失调。因为人口的增长与收入的变化不成比例，最贫困的人口数量将出现不可抑制的增长。所以，资本主义制度非但无法消除贫困，也不能限制贫窭化。整个社会的命运，包括富人在内，都岌岌可危。[3]"痛苦的蔓延是如此之广，

1　Henryk Grossmannn, *Sismondi et ses théorie économique*, p.43.

2　Sismondi, *Nouveaux Principes d' économie poltique*, p.129. "唯有在增加需要的劳动，并支付它的价格时，人们才增加了财富；这种事先确定的劳动价格，就是预先存在的收入。"

3　Sismondi, "Du sort des ouvriers dans les manufactures," p.3.

如此之不同寻常，以至于它不但给千家万户带来了不幸、焦虑和沮丧，还会破坏社会秩序的根基。"[1] 这标志着社会秩序缺乏"结合体的内部同意"。而此种同意取决于每个人都可以共享社会福祉的事实，是一种比政治代议制更重要的稳定因素。

西斯蒙第为经济和社会组织的缺陷提供了一系列的诊治措施，提供了恩里克·格罗斯曼所言的"最低纲领"。[2] 而且，西斯蒙第所要求的，远不只是简单地改革古典体系。西斯蒙第批判工作的真正挑战主要来自理论层面，即要建构一套新的经济理论，它不会为了自身理论的简化需求而牺牲社会组织的均衡。换言之，应当建构一种理性的经济组织，把它建立在使用价值之上，而不是建立在交换价值这样的抽象概念之上。"如今，我们进入了一种全新的制度；劳动人口尽管是自由人，但却没有生存的保障；他们必须依靠自己的劳动为生，既不知道谁在消费自己的产品，也没有能力让自己的付出获得期望的报酬。当无数人的命运取决于任何经验都无法证明的一种理论时，那么批判地思考它，无疑是正当的做法。"[3]

西斯蒙第建构的动态模型把经济均衡问题置于一个更广泛的问题，即置于社会均衡的问题中去考察。然而，在西斯蒙对不均衡的论述里，贫困似乎破坏了社会政治组织的稳定，是社会挥之不去的贫窭化幽灵。从长远来看，贫困制造的冲突有可能带来各种各样的危险。毫无疑问，人们固然可以使穷人无法分享"财富的利益"，但却不能回避一个更棘手的真理：贫困将决定经济制度的命运。

最后，西斯蒙第反复重申，经济学应当更多地关注人口问题。他殚精

1　Sismondi, "Examen d'une réfutation des Nouveaux Principes par un disciple de M.Ricardo（Mac Culloch）, annexe aux *Nouveaux Principes d'économie poltique*, p.326.（西斯蒙第：《政治经济学新原理》，第 479 页。——译者注）

2　Henryk Grossmannn, *Sismondi et ses théorie économique*, pp.66-68.

3　Sismondi, "Balances des productions," p.359.

竭虑地构建一系列的改革措施，希望改变与其分析前提休戚相关的一种处境。古典政治经济学要么把贫困看作应当消灭的历史残余，要么认为它是现代世界的残酷后果，将之视为工业文明的自然现象。譬如，边沁将贫困叫作"自然惩罚"（sanction naturelle），而李嘉图则称之为"自然趋势"。在理解现代贫困的问题上，除了这两种贫困形象，古典经济学不可能提出其他的模式，因为这是由它的理论预设决定的。西斯蒙第试图建构一种新的经济学，它不再以交换价值为基础。不管有心，还是无意，他最终超越了古典体系。

　　西斯蒙第的分析不可辩驳地阐明了古典体系的不均衡和不稳定；任何补救措施都不能对它做出重大变革。从此以后，一种宣扬社会改革必要性的话语必将置身于以价值理论为导向的古典知识之外，甚至要与它公开决裂。因此，马尔萨斯和西斯蒙第尽管明确希望推动经济学的发展，但他们为此建构的改革措施却是墙内开花墙外香，只在经济学领域之外产生反响。这一点并不令人意外。博爱学家、卫生学家、经济学家、行政官等群体都在利用他们的研究，希望建构一种立竿见影的贫困政策。

154

154

第三部分

社会经济学与贫穷的文化

第五章 社会经济学

　　尽管古典学派百般抵制，但在马尔萨斯和西斯蒙第的推动下，人口问题最终还是成功闯入了经济学的领域。科学经济学的反对似乎无疾而终，哪怕它矢志于重构一种体系的融贯性，但却没有能力将其后果理论化。古典政治经济学在此问题上的破产为一种被称为**社会经济学**（économie sociale）的新话语敞开了大门。社会经济学的批判功能同样取决于"对社会的发现"（la découverte de la société）。自从重农学派以来，政治经济学曾经长期鼓吹"社会的发现"。只不过这一次，社会经济学将之用于反对政治经济学的体系。[1]

　　在社会范畴批判经济范畴的诉求里，人们重新发现了"社会问题"。政治权力曾经希望把社会问题摒除在法律范畴之外，目的是避免它牵扯正当性的问题。由于政治经济学无法为贫困问题提供另一种解释框架，这让一个本就迫切需要被解决的问题变得更加严峻了。

　　借助新政治社会的原则，穷人名正言顺地登上了公民资格的舞台。同样，由于新政治社会高度重视人口问题，所以他们也理直气壮地登上了经济舞台的中心。为了把现代的贫困现象加以理论化，经济学本应重新界定自己的研究对象和分析方法。西斯蒙第也作过相应的努力，但他得出的结论却是现代贫困问题并不存在经济意义上的解决方案。即便如此，他还是　　161

1　Karl Polanyi, *La Grande Transformation*, p.145.

深刻地阐明了解决现代贫困问题的迫切性，因为它会威胁财富扩张的体制。

从此以后，人们不能再对"社会问题"熟视无睹。一方面，社会问题要求人们提炼政治经济学的分析方法，尤其要研究危机，研究生产体系的功能失调。总体而言，在凯恩斯重申社会经济学的命题之前，这种分析并没有取得多大的成功。[1] 另一方面，社会问题要求改进经济分析的工具，以便它们应用的问题场域超越古典体系的范畴。职是之故，社会经济学不仅批判政治经济学，还把作为其理论研究对象的各种社会斗争纳入了自己的话语领域。

此举需要采取一种迂回策略。社会经济学将在古典经济学的知识体系之外，寻找理解"社会问题"的手段。社会经济学继承了法国大革命的经验，试图区分贫困问题与劳动问题，主张对它们实施大相径庭的政策。同样，它还主张用**贫窭**（paupérisme）而非失业的概念解释贫困。[2] 贫窭似乎是社会范畴在贫困问题上对经济范畴的"驳斥"。同时，贫窭的概念为认知社会范畴这一未知的现象打开了方便之门。贫窭问题在 1820—1840 年期间引起的争论及其深远影响，主要体现在两个维度上：一方面，它指出了古典经济话语的局限；另一方面，它为征服另一个知识的领地铺平了道路。

为此，社会经济学应当利用，甚至应当进入**道德范畴**的语义领域和实践领域。实际上，在法律话语和经济话语之外，道德话语提供了另一种解释框架。当然，道德主义的解释框架会让人禁不住联想起旧制度的慈善传统。然而，道德话语并非自始至终都拥有相同的内涵，都指向相同的贫困解决方案。此外，倘若详加考察，就会发现它似乎又不那么"道德"。

在社会经济学利用道德话语之际，道德因素恰好处在一个十字路口：一边是古典政治经济学的模式出现了危机，另一边则是自由主义制度需要

162

1　参见凯恩斯对马尔萨斯的论述。（Keynes, *Essays on Biography.*）

2　根据《罗贝尔词典》，贫窭的概念诞生于英国，在 1823 年首次被译为法语。

政治的正当化。社会经济学之所以利用道德语言，主要是用非经济的概念，证明抛弃自由放任信条的合理性，捍卫兼顾私人积极性和公共干预的中间立场。人们致力于构建贫困政策，试图在社会与个体之间，在自由主义曾经试图创造纯粹真空的地方，为社会的实践和知识开辟一个新天地。

1.一个概念的历史

"社会经济学"的概念经历过跌宕起伏、宠辱交替的命运。起初，它被视为同样研究社会经济的政治经济学的同义词。让－巴普蒂斯特·萨伊表示，"社会经济学更著名的名称是政治经济学"。[1] 萨伊在其《实践政治经济学讲义》里指出，人们把研究"社会各个部分"的科学称为政治经济学，但他认为"将之称为社会经济学或许更为恰切"。[2] 萨伊认定它们是同义词，所以认为没有理由反对亚当·斯密及其信徒创建的"政治经济学"。两个概念曾经一度是通用的，但政治经济学的概念最终占据上风。约瑟夫·加尼耶（Joseph Garnier）表示，政治经济学的概念早在 1615 年，便出现于蒙特克雷蒂安（Montchrétien）撰写的《论政治经济学》里，但直到 1835 年，它才在第六版的《法兰西学院词典》里获得了其现代内涵。[3] 此外，1863 年版的《利特雷词典》也指出，社会经济学是政治经济学的别称。 163

在 1820—1830 年期间，古典经济学模式出现了第一次危机，而"社会经济学"的概念获得了一种不同于，甚至是批判政治经济学的内涵。它

1　Jean-Baptiste Say, "Économie politique," *Encyclopédie progressive*, Paris, 1826, p.217.

2　Jean-Baptiste Say, *Cours complet d'économie*, 1, p.1.

3　Joseph Garnier, *De l'origine et de la filiation du mot économie politique, et des divers autres noms donnés à la science économique*, Paris, 1852.

越来越多地变成了无数重视社会问题研究的著作的书名。[1] 这表明，人们开始从全新的角度理解经济问题，开始注重分析经济运行的社会后果，尤其关注工业发展给人口带来的痛苦。[2] 由此可见，社会经济学的研究对象明显有别于政治经济学，它关注的重心不再是扩大生产的理论，而是倾向于在生产机制与再生产机制之间建立联系。从此以后，"社会经济学"概念的命运迥然有别于政治经济学。它既不指代一个学派，也不代表一个同质的团体；它首先体现为人们在选择研究主题和反思策略时抱有的一种情怀（une sensibilité）。

安德烈·盖斯兰（André Gueslin）在其新著《社会经济学的发明》里，对 19 世纪上半叶以社会经济学自居的四个流派作出了区分：社会主义、社会基督教、自由主义和团结主义（solidarisme）。[3] 需要强调的是，唯有在 19 世纪末，人们才把这些各不相同的流派都置于社会经济学的框架下。安德烈·盖斯兰谈论的社会经济学只属于夏尔·季德及其同代人，[4] 它等同于生产或消费的合作社、农业互助社、社团和雇主制。此外，社会经济学还包括一些财富分配的技术。国家利用这些技术，抑制工业化的消极因素，缩小斯图亚特·密尔谴责的技术进步与社会进步之间的鸿沟。

19 世纪末的历史环境有别于 19 世纪上半叶：当时的社会经济学已经不再参考斯图亚特·密尔的理论，而是援引莱昂·瓦尔拉斯（Léon

---

1　我们不妨举出若干例子。Charles Dunoyer, *Nouveau Traité d'économie sociale*, Paris, 1830; J.-B.-F. Marbeau, Études sur l'économie sociale, Paris, 1844;Constantin Pecqueur, *L'Économie sociale*, Paris, 1839.

2　夏尔·季德和夏尔·利斯特剖析了社会经济学对政治经济学的批判，试图缓和转型时代的严酷性，并积极讨论政治经济学忽视的痛苦。（Charles Gide et Charles Rist, *Histoire des doctrines économique*, 1, pp.189-194.）

3　André Gueslin, *L'Invention de l'économie sociale. Le XIXe siècle français*, Paris, Economica, 1987.

4　Charles Gide, *L'Économie sociale*, 2e éd., Paris, 1905, p.4："社会经济学研究人与人之间自愿的、契约的、准契约的与法律的关系，目的是要超越打着市场均衡旗号的当下，保障一种更轻松的生活、一种更可靠的未来、一种更亲切与更高尚的司法。"

Walras）的理论。特别是由于各种社会科学的广泛影响，由于它们希望用
社会"职能的"团结取代自由主义经济不假思索予以倡导的"自然的"团
结，团结的话题变得流行起来。[1] 在 1898 年法律从政治层面肯定工人的结
社合法化以后，结社开始成为经济学关注的对象。[2] 社会保障（assurances
sociales）的推广强化了互助技术，并使保险（mutualité）具备了一种强制
的色彩。[3] 自此以后，社会经济学的外延趋于变窄，只体现了经济组织理
性化的各种努力中的一种可能性，尤其是体现了合作社运动。合作社运动
虽非主流，但却高度契合了第三共和国时期占据主流的理论－政治情怀。[4]

　　盖斯兰在论述"社会经济学的发明"时，不过在谈论季德时代的社会
经济学，所以他很有可能忘记了一个重要事实：与其原始的目标相比，社
会经济学仍然保留一些"残余的"特征。社会经济学并非源于理论的真空，
而是产生于各种学说争奇斗艳的场域。所以，为了理解社会经济学的"发
明"，我们应当将之置于它得以产生并形成争论的语境中考察。于是，我
们便能发现，在 19 世纪上半叶，在社会经济学的领域首次得到勾勒的时候，
盖斯兰提及的各种学派（19 世纪末的团结主义除外）虽然面临着相同的问
题，但它们的理解却大相径庭。而且，各个学派与政治经济学的关系也不
尽相同，在法律层面对政治关系的理解更是天差地别。

　　在 19 世纪上半叶，"社会经济学"的概念和"社会主义"的概念泾
渭分明。阿道夫·布朗基（Adolph Blanqui）把西斯蒙第、维尔纽夫－巴
尔热蒙（Villeneuve-Bargemont）、德罗兹（Droz）、夏尔·孔德（Charles
Comte）和夏尔·迪努瓦耶（Charles Dunoyer）等理论家的研究成果置于

1　Charles Gide, *La solidarité économique*, Vals-les-Bains, 1902, p.19.

2　*Ibid.*, pp.14-17.

3　François Ewald, *L'État-Providence*, pp.205-208.

4　随着泰勒制的推广，此种情怀让位于实地研究。从此以后，"社会经济学"
的概念只关注全部的企业，与研究单个企业的经济学对立。（H.S. Person ed., *Scientific
Management in American Industry*, The Taylor Society, 1929, trad.fr: Orléans, 1932, p.154.）

165　社会经济学的名目下。[1] 在参考 1820—1840 年期间出版的著作名录后，我们还可以加上约瑟夫·加尼耶、盖兰（Guérin）、马尔博（Marbea）等人的名字。[2] 德·吉扎尔（L.de Guizard）还引用了热朗多（Gérando）、米歇尔·舍瓦利耶（Michel Chevalier）、拉法雷勒（La Farell）、迪潘（Dupin）、维莱梅（Villermé）甚至基佐的著作。[3] 所以，社会经济学囊括了卫生学家、博爱学家、圣西门派、信条派，但绝不包括社会主义者。约瑟夫·加尼耶曾经抱怨说，社会经济学的概念由于被社会主义篡夺了，已经失去了意义。[4] 1848 年革命爆发时，社会主义与社会经济学出现了严重分歧。阿道夫·布朗基的著作也能证明这一点。他明确表示，自由派、信条派和圣西门派联合起来，共同反对 1848 年的社会主义。[5]

总之，社会经济学涵盖了从西斯蒙第的悲观主义到圣西门派的乐观主义等各种流派，它与对古典政治经济学范式提出疑问的新自由主义基本吻合。它与社会主义相去甚远，甚至势同水火，因为它并不想颠覆工业经济。它只是谴责工业经济最有可能导致社会解体的后果，但拒绝让它承担社会主义所炮轰的罪责。至于盖斯兰提及的其他学派，即自由主义和社会基督教，它们借助社会经济学，着重分析现代贫困现象。不过，社会基督教的典型特征是试图把新的经济理论嫁接到一种植根于启蒙而非反启蒙的道德情怀上。

　　1　Adolph Blanqui, *Histoire de l'économique politique en Europe depuis les anciens jusqu'à nos jours*, Paris, 1837, p.262 sq.

　　2　夏尔·季德和夏尔·利斯特在分析西斯蒙第时，就增加上这些名字。（Charles Gide et Charles Rist, *Histoire des doctrines économique*, 1, p.204.）路易吉·科萨还增加了泰奥多尔·菲克斯、路易－勒内·维莱梅、富歇（Faucher）、欧仁（Eugène）等"调查者"以及经济学家库尔诺（Cournot）和迪皮伊（Dupuit）。

　　3　L.de Guizard, *Rapport sur les travaux de la Société de la morale chrétienne pendant l'année 1823-1824*, Paris.

　　4　Joseph Garnier, *De l'origine et de la filiation du mot économie politique*.

　　5　Adophe Blanqui, *Lettres sur l'Expostion universelle de Londres*, Paris, 1851, p.19.

只要还原那些催生社会经济学的问题和方法的独特性，我们就会知道，与盖斯兰所说的相反，[1] 它是一种全新的知识，无法为政治经济学完全涵盖。而且，它能够强化自身的社会属性。有鉴于此，约瑟夫·加尼耶在谈论"社会经济学"与"政治经济学"的关系时，强调说："我们应当把'社会经济学'视为一般社会科学的同义词，而政治经济学只不过是它的一个分支。"[2]

体制层面对社会经济学的认可，要出现得更晚。1856 年，即在 1855 年世博会召开的翌年，勒普莱（Le Play）创建了社会经济学会（政治经济学会创建于 1842 年）。1867 年的世博会创建了勒普莱领导的社会经济学展览。勒普莱趁机展览了一些研究法国雇主制的作品。1848 年革命以后，社会经济学与政治经济学分道扬镳。从此以后，它认同催生自己的"社会问题"，专注于研究解决社会问题的手段。社会经济学立足于其在 1820—1840 年期间建构的方法和视野，在 19 世纪下半叶则接受勒普莱的教导，鼓吹父权制和观察方法，并由此与方兴未艾的社会科学产生了共鸣。1851 年，在科克兰（Coquelin）和吉约曼（Guillaumin）主编的《政治经济学词典》里，安托万·谢尔比烈（Antoine Cherbuliez）撰写的"贫窭"词条不再提及社会经济学。"贫窭"词条本身体现了社会经济学在 19 世纪上半叶缓慢却又强大的影响。不过，"社会经济学"的概念仍然广泛地出现在各种争论之中。譬如，谢尔比烈在批评萨伊时，便使用了社会经济学的概念："近年来，人们是如此滥用**社会**（social）这一字眼，以至于人们在很长时间里不得不在严谨的著作里避免使用它。"[3] 政治经济学和社会经

1　André Gueslin, *L'Invention de l'économie sociale*, p.5.

2　Joseph Garnier, *De l'origine et de la filiation du mot économie politique*.

3　Antoine Cherbuliez, "Paupérisme", in Cocquelin et Guillaumin (eds), *Dictionnare de l'économie politique contenant l'exposition des principes de la science*, Paris, 1852-55, 2 vol., 1, p.666.

济学这两种说法曾经彼此通用，但它们之间的分野最终得以明确。这就是夏尔·季德为什么在后来会说这两个概念并没有冲突，因为"就其研究的领域和对象而言，这是两门判然有别的学科"。[1]

然而，在此期间，"社会经济学"并没有明确的边界。它没有变成一门概念精确的学说，而更多是由它提出的问题及其解决策略来界定。这些问题特别关注经济范畴与道德范畴的关系；而对于它们的关系，贫窭问题提出了疑问。至于社会经济学坚持的策略立场，只能通过比较相同问题催生的其他立场来界定了。

如果说社会经济学与社会主义的鸿沟已经变得有目共睹，那么它与圣西门学派的分野并不鲜明。譬如，康斯坦丁·佩克尔（Contantin Pecqueur）和米歇尔·舍瓦利耶等人经常在两个派别之间往返穿梭，沟通交流。相对而言，狭义的圣西门派对进步和工业福祉的看法更为乐观，他们更关心劳动的组织方案，更关注生产领域。

"工业主义"体现了圣西门派批判自由主义的局限性。夏尔·迪努瓦耶在1827年《百科全书杂志》上发起的争论既证明了两个派别的相似性（两派共同创办了《审查者》杂志），也暴露了双方的差异。[2] 社会经济学和圣西门主义都从亚当·斯密和让－巴普蒂斯特·萨伊的身上汲取了灵感，它们都尊重财产权，尊重劳动成果，而不是尊重占有权；它们都关心奥古斯特·孔德所说的"工业发展的社会效用"[3]。但是，圣西门主义强调工业高于个体，坚持个体的财产权只能建立在普遍的效用上。反个人主义的立场使圣西门派与自由改革派渐行渐远，却与社会主义越走越近。我们必须牢记，圣西门主义也催生了实证主义，所以千万不要因为涂尔干的"社

1　Charles Gide, Économie sociale, p.4.

2　Franco Pitocco, *Millennio e Utopia: il sansimonismo*, Rome, Bulzoni, 1984, p.131 sq.

3　Henry Gouhier, *La Jeunesse d'Auguste Comte*, 3, p.391.

会学"解释，就高估了它与社会主义的相似性。

相比于社会经济学，圣西门派的立场更为人熟知。由于涂尔干研究社会主义的著作，[1] 圣西门派与社会学的关联已是众所周知，故笔者在此不再赘述。同理，笔者也不想在此絮叨社会主义对社会问题、对工业化的负面影响等问题的看法。相比于社会经济学，圣西门主义和社会主义更加远离官方立场，也更少援引政治经济学。圣西门派和社会主义者都抱有某种乌托邦的理想，一些人肯定社会经济学的策略，另一些人则竭力与之保持距离。

马尔萨斯和西斯蒙第对古典经济学的批判开辟了新的道路，并由此孕育了一个新的思想流派。该流派的同质性并不在于它的人员，而在于它研究的问题。特别是围绕贫困问题，各色人等建构出了相同的策略立场。这些人包括政治经济学教授、卫生学家、政论家、行政官、工程师、博爱学家，甚至还有军人。[2] 他们出入相同的场所，热情洋溢地参加反对贫困的自由斗争，相互交流研究成果。他们几乎都入选了道德与政治科学院。他们所有人都深切地感受到了贫困对代议制的威胁。无论在理论层面，抑或在实践领域，政治经济学都无法应对贫困的挑战，因而留下了一个巨大的真空。倘若不想让社会走向衰落，就必须填补它。他们不约而同地认为，为了填补这个真空，必须走出古典经济学的知识藩篱，抛弃它的体系癖。为此，

168

1　Emile Durkheim, Le Socialisme, Paris, Alcan, 1928; P.Janet, *Saint-Simon et le Saint-Sismonisme*, Paris, Baillière, 1878.

2　在政治经济学教授中，有阿道夫·布朗基、安托万·谢尔比烈、夏尔·迪努瓦耶、德罗兹、罗西、莱昂·萨伊以及其他人；维莱梅、帕伦特·杜夏特莱、盖兰、普鲁内尔（Prunelle）、福代雷（Fodéré）是医生。行政官员的数量有很多，如警察局长弗雷吉耶、监狱总督克里斯托夫·莫罗（Moreau-Christophe）、省长维尔纽尔－巴尔热蒙、部长与最高行政法院参事热朗多、斯特拉斯堡学院督学雅克·马特（Jaques Matter）、初等教育督学和托儿所的创办人 J.-B-F. 马尔博等。泰奥多尔·菲克斯，夏尔·孔德、欧仁·比雷、迪沙泰尔是政论家。工程师则有来自海军的夏尔·迪潘、矿业部门的米歇尔·舍瓦利耶、路桥局的拉博得（Laborde）以及后来赫赫有名的弗里德里希·勒普莱。

他们建构了一套新的话语。它继续从政治经济学中汲取分析的工具，发明了一种有别于古典政治经济学的知识形态。难道这不是一种"庸俗"的知识吗？

2."庸俗"经济学

169　　无论经济学理论转向马尔萨斯的人口理论，还是走向西斯蒙第的动态均衡问题，人们都将抛弃价值、利润、工资和地租等古典政治经济学的核心议题。新的问题浮出水面，成为人们的分析对象；从理论的角度而言，它们更不"纯粹"，因为它们总要关心经济发展的社会成本。它们质疑政治经济学的根本立场，在关于自由放任和国家干预的讨论中引入了一些新的要素。问题的关键不再是立足于以交换自由定律为根基的理论体系，作出线性的论证，而是要借助归纳和实用的方法，在政治上阐明财富再分配的必要性。尽管社会经济学没有像社会主义那样演变成一种信条，但它在经济领域抛弃全面禁止政治干预的立场还是催生了焕然一新的观点。社会经济学话语的鼓吹者试图恰如其分地融合干预主义和自由主义的优点，建立它们在相互排斥的情况下无法实现的某种均衡。对于此种调和立场，经济思想史哪怕不是打着体系化的旗号横加指斥，通常也会视若无睹。关键是要把那些令人猜疑的努力摒除在"高贵的"科学之外，因为它们带来的素材有可能损害分析工具的纯粹性。例如，科萨就表示，幼稚地拔高在"高贵的"古典生产理论中处于从属地位的分配问题，有可能把"把科学降格为艺术"。[1]这也是人们对马克思最直白的批评。

1　Luigi Cossa, *Histoire des doctrines économiques*, p.375; 类似的观点亦可参见：Charles Gide et Charles Rist, *Histoire des doctrines économique*; H.Denis, *Histoire des doctrines économiques*;E. Roll, A History of Economic Thought, London, Faber&Faber, 1946.

马克思在谈论七月革命时，援引英国的欧文主义、法国的圣西门主义与傅立叶主义，批评道："庸俗经济学抓住了救命稻草，提出了一套妄图拯救社会的学说。"[1] 显而易见，马克思并没有刻意区分经典作家和异端作家（如马尔萨斯和西斯蒙第）。在严格意义上，马克思主要是给二流作家和信徒贴上了庸俗的标签，批评他们把导师们的科学分析庸俗化了。麦卡洛克（MacCulloch）是首当其冲的马克思的批判对象。但实际上，与其说马克思批判这些作者，倒不如说他把矛头指向了一种特别的分析立场——"庸俗经济学"。马克思通常将之指代后李嘉图时代的经济学，批评它抛弃了古典经济学家的科学分类，却接受了一些更不精确的概念，批评它的调查方法只看到了事物的"表面"，却不愿解释事物的内在联系。庸俗经济学不再研究基本规律，而只关注临时抱佛脚的改革的实用世界，竭力维护现存的社会秩序，强调人们不能否定它的原则。

此种经济学的庸俗性，表现在多个层面。首先是它的问题关切：它只是一种关于资本主义体制下的生产主体的实用知识，它并非源于"对真理的热爱"，而是产生于他们"把资产阶级世界视为最好世界的美好意愿"。[2] 所以，庸俗经济学只不过反映了资本主义生产主体扮演的角色，它与意识形态休戚相关，因为它很容易暴露其阶级属性，让科学分析屈从于捍卫统治阶级既得利益的需要。[3]

它的庸俗性也表现为相对古典知识而言的认知论变化。在马克思的眼里，李嘉图对古典政治经济学作出了最完善的表述。古典政治经济学竭力揭示隐藏在资产阶级生产关系背后的机制，而庸俗经济学只关注表面的联

1　Karl Marx, *Le Capital. Critique de l'économie politique*, Pari, Éditions sociales, 1973, 8 vol., 1.3, p.37.

2　*Ibid.*, 3.3, p.221, note. （《马克思恩格斯文集》，第 23 卷，第 98 页，注释 32。——译者注）

3　"事实上，庸俗经济学局限于在理论的层面上颠倒生产主体（即资产阶级生产关系的囚徒）的表象，并将之理论化。"（*Ibid.*, 3.3, p.196.）

系，"以貌似合理的方式使人理解最粗鄙的现象，以满足资产阶级仆人的需求"。[1]在马克思看来，对于理解社会制度的深刻本质而言，庸俗经济学的话语没有任何价值，因为它只是在蹩脚地为现状唱赞歌。

171 　　归根结底，此种"庸俗性"根源于对一种差别（décalage）的理解。事实上，它体现了新经济话语与古典政治经济学的差别，而马克思也总在不停地把它们做比较。但是，这种庸俗性也表达了要与催生了这种新型话语的古典体系决裂的强烈意愿。这一点既表现在它自诩继承的渊源上，尤其是它热衷于援引马尔萨斯和西斯蒙第等异端作家的研究成果，也表现为它的分析议题和追求目标。这些话语经常追求"夸张的重复"的效果，但实际上却暴露了自身分析的苍白。有鉴于此，马克思将之贬为"庸俗"的做法并非无的放矢。但是，马克思在将此种话语与古典经济学进行比较后，对它的评价却并不正确，因为它实际上代表了另一种形态的知识。

　　对于若干从此以后属于经济体制改革重心的问题（如贫困问题、劳资冲突的社会调节问题）及其解决而言，价值和地租等古典经济学的议题已经变得不再重要。所以，由于忽视了这种立场的特殊性，马克思对"庸俗性"的批判也就失去了意义。马克思似乎把矛头指向了自由，批判后李嘉图时代的经济学不再将其讨论的社会经济问题置于古典体系的律令之下。马克思批评庸俗经济学由此产生的理论"混乱"，却没有认识到它恰恰暴露了一个特别重要的事实——在解决社会问题时，人们已经无法再置身于古典经济理论的内部。

　　事实上，马克思所批评的"庸俗性"其实是在有意识地拒斥古典政治经济学的正当性，批评它无法创建一种与经济生产模式兼容的社会秩序，尽管这也是古典政治经济学的重要纲领。经济发展与社会进步的鸿沟不断

1　*Ibid.* 1.1, p.93, note.

扩大，社会改革变得愈加不可避免；倘若不触动古典政治经济学尊奉为融贯体制的法律，经济断无可能获得发展。在某种意义上，社会经济学受人诟病的理论"庸俗性"是一种无法回避的代价，其目的是要改变古典经济体系许诺的，或者福柯在"停滞的历史"（histoire étale）[1]中概括的唯一命运。

马克思的批判与古典经济学的敌意携手并进，鼓吹在经济史上战无不胜的"高贵"话语，共同诋毁社会经济学的改革话语。此种二元对立的立场让人禁不住联想起熊彼特对分析与意识形态的区分。分析代表纯粹的理论活动，它以概念研究为基础，但还是需要以一种超越分析的认知活动或世界观为前提。什么是世界观？在从事研究的特殊历史时刻，但凡能使作者将自己的立场归因于其所属时代的"公共意识"的事物，皆属于世界观的范畴。所以，人们很容易把与既有的研究对象、研究方法（它们的客观性自在自为，容不得任何辩驳）相抵触的事物都列入此种落后因素的范畴。然而，倘若把一切可能暴露了理论的迟缓和摇摆的事物都置于科学分析的边缘，那么就有可能掩盖科学分析的失败之处：尽管这种"庸俗性"被古典经济学视为歧路，但它可能恰恰证明了自己抛弃后者的正当性。

3.一种复合的知识

与古典经济学的概念和方法相比，社会经济学无疑发生了很大变化。但如果仔细观察，直接分析它，不管它与政治经济学的差别，那么便可知道这种变化并不是政治经济学在科学上的"堕落"，而是拓展了古典经济体系无法涵盖的新领域。这种话语的重构给社会经济学提供了一种独特的**知识**（savoir）形态。

在《知识考古学》里，福柯把知识定义为考古学分析的"均衡点"，

1　Michel Foucault, *Les Mots et les Choses*, pp.270-271.

认为它有别于科学分析依靠的学识（reconnaissance）。[1] 知识存在于话语世界里的铰合面，存在于各个概念进行协调和排序的地方：在此，主体不可避免地要面对一些"即将获得或者无法获得科学地位"的对象。所以，知识与科学并不完全重叠，因为知识不仅会"被用于论证"，还置身于某种话语的实践当中。而且，此种话语实践还会保留主体在面对知识对象时所处"情境"的历史记忆。知识不只是一种分析实践，它也产生于某种关系的秩序：科学切割并孤立对象，但知识却会把科学重新整合到某种关系的场域。

福柯本应继续阐明，哪怕程式化的科学借助权力竭力加以掩盖，一种与研究对象的关系本质相连的历史内容仍然会残留在知识里。权力的冲突和权力的关系是知识研究的对象，它们会在知识里留下鲜活的痕迹：人们研究的对象不是疯癫，而是理性与非理性在疯人院中的斗争；同样，人们不研究犯罪，而是研究惩罚权力与"非法"经济在监狱中的斗争。这类知识招致了某种体系化思想的污名化，后者以维护该体系的融贯性为名，妄图掩盖权力冲突的戏剧性。[2]

可以说，社会经济学同样招致了经济思想史的某种污名化。因此，重新发现社会经济学，要求人们立足于它的研究对象。唯有如此，才能评价它建立的特别同盟，才能评价它理解社会的努力。由是观之，社会经济学似乎是一种复合的话语，它有意融合三种从非法律范畴的角度理解社会关系的路径：博爱学、经济学和治安传统。道德因素象征着使它们结为同盟的神经中枢，是社会经济学化解贫困与秩序之间冲突的基石。

176

1　Michel Foucault, *L'Archéologie du savoir*, Paris, Gallimard, 1969, pp.232-255.

2　Michel Foucault, "Cours du 7 janvier 1976," *Microfisica del potere*, Turin, Einadudi, 1977, pp.163-177;A. Fontana et M.Bertani (eds), *Difendere la società, Florence*, Ponte alle Grazie, 1900.

博爱学家的陈情书

自从自由主义思想诞生以来，贫困的道德解释论始终是它的重要组成部分。显而易见，它催生了一种在世俗化时代仍然充满活力的慈善态度，后者在宗教情感里激发了人们用多余财富抚慰穷人苦难的需求。它尤其宣扬穷人的贫困是咎由自取的观念。大体而言，这种观念与慈善情感并不冲突。既然贫困的苦难是源于多舛的命运，源于堕落的道德，那么这足以证明神启正义的存在，因为神启正义只会打击那些罪有应得的人。

尽管贫困的道德解释论依然盛行，但经济学的分析揭示了慈善的缺陷，颠覆了用乞讨的概念解释贫困的思维模式。在经济学的影响下，人们对贫困的理解日趋世俗化。经济学摒弃了那种无差别地把所有穷人作为慈善对象的道德立场，坚持区分乞丐、游民和"顺从的"穷人，认为乞丐与游民扰乱了乡村经济，不配得到任何救助，但主张推动"顺从的"穷人重新融入生产和消费的社会机制。穷人不再千人一面，并非所有的穷人都是受害者或罪犯。历史的吊诡在于，经济学在打破铁板一块的道德解释论后，却创造了一种无辜的贫困形象。

在新的框架下，道德因素旧貌换新颜，以一种**道德化**的面貌出现。它要求国家变身为保护者，提供救助，实现社会幸福。如果劳动是通往社会幸福的康庄大道，那么就应当培养劳动的兴趣，宣扬对懒惰的厌恶。在 19 世纪上半叶，法国的博爱学既坚持贫困的道德解释论，又崇奉社会道德化的立场。它主张为解决工业经济组织引发的问题构建一些"道德"工具，以干预贫困。雅克·东泽洛不无道理地指出，19 世纪的博爱学继承了 18 世纪的"旧博爱精神"，它宣扬的道德话语依然打着 18 世纪博爱精神的烙印。[1]但与此同时，19 世纪的博爱学也体现了新经济学摆脱乞讨的努力。

175

1　Jaques Donzelot, *La Police des familles*, Paris, Éditions de Minuit, 1977, p.62.

由于与经济学建立了紧密联系，博爱学对贫困的理解呈现了一种惊人的现代性，与旧的慈善观念出现了明显的断裂。

尽管法国博爱学的道德话语在表面上延续了慈善的传统，但它的内涵却发生了根本性的变化。慈善论倾向于把贫困解释为个体事实，它关注贫穷的个体，乃是为了象征性地证明富人的力量与独特。相反，在 19 世纪博爱学家的笔下，道德因素要为一种有机的社会性（socialité organique）创造有效的条件。他们构建的技术具备一个典型的特征：在考察各个社会团体时，应当立足于它们与整个社会的联系；同样，对它们的道德评判也应如此。

博爱学由此具备了一些特别重要的特征。首先，博爱学的技术并不寻求个体的解决方案，而是希望把一种**社会性的效果**（effet de sociablité）嵌入反社会的环境。其次，它们在干预贫困时，并不是要捍卫某个团体的特殊利益，而是基于整体**失序**的考量。最后，它们不是要创造新的权利，而是要创设一些**社会角色**，由他们决定救助的条件。因此，它们催生了一些社会化的行为模范，从而为社会主体性创造了某些可行的治理形式。按照热朗多男爵的说法，博爱学要在社会当中创建一种类似于维系家庭团结的"相互义务"。博爱学借助致力于推动教育、保险、互助和卫生学等事业发展的社团，构建一些特别的技术，目标是创造维系个人的纽带，进而创造一个融洽的整体（而稳定性是衡量其融洽性的标尺）。这些技术联结了人与人，联结了当下的一代人与未来的几代人，让他们共同生活在当下应该服从未来的社会世界里。

由是观之，博爱学构建了一种共同体观念，后者更多是由一种道德情怀，而非由一种经济定义（如市场利益）所界定。博爱学不否认个体利益之于经济制度的重要性，但它的全部技术都是立足于实用主义的立场，为消除贫困及其潜藏的社会危险，塑造一种道德的集体利益。博爱学在个体

176

利益的经济观念与权利的法律观念之间，在至高无上的个体的观念深处，嵌入了由某些"大公无私的利益"（intérêts désintéressés）所规范的社会实践。它希望融合个体利益与普遍利益，而政治经济学曾经将融合它们的希望寄托于一种变动不居、苍白无力的和谐。整个社会都应当遵从道德利益；博爱学家虽然自视为道德利益的诠释者，[1]但他们强调道德利益不能妨碍经济机制的正常运行。在他们看来，博爱行动和国家行动并行不悖；他们希望国家履行保护穷人的义务，偿还对穷人的债务。

博爱学诉诸道德而非诉诸效用的立场，使它获得了一种相对经济学的自主性。此外，这种立场也有助于摆脱对社会关系作出法律解读而带来的风险。法律干预会催生新的权利，扩大个体主权的范围；相反，博爱学主张照料贫困人口，在承认其需求的同时，却不肯定他们拥有摆脱困境的权利。

毫无疑问，英国是用法律手段解决贫困的糟糕榜样。英国人认为，通过合法救助，可以消除贫困的威胁。但是，在法国的社会经济学家们看来，英国人创建的救助权利荒谬地证明了贫困的正当性。类似的例子不胜枚举。譬如，革命议会曾经用劳动政策取代救助政策，但结果却导致承认所有人都拥有劳动保障权。

博爱学反对法律及其建立的权利的规范特征。博爱学家们的干预属于例外状态，而且他们毫不避讳它的例外性和从属性。它只干预社会暴露的裂痕和间隙，而不愿承担创建一种新"规范"的风险。凭借自身的实用性、非规范性，博爱学的干预拥有了一种无与伦比的弹性。

因此，在政治经济学和法律哲学的概念世界和方法论世界之外，博爱学获得了一个新的支点。社会经济学借此能够摆脱古典体系的支配，构建

177

1　Saint-Simon, *Adresse aux philanthropes*, Paris, 1821.

一种自主的立场。在这个意义上，博爱学在社会经济学语境中的复兴，与其说是抚今追昔，恢复旧日的方法与概念，不如说是发展了一种人口经济学，并避免建立一种劳动政策。

为此，博爱学转而分析维系社会各个部分的纽带。博爱学家并不多愁善感，他们首先是肩负认知使命的学者。他们拥有实践的知识，"根据普遍利益的精神领导公共事务"（圣西门语），并由此推动了社会政治改革。[1] 借助从行政活动、科学协会或世界博览会（它们是社会工程学的精华）中获得的渊博知识，博爱学家们向社会传播了自己的"道德影响"。[2]

博爱学家们究竟施加了怎样的道德影响？纵观整个 19 世纪，博爱学与慈善的竞争日趋激烈；最终，博爱学占据上风，其胜利的标志是《慈善年鉴》在 1899 年改名为《博爱学杂志》。博爱学的优势在于，在阐释事关重大的政治诉求时，它总是坚持实用主义的立场。它的"道德化"努力引发了一场声势浩大的社会调查运动，其目的是认识社会，并把知识当作一种不可或缺的治理手段。"为了治理社会，就必须认识它；为了认识它，就必须研究它的整体与部分，认识它的起源、历史、人口、领土、风俗、

178

1 *Ibid.*, pp.38-39.

2 基督教道德协会创立于 1821 年，推动创建了《社会杂志》（*Journal de la Soci*é*té*）、《博爱档案》（*Archives philanthropiques*）、《慈善年鉴》（*Annales de la charit*é）等杂志。基督教组织协会创建于 1828 年；初等教育协会创建于 1815 年；博爱学协会创建于 1820 年。创建于 1842 年的政治经济学协会出版《经济学家杂志》（*Journal des* économistes，在社会经济学的圈子里，它似乎显得过于"正统"）和《社会年鉴》（*Annales de la Soci*é*té*）。前文提及的社会经济学会，由弗里德里希·勒普莱在 1856 年创建，它是"1855 年到巴黎参加世界博览会的学者与工场主召开会议"的产物；它是 19 世纪下半叶《两世界的工人》（*Les Ouvriers des deux mondes*）、《社会科学》（*Sciences sociales*）、《社会改革》（*R*é*forme sociale*）众多期刊的发起者。除了这些学会外，道德与政治科学院发挥了举足轻重的影响。自从在 1832 年重建以来，它实际上变成了促进和讨论社会经济学研究的大本营。此外，还应当提及不计其数的"工业"协会或"促进"学会，它们广泛地分布于工业城市。至于道德与政治科学院的活动，可参见：Charles Lyon-Caen, *Notice historique sur l'Acad*émie *des sciences morales et politiques, 1795-1803, 1832-1932*, Paris, Firmin Didot, 1932;G.Picot, *Concours de l' Acad*émie *des sciences morales et politiques, 1834-1900*, Paris, Imprimerie Nationale, 1901.

精神、力量和财富。"[1]

在 1820—1840 年和 1848 年，博爱学格外重视的贫窦研究是社会知识生产的重要组成部分。它表明，人们不再把慈善看作富人与穷人的一种象征性交换；[2] 此外，它还催生了一种崭新的贫困话语。借助博爱学编织的相互义务的网络，新的话语指明了贫困在社会秩序里应当扮演的角色，阐述了控制贫困的必要性。通过分析滋生贫困的反社会地带，这种话语希望创造新的社会知识，以凝练政府行动和"领导意志"（这是弗雷吉耶的说法）[3]的原则。总之，它的道德目标是让人们在主观上把整套的新社会秩序看作一个由道德义务组成的新整体。

工业与道德

博爱学倡导的道德因素首先被用于重构社会知识对象的统一性。它被用于批判这样的观念——财富生产具有独立价值，政治经济学仍然朝气蓬勃。它使"道德与经济的系统结合"[4]成为可能，而这种结合正是社会经济学特有的技术工具和话语工具。博爱学信奉实用主义，它在研究贫困的起源问题时，吸收了政治经济学的分析成果。所以，"博爱学应当研究工资法则"，[5]防止饥荒，解决国计民生的问题并组织工业。它应当推广劳动的社会组织，将之作为战胜贫困的唯一合法手段。它应当向人民传播进

179

1　J.-B.-F. Marbeau, *Politique des intérêts, ou Essai sur les moyens d'améliorer le sort des travailleurs sans nuire aux propriétaires*, Paris, 1834, p.43. Charles Dunoyer, *L'Industrie et la Morale considérées dans leur rapports avec la liberté*, Paris, 1825, p.27:"无论是在政治领域，抑或在化学领域，没有原因，就没有结果。"

2　Jaques Donzelot, *La Police des familles*, p.68.

3　H.-A. Frégier, *Des classes dangereuse de la population dans les grandes villes et des moyens de les rendre meilleures*, Paris, 1840, 2 vol., 1, p.370.

4　Jaques Donzelot, *La Police des familles*, p.68.

5　Tanneguy Duchâtel, *Considérations d' économie politique sur la bienfaisance*, Paris, 1836, p.45.

步法则和人口规律。[1]

总而言之，博爱学研究承担的任务超越了慈善的框架，闯入了政治经济学的领地：由此，一些传统上属于经济学范畴的问题进入了另一种话语的范畴。在社会经济学内部，博爱学与经济学交相辉映。博爱学批判了政治经济学，而经济学也给道德因素提供了分析基础。博爱学与政治经济学的相互熏陶催生了一种新的观念：道德能够而且应当成为**一门科学的研究对象**，应当成为经济学的研究对象。19 世纪上半叶的思想家们认为，经济学与道德之间的有机联系导致一切社会分析都具有政治意涵。

比雷指出，从重农学派到亚当·斯密，经济学始终具有政治性，而且它也希望自己成为一门"行政科学"。在研究支配财富生产的规律时，它也曾经拥有统治人、管理物的雄心壮志，希望实现社会幸福。可是到后来，经济学逐渐缩小了研究范围，只关心生产过程，把自己定义为一门纯粹的财富科学，"放弃了一切政治的抱负，放弃了一切社会改革的抱负"。[2]有鉴于此，西斯蒙第批判政治经济学已经退化成为一门"理财学"（Chrématistique）。社会经济学遵循西斯蒙第开辟的道路，质疑财富科学脱离人口学的正当性。

180

社会经济学重申了西斯蒙第的幸福哲学，并把博爱学的道德因素引入经济学的概念世界。一门真正的经济科学应当研究如何"把财富变成社会幸福的手段"，[3]因为财富必须服务于社会的宗旨即幸福。财富不是目标，而是手段；财富本身无法实现把追求幸福作为目标的社会纲领。古典政治经济学宣称财富的增长即可实现某纲领，但实际上，它只是告诉人们如何

1　J.-B.-F. Marbeau, *Du pauperisme en France et des moyens d'y remédier*, Paris, 1848, p.70-73; Charles Dunoyer, *L'Industrie et la Morale*, chap.IX;Eugen Buret, *De la misère des classes laborieuses en Angleterre et en France*, Paris, 1840, 2 vol., 1, p.113; Tanneguy Duchâtel, *Considé*rations d' économie politique, pp.113-120.

2　Eugène Buret, *De la misère*, 1, p.5.

3　H.A.Frégier, *Des classes dangereuses*, 1, p.5.

增殖资源，却把"教育民族如何获得幸福"[1]的任务留给了社会经济学。

物质的福祉并不足以保障个体幸福和社会幸福。这就推动人们站在实用主义的立场，构建了另一种倾向于建立自身主导地位的话语。社会经济学倾向于把政治经济学看作自己的一个分支，将之与统计学、历史学、法学等量齐观[2]，认为它们都必须服从于一种从此以后无法逃避的社会改革战略。按照社会经济学的解释，人们在谈论资本和劳动时，已经不再相信它们具备能保证自身正常运转的条件，具备维护相应社会秩序的条件。在社会经济学与古典经济思想之间，出现了一种真正的断裂。李嘉图的政治经济学相信，社会秩序直接产生于经济自由的事实；社会秩序是自发的产物，很容易建立，所以人们什么也不用做，什么也不用指导。实际上，这种秩序并不能解决所有问题。倘若人们需要进行改革，那么秩序就只能是人为的产物。

这就要求将自由放任的简单模式重新复杂化。对于保障社会运转的一般框架而言，经济自由固然不可或缺，但它本身却不足以建立稳定的社会。自由和秩序并非源于彼此，它们不再只是解放的产物，而是人们引导社会、学习社会法则的结果，简言之，它们是社会道德化的产物。按照社会经济学的理解，改革既要承认经济组织的重要性，又要认清经济组织无法独自创建稳定社会秩序的事实。所以，应当改变经济学研究的重心。阿道夫·布朗基宣称："政治经济学在意大利是哲学，在西班牙是财政学；唯有在法国，它才具备了组织和社会的特征。"[3]由此可见，社会经济学带来的断裂主要是研究对象的断裂。

181

1　J.-B.-F.Marbeau, *Etudes sur l'économie sociale*, pp.91-92.

2　"所有这些科学的分支都派生于同一个树干，派生于社会经济学；它们追求同一个目标即社会幸福，并为实现这个目标，齐心协力，共同合作。"（J.-B.-F.Marbeau, *Etudes sur l'économie sociale*, p.3.）

3　Adolphe Blanqui, *Histoire de l'économie politique*, 2, p.353；Luigi Cossa, *Histoire des doctrines économiques*, p.375.

一些"亲密联系"重新联结了个体的生理需求与道德需求。[1] 这些联系的本质在于财富增长对个人习惯、风俗和社会行为必然产生的积极影响。财富本身是"博爱的"：它可以完善我们的能力，改善我们的习惯，[2] 所以它也是创造社会幸福的艺术——政治经济学——的重要组成部分。此外，这些亲密联系还在社会组织与经济之间建立了一些密不可分的纽带，并把它们变成了社会经济学的知识对象。"道德事实（或制度）与工业事实（或劳动发展）的关系是社会经济学最重要的研究内容。"[3]

这是一种跨学科的、杂糅的研究对象。在它的深处，社会经济学汇聚的各种要素都留下了自己的痕迹，并展示了它们之间的关系形式。这既要肯定经济组织的重要性，又要求把它与一种社会纲领相连。当然，该社会纲领的实现，同样离不开经济组织的大力支持。换言之，如果说和平"与工业（唯有它，才包含了良好的社会习惯）相得益彰"，[4] 那么"工业需要公共秩序和自由"[5] 的说法也同样不可辩驳。事实上，社会经济学的宗旨与其说是生产满足个体需求的财富，不如说是建立一种能实现社会稳定与经济繁荣的均衡状态。社会经济学的研究对象不是财富，而是"财富与人口福祉的关系"，因为它认为"道德福祉与物质福祉、秩序、富足息息相关"。[6] 社会经济学由于把改变关系，将各种知识融会贯通作为坚定不移的追求目标，所以竭力探究社会秩序的各种有效条件。实际上，对社会

182

1　Joseph Droz, De l' *économie politique, ou Principes de la science des richesses*, Paris, 1846, pp.2-3.

2　Charles Dunoyer, Rapports de la morale avec l' *économie politique.Mémoires de l'Académie des sicences morales et politiques*, vol.X, Paris, 1860, p.9.

3　"De l'enseignement de l'économie politique，"*Revue mensuelle d'économie politique*, 2, 1834, pp.293-302。这篇论文并没有署名。《月刊》（*Revue mensuelle*）受西斯蒙第影响，由泰奥多尔·菲克斯和夏尔·孔德创刊于 1833 年，停刊于 1836 年。

4　Charles Dunoyer, *L'Industrie et la Morale*, p.348.

5　J.-B.-F. Marbeau, *Politique des int*érêts, p.68.

6　"De l'enseignement de l'économie politique，"p.294.

秩序的建立而言，任何条件都缺一不可。

社会经济学兼顾了博爱学的好奇心和政治经济学的分析精神，认为社会秩序的有效条件是一种知识的产物。社会经济学家虽然批评英国的济贫法，但也不得不承认英国在贫困研究上的领先地位。如果说英国似乎特别受困于贫穷问题，那也是因为英国人毫不犹豫地指明了贫困的范围，公开承认贫困的存在；法国则是另一番景象，倾向于忽视贫困问题的存在。[1] 学者应当研究贫困的原因，并将其公之于众，至少要像政治经济学那样揭示财富的生产机制。应当阐明财富的分配与转移，说明财富增减的条件。最后，应当借助经济学的分析方法，利用统计数据、数学论证、趋势分析等手段，揭露现代贫困。

总之，贫困政策需要自身的"图表"。比雷指出，除了"财富图表"外，还应当起草一份"贫困图表"，把它作为经济科学的第二部分内容；"贫困图表"的价值在于"不仅完善了第一部分内容，而且还能对它进行检验、批判和证明"。[2] 从社会秩序的角度分析贫困，必然会导致社会经济学抛弃将均衡观念奉为圭臬的古典政治经济学模式，转而分析西斯蒙第指出的经济不均衡问题。[3] 不过，作为科学研究贫困的描述工具，这份"贫困图表"将在另一种理论语境里得到实现。

183

从医学治安到社会医学

人的生理需求与道德需求的内在联系，不仅改变了政治经济学的分析框架，也把贫困研究引向了医学视角。它们的联系植根于一种激励启蒙

1　Eugène Buret, *De la misère*, 1, p.235："我们不会像某些经济学家那样宣称济贫法制造了贫困。但我们要说，济贫法暴露了贫困，[……]整个国家的贫困几乎都出现在官方的贫困统计表里。"

2　Eugène Buret, *De la misère*, 1, p.13.

3　Schumpeter, *Histoire de l'analyse économique*, 2, pp.161-165.

运动的虔诚信条——在生理与道德的关系上，生理居于首要地位。这就是卡巴尼斯所说的生理"优先"原则。生理对道德发展的影响举足轻重，所以道德学家的研究与医生的研究拥有了相同的基础："生理人（l'homme physique）的研究"。[1]

只有承认道德的生理基础，才能从形而上学之外获得道德，才能把道德作为实证科学的研究对象。[2] 启蒙运动对神秘主义的批判建立在"事实世界与科学世界重合"的观念上，它贬斥对神秘原因的探究，宣扬实验方法。[3] 科学认知本身也发生了深刻变化。从此以后，它应当致力于改善人类的现实处境，使人类科学具备一种与自然科学相似的规范维度。

生理研究"既要关注理性哲学的真正原则，也要重视道德法则"。[4] 所谓道德，就是很少受理性影响的全部习惯；理性固然可以依靠"英明的智慧"统治人，但却无法让他们拥有德性。而且，为了使"理性的习惯"[5] 能够抑制激情的影响，仅仅诉诸个体利益的机制，还远远不够。对赫希曼所言的"**合成谬误**"（fallacy of composition）[6] 的担忧，对个体利益与普遍利益之间冲突的担忧，要求道德的蒙昧王国接受科学的调节。因此，成为有道德的人，变成了开明的社会理性（它以研究人的生理本质为基础）的追求目标。[7]

184

一种科学需求把道德因素置于令许多人痴迷的"社会生理学"的核心。

1　P.-J.-G.Cabanis, *Rapports du physique et du moral*, 1, p.109.

2　*Ibid.*, 1, p.115："道德科学的原则存在于自然领域。[……] 它们的诞生同样离不开严谨研究和事实比较；它们根据相同的推理方法而获得拓展和完善。"

3　Henry Gouhier, *La Jeunesse d'Auguste Comte*, 2, p.9.

4　P.-J.-G.Cabanis, *Rapport fait au Conseil des Cinq-Cents sur l'organisation des écoles de médecine*, 29 brumaire an VII, Paris, 1823-25, 1, p.366.

5　P.-J.-G.Cabanis, *Rapports du physique et du moral*, 1, pp.161-162.

6　Albert Hirschman, *Passions et Intérêts*, p.119.（赫希曼：《欲望与利益：资本主义胜利之前的政治争论》，冯克利译，浙江大学出版社，2015年版，第107页。）

7　P.-J.-G.Cabanis, *Rapports du physique et du moral*, 1, p.1-62："共和国政府 [……] 要求公民们拥有更多的常识，要求其激情不断地让位于公共利益。"

有鉴于此，人们吸收了**医学治安**（police médicale）的传统。我们已经说过，医学治安的传统源于德国的"治安科学"，而"治安科学"的核心观念是要求建立一个为人民谋求幸福的保障国家（un État protecteur）。在从莱布尼茨到沃尔夫的德国传统里，"所有人的幸福"的观念与"对人民进行良好照料"的观念休戚相关。这在伦理上证明了君主为增强国力而采取管制措施的正当性。[1]对增强国力而言，人口的增长至关重要，所以健康、疾病和死亡都会威胁国家安全，它们也因此受到公共行动的高度关注。冯·尤斯蒂（Von Justi）和索南费尔斯（Sonnenfels）在其具有里程碑意义的著作里强调，为了增加人口、延长寿命，必须采取管制行动。在18世纪下半叶的德国政治思想里，治安科学对健康问题的关注催生了"医学治安"的概念，后者给予医生很高地位。医生不仅肩负照料病人、诊治疾病的责任，还应指导整个民族的健康。

在法国的卫生学遗产里，由于科学诉求（启蒙运动奠定了它的趣味与原则）的影响，这种"治安"传统更注重增加国家力量，而不是维护人民的生理安康。更重要的是，从此以后，代议制政府的命运取决于公共舆论，所以科学研究也应当履行一种政治职能，即要给国家提供理解和驾驭舆论的手段。[2]但是，"治安"的管制并非万能。"共和政府借助风俗，启蒙舆论，既可以创造法律和治安所不能，又不会威胁自己捍卫的自由。"[3]

一方面，从卡巴尼斯到特雷拉（Trélat）的法国"医学治安"观念逐渐抛弃了德国的内涵，矢志于捍卫医学职业，抵制"五花八门的经验主义"，

1　Georges Rosen, "Cameralism and the concept of medical police, "*From Medical Police to Social Medecine*, New York, Science History Publications, 1974, p.131.

2　根据社会经济学家的理解，现代性的典型特征是人们希望将对物的管理建立在知识之上，把知识变成"法律和权力的不可或缺的助手"。（Jaques Matter, *De l'influence des mœurs sur les lois et de l'influence des lois sur les mœurs*, Paris, 1823, p.330.）

3　F.-S.Ratier, "Police medicale. Des mesures propres à arrêter la propagation de la maladie vénérienne, "*Annales d'hygiène publique*, XVI, 1836, pp.262-292.

反对江湖郎中和接生婆的无耻竞争。[1]唯有在打击卖淫和预防梅毒等问题上，人们才发现了一种类似于治安的卫生监督模式。[2]另一方面，信奉生理先于道德的管制观念首先表现为一种**疾病的社会解释论**。在大革命以前，疾病的社会解释论已经萌芽，德·蒙蒂永（F.de Montyon）在 1778 年出版的《人口研究》是一个典型的例子。随后，在革命委员会的影响下，疾病的社会解释论最终变成了广泛流行的认识。尤其是，由于流行病对贫困研究产生了重大影响，强化了在死亡面前社会不平等的信念，它变得更加深入人心。

在社会苦难的研究里，疾病与贫困的关系是中心议题。拉罗什富科·利昂库尔在其《工作草案》中指出，政府应当持续关注它。由此，人们在讨论救助时，可以捆绑思考贫困问题和疾病问题；与政治动乱一样，贫困和疾病也产生于相同的社会根源；同理，反对贫困、预防疾病和消除政治动乱也隶属于相同的斗争。这些问题史无前例地创造了一个"救助的制度空间"，[3]而 1791 年公共救助委员会是它的首创者。不过，诉诸国家，要求国家承担分配社会资源的责任，行使民族委托的救助义务，并没有削弱救助应当"自然地"立足地方的信念。当然，在财产国有化的问题上，革命者从制宪议会的集权制走向了立法议会这一更灵活的立场。在此，我们应当特别指出，由于融合了医学治安的传统和疾病的社会解释论，法国的卫生政策走向了一条独特的发展道路。法国的卫生政策兼顾了中央集权和地方分权（décentralization）：地方分权能够区分救助问题与镇压问题，并

186

1　P.-J.-G.Cabanis, *Rapports du physique et du moral*, 1, p.162.

2　P.-J.-G.Cabanis, "Projet de résolution fait au Conseil des Cinq-Cents sur un mode provisoire de police médicale, "4 messidor an VI;J.-F.Baraillon, "Rapport au Conseil des Cinq-Cents sur la partie de police qui tient à la médecine," 8 germinal an VI；Ulysse Trélat, *De la constitution du corps des médecins et de l'enseignement médical*, Paris, 1828.

3　Michel Foucault, *Naissance de la Clinique*, p.19.

使救助问题告别治安逻辑，走向医学化。[1]

人们普遍相信贫困与疾病存在因果关系，所以希望医生们在救助组织的问题上扮演重要角色，因而推动了医学职业的发展。在启蒙运动时期，医生依靠自身掌握的生理知识，要求获得某种政治委托的愿望已经初露端倪。[2] 卡巴尼斯推崇的医生—行政官形象由此孕育而生。人们应当将生命托付给医生，因为他知道"强者和富人的生命并不比弱者和穷人的生命更高贵"；医生也由此变成了"道德和公众健康的监督者"。[3] 尽管这个总体性的政治方案遭到了革命进程的破坏，尽管大革命把领导地位授予其他团体而非医生群体，但是，用理性驾驭社会或然性的意愿还是催生了一种从医学汲取灵感的改良主义实践。[4]

在法国卫生学的实践里，医学眼光逐渐摆脱了治安框架的束缚。相应地，负责解决乞讨问题的机构不再依附于监狱，而是归属于公共救助部门；公共卫生的管理权不再属于警察局长，而是授权给了一个医学咨询机构，即创建于 1802 年的塞纳省卫生委员会。[5] 在经济学的推动下，人们对贫困的看法日趋世俗化。如今，世俗化的贫困观念把医学化当作一个重要的工具。与此同时，把公共卫生纳入考量，也会导致医学分析走向社会医学（médecine sociale）。

1　*Ibid.*, p.40 sq. 莱昂·贝凯证实说，外省的劳动所和拘役所不再依附于监狱，而隶属于公共救助部门。（Léon Bequet, *Régime et Législation de l'Assistance publique en France*, Paris, 1885, p.187.）

2　Robert Castel, *L'Ordre psychiatrique*, p.141.

3　P.-J.-G.Cabanis, *Du dégre de certitude de la médecine* (1798), Paris, 1803, p.146.

4　于利斯·特雷拉宣称："医学研究应当主导风俗和立法的完善。"（*Ulysse Trélat, De la constitution du corps des médecins*, p.64.）

5　Ann Fowler La Berger, "The Paris health Council, 1802-1848, "*Bulletin of the History of Medecine*, 49, 1975, pp.339-352.William Coleman, *Death is a Social Disease:Public Health and Political Economy in Early Industrial France*, Madison, University of Wisconsin Press, 1982, pp.14-24. 亦可参见 Ferdinand Dreyfus, "Note sur le Comité de salubrité, "*Revue philanthropizonque*, 1904.

福柯在《临床医学的诞生》里指出，临床医学在人文科学发展中扮演的角色是让人面对自己的有限性，甚至面对最极端的死亡。古典知识否认了人的无限性；但对人类生活而言，人的有限性既有积极的意义，也是重要的束缚。唯有直面自身的有限性，人才能构成科学研究的对象。而且，人之有限性的意识也会使他专注于让自身命运得以延展的世俗世界。同时，人的有限性也不可避免地决定了社会的有限性：一个社会不得不与其他社会共存，不得不面对自己的生与死，简言之，它需要挣扎着生存。是故，伴随着临床医学的发展，早期社会医学承担着照顾社会健康的重任。[1]

医学行动的领域也出现了天翻地覆的变化，原因在于公共健康概念出现了类似的变化。公共卫生虽然肇始于预防流行病的特殊措施，但它逐渐囊括了为维护人口的生理健康而采取的一整套持续的、日常的政策。生理健康取决于社会经济状况，而非取决于医学条件。所以，通过改变社会经济状况来预防疾病的意愿逐渐取代了从医学治安汲取灵感的管制行动。社会改革，毋宁说，"民众物质条件的改善"，变成了治疗方案的重要内容。

无疑，人们并没有如普鲁内尔（Pruelle）的"政治医学"纲领[2]所梦想的那样，最终融合了医学目标与政治目标。但不可辩驳的是，政治与医学结盟的观念给早期的社会医学打下了深刻的烙印，并使法国的卫生学遥遥领先于德国。在法国人的直接影响下，经过漫长的行政改革以后，魏尔肖

---

1 罗伯特·卡斯特尔精辟地阐明了精神病学相对于临床医学发展的独特性；在他看来，医学就是"借助某些混乱而含糊的症状"（Michel Foucault, *Naissance de la Clinique*, p.87 sq.），致力于理解隐藏背后的疾病。（Robert Castel, *L'Ordre psychiatrique*, p.141.）

2 C.V.Prunelle, De la médecine politique en *générale et de son objet, de la médecine légale en particulier*, Paris, 1812, p.2: 政治医学的目标是"社会的存续、国家的安宁以及每个社会成员的自由、财富、生命与荣誉。法律的宗旨也不可能存在于别处；法律和医学为实现这些目标而结成的联盟毫无争议地变成了我们职业最好的特权之一"。

（Virchow）等人帮助德国卫生学突破了医学治安的阶段。[1]

　　米歇尔·佩罗精辟地指出，法国卫生学家之所以取得成功，主要是因为他们很好地充当了"科学方法与社会现实的媒介"[2]。团结在卫生学运动周围的医生们通常不从事狭义的医学活动。然而，通过参加卫生委员会，通过与学院、学会建立联系，他们对行政和研究产生了重大影响。威廉·科尔曼（William Coleman）在论述维莱梅的专著里指出，他们构成了一个"卫生学派别"。[3] 该派别拥有自己的专刊，即创建于 1829 年的《公共卫生学与法医学年鉴》。

　　罗伯特·卡斯特尔梳理了医学—法医学诊治疯癫的成果，并考察了它对政治和科学的影响。[4] 在处理贫困问题时，人们也做过类似的努力。这就解释了《公共卫生学与法医学年鉴》对救助政策施加的影响。在该杂志确立的科学—政治纲领里，疯癫和贫困是医学在社会当中最主要的实施场所。[5]

　　《公共卫生学与法医学年鉴》的纲领是将医学变成一门社会科学，并为之奠定方法论的、经验的基础。首先，这是因为卫生学建立在一种有机的社会机体论上。实际上，有机的社会机体论支配着许多社会科学的诞生。

188

1　George Rosen, "What is social medecine? A genetic analysis of the concept, "*Bulletin of the History of Medecine*, 21, 1974, pp.674-733;Reinhart Koselleck, *Preussen Zwichen Reform und Revolution*（*1791-1848*）, Stuttgart, Klette-Cotta, 1981.

2　Michelle Perrot, *Enquête sur la condition ouvrière en Frane au XIXe siècle*, Pariss, Microéditions Hachette, 1972, p.27 sq.

3　在《公共卫生学年鉴》的 12 个编辑中，有 7 人入选卫生委员会。（Robert Castel, *L'Ordre psychiatrique*, p.142;William Coleman, *Death is a Social Disease*, pp.14-24.）

4　Robert Castel, "Les médecins et les juges, " in *Moi, Pierre Rivière, ayant égorgé ma mère, ma sœur et mon frère...*, presenté par Michel Foucault, Paris, Gallimard, 1973, 2 vol., 1, p.450.

5　Bernard Lécuyer, "Médecins et observateurs sociaux:les Annales d'hygiène publique et de médecine légale（1820-1850）," in *Pour une histoire de la statistique*, Paris, INSEE, 1977, 2 vol., 1, p.450.

根据该理论，社会是一个有机整体，它像人类肌体一样，也会感染疾病。社会感染疾病的事实表明，它的整体功能出现了紊乱。它也从同样的角度理解贫困。社会病理学研究构成了社会生理学分析的重要组成部分。所以，公共卫生学转向社会疾病的研究，试图用规范的积极性诊治病态的消极性。但从医学的角度来看，这种积极性与消极性并不矛盾，因为它们是同一个命运彼此交汇的两个侧面。在本质上，病态与规范并无区别；病态是规范认知不可或缺的重要来源。所以，公共卫生学变成了社会病理学的"规范化"实践，而贫困是它的一种典型病症。

其次，卫生学推动医学变成一门社会科学，也是因为它试图科学地认知贫困的环境及其存在形式，并积极地介入具体问题的研究。它倾向于支持"环境论"，认为环境是主导因素，因而把地形作为分析的基础。然而，在巴斯德革命推动临床医学不遗余力地寻找微生物以后，"环境论"似乎显得有些荒谬。但是，贝尔纳·勒屈耶（Bernard Lécuyer）不无道理地指出，它"在错误理论的基础上，却催生了正确的卫生学政策"。[1]

实际上，生理先于道德的信念导致人们把空间作为卫生学分析的重心。它相信，在个体生活的空间里，有些条件会带来道德的改良或堕落，或者滋生许多威胁社会秩序的危险。所以，让卫生学家们牵肠挂肚的空间不是一个真空的场域；相反，它拥有错综复杂的社会关系，存在层出不穷的矛盾，它是典型的传染媒介。维莱梅说过一句名言："人群越密集，社会犯罪就越多。"[2] 这句话堪称法国卫生学运动的座右铭。换言之，"商业使民情变得温和"的陈词滥调或许是正确的说法，但现代经济的频繁贸易似乎没有真正缓和人际关系也是不争的事实。与当时临床医学界里传染论与

---

[1] Bernard Lécuyer, "Médecins et observateurs sociaux:les Annales d'hygiène publique et de médecine légale（1820-1850）," p.450.

[2] Louis-René Villermé, "Sur l'hygiène morale," *Annales d'hygiène publique et de médecine légale*, IV, 1830, p.34.

反传染论之间的激烈争论[1]相比，卫生学对社会空间的分析相当落伍。但不管怎样，它还是将人的目光引向了贫困。在这种意义上，流行病的经验变得特别重要。它表明，一种沉疴顽疾充斥着社会空间，并不断蔓延。

　　福柯指出，研究流行病，乃是为了辨别"各种流行病独特的变化过程；无论是从病因的角度来看，抑或从疾病的形态学而言，它们编织了一幕让所有病人都置身其中的情景剧"[2]。卫生学家们就是要着力考察这种共同的情景剧。在某种意义上，1832 年霍乱危机变成了卫生学研究的一个象征。在 1832 年霍乱危机暴发后不久，维莱梅指出了它在各地同时暴发，同时感染许多人的事实。[3] 所以，问题的关键不在于减弱疾病的传染性，[4] 而是要专注于分析流行病的独特传播模式。毫无疑问，文明的发展会减少传染病的暴发。是故，维莱梅认为，它们的病源更多是社会性的，而非临床性的。

190

　　肮脏、饥荒、季节、空气质量、气温等环境因素都会影响流行病的传播。因此，人们首先应当干预流行病得以传播的社会空间。而且，这种干预也是可能的。譬如，意大利托斯坎纳政府通过改变气候，消灭了**瘴气**（aria cattiva）引发的流行病。[5] 由此可见，人们应当采取措施，干预容易滋长流行病的贫困。[6] 相反，狭义的临床措施并没有什么实际的效果。维莱梅还

1　E.H. Ackerknecht, "Anticongagionism between 1821 and 1867," *Bulletin of the History of Medicine*, 22, 1948, pp.562-592.

2　Michel Foucault, *Naissance de la Clinique*, p.23.

3　Louis-René Villermé, "Des épidémies sous les rapports de l'hygiène publique, de la stastique médicale et l'économie politique," *Annales d'hygiène publique et de médecine légale*, IV, 1833，pp.5-58.

4　传染性经常被列入流行病的原因。（Michel Foucault, *Naissance de la Clinique*, pp.24-25.）天花被认为"在本质上具有传染性"。（Louis-René Villermé, "Des épidémies sous les rapports de l'hygiène publique," p.8.）；E.H.Ackernecht, "Hygiene en France, "*Bulletin of the History of Medecine*, XXII, 1948, pp.117-155.

5　Louis-René Villermé, "Des épidémies sous les rapports de l'hygiène publique," p.9.

6　*Ibid.*, p.7: "穷人与赤贫者几乎是霍乱的主要受害者。" Louis-René Villermé, "Note sur les ravages du choléra-morbus dans maisons garnies de Paris, depuis le 29 mars jusqu'au 1er août 1832," *Annales d'hygiène publique et de médecine légale*, XI, 1834, p.385.

效仿萨伊，批评人们高估了疫苗的价值。[1]人类的消费决定生产，正如死亡的比例制约着出生的比例。所以，注射疫苗只能延长人的平均寿命，对人口产生间接的影响。[2]

　　从它与人口的关系来看，流行病揭示了一个重要的事实：无论在道德层面，抑或在医学层面，社会空间并不是中立的，因为在此，人们能够创造有利于维护秩序的条件。流行病既有限又夸张地说明：人们已经成功把道德因素嵌入了社会生理学。道德因素曾经被博爱学引入贫困研究，构成了经济学的重要领域；如今，根据卫生学的综合发展，它从研究手段变成了研究对象。"传播健康知识，不仅能够提高病人的治愈率，还可以极大地推进人类的道德科学。"[3]在当时，贫困研究正面临重要转型，需要抓住机遇，推动整个社会的道德化，防止它的"道德堕落"。所以，从医学治安概念演变而来的公共卫生学应当为贫困研究的这种转型铺平道路。

191

　　1　Louis-René Villermé, "Lettre à Quetelet du 25 avril 1829," cité par E.H.Ackerknecht, "Villermé et Quetelt," *Bulletin of the History of Medecine*, XXVI, 1952, p.319.

　　2　路易－勒内·维莱姆强调，儿童在没有转化成为生产力之前便已夭折，是一种巨大的经济损失。（"Mémoire sur la distribution de la population française par sexe et par état civil, et sur la necessité de perfectionner nos tableaux de population et de moralité," *Annales d'hygiène publique et de médecine légale*, XVII, 1837, pp.245-280.）

　　3　Ulysse Trélat, *De la constitution du corps des médecins*, p.37.

第六章　贫困的解释

社会经济学把博爱学的道德义务嫁接到政治经济学的科学诉求之上，并运用卫生学的社会空间区隔理论加以解释。社会经济学由此重构了道德主题，使之超越了慈善世界，以应对工业经济催生的诸种问题。它的道德不再从基督教宣扬的怜悯汲取灵感，而是深受医学和经济学的双重影响。社会经济学研究妄图界定社会伦理的客观法则和生理障碍，没有什么比它更加偏离道德主义（le moralisme）的路径。由于横跨博爱学、政治经济学和卫生学等学科，社会经济学能够在古典经济学模式陷入第一次重大危机后，为社会贫困提供一种新的解读。而且，它本身也很快变成了一种新的正统。

1.贫困图表

若要解释贫困，必须拥有一种便于认知和研究的工具，必须拥有欧仁·比雷向政治经济学建议，并且能够与"财富图表"相提并论的"贫困图表"。社会经济承担了绘制"贫困图表"的重任。然而，为了绘制它，人们应当到滋生贫困的地方寻找素材，以填补政治经济学的空白。热朗多追问："到哪里寻找如实描绘贫困苦难的图表的书籍呢？官方统计吗？这 201

种艰苦卓绝的研究之于济贫事业的价值，犹如病理学之于医学的价值。"[1] 这不仅仅是一种简单的类比，因为"贫困图表"在属于经济范畴之前，首先隶属于医学领域。

医学的论断占据上风，首先是因为它与当时的社会科学紧密相连。正如前文所指出的，它也信奉有机的社会机体论，推崇可以获取实证知识的实验方法。对事实的崇拜也拉近了卫生学与统计学的距离。自19世纪30年代起，在盖里（Guerry）和凯特勒（Quételet）的努力下，在此前隶属于人口学的统计学迎来了其"道德转向"。[2] 同样，社会医学要求统计学不再局限于清点人口，还应该为分析职业和社会条件提供一个整体的框架。

另一方面，医学论断的力量还源于另一个重要事实：由于卫生学的推动，在医学对现代社会的有效条件的定义里，科学主义的愿景和道德主义的诉求建立了直接联系。卫生学家们认为，道德问题既与罪恶无关，也与违法无涉。在道德问题上，人们首先应当研究影响"文明状态"的环境，因为"人民的所有道德都来源于它的习惯和环境"。[3] 关于这些习惯和环境的知识因为有助于"引导公民履行社会义务"，所以也具备了鲜明的道德色彩。[4]

归根结底，道德被分解成为一个可以被科学认知的事实集合。按照此种分析框架，贫困似乎变成了一种阻碍文明发展的病态形式。所以，必须消灭滋长贫困的环境，起草"贫困图表"，并阐明贫困的规律。另一方面，贫困本身又是环境恶劣的象征。人们由此陷入了一种循环论证。譬如，"穷

1　J.-B.de Gérando, *De la bienfaisance publique*, Bruxelles, 1839, 2 vol., 1, p.3.

2　米歇尔·佩罗引用了凯特勒写给维莱梅的一封信。在这封信里，凯特勒讨论"是否有可能对改变社会要素的各个原因进行评估"。（"Première mesures des faits sociax, "in *Pour une histoire de la stastistique*, p.132.）

3　Louis-René Villermé, "Sur l'hygiène morale," p.47.

4　Louis-René Villermé, "Sur l'hygiène morale," p.25.

人与富人之间存在医学鸿沟"[1]无疑是一种病态的环境。在解释这种现象时，人们会说贫困既是它的原因，也是它的结果。

卫生学通过分析流行病，看见了狭义的临床医学无法洞察的事物，看见了流行病的社会选择性，看见了死亡的不平等。于是，分析贫困就如同展开一场防疫调查，因为它能够帮助预防贫困滋长的流行病。但是，贫困分析得出的结论却是在重复穷人因为道德堕落才陷入贫困的陈词滥调。维莱梅在描述巴黎出租屋的"第四个等级"，即霍乱危机的主要受害者时，曾经作过这样的评价："无业游民（gens sans aveu）、流民、妓女、小偷长期生活堕落，除了依靠厚颜无耻而来的临时所得，并没有其他生活资料。[2]"

在谈论受害者时，他们使用了多么奇怪的语言啊！穷人是贫困的受害者，但却被认定是贫困的责任人和罪魁祸首。因此，道德堕落具备了流行病的特征，在某种意义上构成了传播疾病的天然媒介。穷人的道德堕落证明了流行病存在的合理性，也消解了流行病的不正义性。但是，流行病本身却依然没有得到解释。这种循环论证似乎在重弹个体的罪恶导致贫困的老调。卫生学尽管用环境论解释疾病的成因，但并没有完全抛弃这套陈词滥调。

由此可见，医学语言在很大程度上影响了早期"贫困图表"的基本取向。它信奉有机的社会机体论，倡导统计学，解释"死亡的法则"，关注疾病暴发的同时性，亲自考察仅凭书本无法理解的环境。[3]此外，考察环境的方法也主要来自医学：参观、访问、调查问卷、观察以及根据病理学

1　William Coleman, *Death is a Social Disease*, p.304.

2　Louis-René Villermé, "Note sur les ravages du cholera-morbus," p.385.

3　"为了准确地认识人口的数量，不仅要借助死亡和出生的比例，而且要借助于人们能够获得的生者平均年龄、预期生命和平均寿命。对各个政府而言，此举与它们最为关心的事情同样重要。"参见：Louis-René Villermé, "Sur la distribution de la population française," p.275.

203 对症状的演变史进行重构。诸如此类的方法要求人们走出书斋，走向现场。随着研究的推进，收集的信息逐渐填补了"贫困图表"的空白，而道德判断也在不知不觉地变成了对病态环境的一种"实证"描绘。

事实上，对贫困的根源与条件进行描绘的早期图表可谓是一个大拼盘：经过博爱学的穿针引线，科学文化、经济文化、医学文化相互交织。它们的融合围绕着危机概念展开，而危机又是政治经济学和医学的常用概念。对此，卡巴尼斯的影响很大。[1] 在分析贫困时，必须直面危机的经验，尤其是 1835—1836 年和 1847—1848 年的经济危机。经济危机带来巨大危害，是制造现代贫困的元凶，它们还会引发社会危机和流行病危机。除了带来显性危机外，它们似乎还预示着社会将迎来一场普遍危机，而贫困不过是它的象征，至少是它的潜在象征。实际上，所有的贫困研究都在显性危机与隐性危机的两个极端之间摇摆。

从医学的角度来看，危机还具有一种启示价值：因为危机隐藏了病人的真相，隐藏了病症的奥秘，所以认清它就变得异常重要。人们应当不遗余力地辨别危机，否则在它爆发后，一切努力皆是枉然。贫困代表的社会空间与限定规范的社会道德相距甚远，有鉴于此，人们认为贫困是未来道德危机的渊薮。考察、研究和认识迄今为止仍然不可捉摸的贫困世界，将给受贫困威胁的道德，给可能被贫困消灭的各种行为，提供宝贵的教训。所以，一波又一波的人投身贫困研究，他们运用卫生学的原则，试图"征服"贫困的空间。他们进入贫困滋长、道德堕落的肮脏场所，窥探贫困的秘密，关注贫困催生的卑鄙生活。他们对贫困作出了引人入胜而又令人心

204 碎的描绘。作为医者，他们竭力克制自己对这种未知的、神秘的和"荒谬"的疾病的厌恶，专注于勾勒它的病理与症状，研究它的再生产机制，试验

---

1 P.J.-G.Cabanis, *Rapport du physique et du morale*, 1, p.131.

诊治方案，并评估其效果。

社会经济学催生了第一批关于穷人状况的调查，为人们认知贫困及其习惯提供了第一手素材。[1] 这些调查特别关注工人阶级状况，按照生产部门和工业地区，分门别类地研究早期工业化城市涌现的各种冲突。而且，它们还关注贫困的其他场景：监狱、卖淫、医院、救助制度、教育、城市与行业卫生。这些研究对象也充分说明了贫困问题的复杂性。

绝大多数的调查由私人主导，公共权力在 19 世纪上半叶发起的调查中屈指可数。[2] 道德与政治科学院扮演的角色举足轻重，它要么直接邀请学者进行调查，要么举办有奖征文竞赛。[3] 此外，地方科学院、科学团体，以及不计其数的工业协会和促进会的作用也不容小觑。无论何种情况，这些调查并不满足于收集材料，还起草议案，提出解决方案。诚如米歇尔·佩罗所言，所有调查都具备一种规范的维度。从一开始，人们在开展调查时，就以实践为导向，希望借此推动一些法案的讨论，或者为某类特定的社会问题构建管理机制。[4] 它们的目标是客观地研究一个错综复杂、定义糟糕且难于分析的问题。

由于这些调查，一种新的学者形象，即社会研究专家的形象呼之欲出。

---

1 Michelle, *Enquêtes sur la condition ouvrière*. 米歇尔·佩罗的研究提供了各种调查的分析目录和参考文献。亦可参见 H.Rigaudiat-Weiss, *Les Enquêtes ouvrieuses entre 1830 et 1848*, Paris, 1936;Louis Chevalier, *Classes laborieuses et Classes dangereuses*, chap.5.

2 米歇尔·佩罗指出法国公共机构在社会调查问题上表现迟缓，但同时也认为在当时发起的各种调查中，私人与公共的分野并不明显。不过，在 1891 年创建劳工办公室以前，公共机构直接发起的调查寥寥无几；而且，多数是统计调查，如商会组织的大规模工业统计以及盖里（A.-M.Guerry）在 1833 年发表的《论法国的道德统计学》（*l'Essai sur la statistique morale en France*）。皮埃尔·罗桑瓦隆的《法兰西国家》提供了重要的参考文献（Pierre Rosanvallon, *l'Etat en France*, pp.303-361.）。

3 Georges Picot, *Concours de l'Académie*, op.cit. 对有奖征文的主题进行分析，有助于理解学者和行政官们关注问题的变化。

4 譬如，路易-勒内·维莱梅对童工问题的调查，就对 1841 年法律产生了直接影响。（Louis-René Villermé, *L'Enquêtes sur le travail et la condition des enfants et des adolescents dans les mines de la Grand-Bretagne*, Batignolles, 1843.）

他们构成了一个相对同质化的群体，他们互相引证，交流各自的调查结果。

他们无处不在，活跃在行政机构、卫生委员会和健康学会等机构里。他们利用职权，可以查阅别人难以企及的档案，因而极大地推进了专业研究。

调查活动与日俱增，它们到处传播博爱学的好奇心。在它们的影响下，一个历尽艰辛、颠沛流离却又默默无闻的群体的声音开始传入城市的科学团体。它们在为不可或缺的社会知识图表一点一滴地填补空白，它们构建了尚处在萌芽状态的直接观察方法，它们收集材料，为社会科学美好的未来添砖加瓦。不久，尤其是在弗里德里希·勒普莱的系统研究以后，这些时断时续且根据直觉展开的调查为一门新的实证科学提供了素材。[1]

这些调查有助于人们认识任何书籍都没有描绘过的贫困场所。为了勾勒人们尚未明确界定的贫困现象的真实特征，它们考察滋生贫困的空间。从根本上说，卫生学在处理贫困问题时，遵循了处理流行病的模式。如果贫困具有传染性，那么应当通过控制其传播的社会空间，消除它的影响。如果贫困主要源于某些反社会的行为，那么在其行为人彻底戒掉它们之前，限制其危害的传播，至少是有可能的。

我们由此便能理解在卫生学著作中的一个屡见不鲜的奇特悖论：调查层出不穷，分析精彩纷呈，但它们的"诊治方案"却几乎如出一辙，同样的苍白无力。因为它们的方案并不谋求消灭贫困的根源，而只是局限于控制它们的扩散，限制它们的影响。为了实现此种目标，必须剥离贫困中最

1　关于勒普莱以及社会科学中的观察方法，可参见 Paul Lazarsfeld, Philosophie des sciences sociales, Paris, Gallimard, 1979, pp.128-162. 这些受社会经济学影响的调查经常遭到批评。人们尤其站在工人运动史的角度，批评它们缺乏科学客观性。历史的吊诡恰恰在于，它们的作者在其研究中不遗余力地要展现科学客观性。威廉·休厄尔在其重要研究（*Work and Revolution in France.The Language of Labor from the Old Regime to 1848*, Cambridge, Cambridge University Press, 1980;trad.fr.:*Gens de métier et Révolutions*, Paris, Aubier, 1983, pp.312-313.）中，批评维莱梅是一位"资产阶级道德学家"，认为他没有看到"工人阶级拥有另一种替代的道德"。但我认为，维莱梅和社会经济学家们不仅清楚地认识到此种替代道德的存在，而且他们希望推动一场真正的社会改革，从而改变它。

肮脏的部分，使它们与贫困的"规范性"分离。可见，在认为经济学无法单枪匹马地创造社会和平的现代意识里，"流行病"模式已经深刻地影响了人们处理贫困问题的方式。

2.贫穷和贫窭

这种对贫困人口的科学关注尽管给社会改革提供了素材，但它的当务之急还是应当在贫困的大杂烩里区分它的"自然性"与反常性。换言之，应当区分**贫穷**（pauvereté）与**贫窭**(paupérisme)。

作为财富的对立面，贫穷在社会秩序里是一种自然的存在。只要有人希望变成富人，就必然会存在穷人。只要有人希望创建扩大生产的经济制度，宣扬它的优点，他就必须拥有一支其需求无法得到满足的劳动储备大军。只要希望工业经济学百般吹嘘的劳动分工原则得到贯彻，就必须存在贫穷。"财富和贫穷"是孪生物：它们的分析力量是如此的强大，以至于不仅奠定了经济学的论证逻辑，也形塑了 19 世纪上半叶的社会秩序观念。

贫穷至少在两个层面上是自然的。一方面，它不会引起非议，应当与财富一样，在社会经济秩序中占有一席之地。另一方面，它源于个体的自然不平等，是工业社会里的一个既成事实，它举足轻重，不可辩驳，不因人们的分析而存废。[1] 如果说社会的不平等只是忠实地呈现了自然的不平等，那么社会组织便不能反对它。反对它无济于事，相反，不尊重它却会带来危险。因为"一些弊病源于事物的自然，不能归咎于政府；在政治秩序之前，还存在世界秩序；在分裂性的原因之前，还存在自然的原因"。[2]

毋庸讳言，自然原因催生的不平等会对代议制社会赖以为基础的法律

---

1 J.-B.-F.Marbeau, *Politique des inérêts*, p.146.

2 Tanneguy Duchâtel, *Considérations sur d'économie politique*, p.150.

207 平等不断提出挑战。面对此种矛盾，贫困的自然特征会原谅没有制造不平等，反而竭力限制其后果的政治制度："人们徒劳无功地颁布法令，禁止国家出现穷人。"[1] 权利和法律不是万能灵药；社会经济学接受了挑战，提出了自己的改革理念。[2]

政治经济学不仅从"自然"的角度证明了贫穷的正当性，还不满足于宣告贫穷无法被消灭的立场。甚至，它还强调，随着文明的发展，贫穷也会势不可挡地增长。"工业制度的后果是消灭分裂性的不平等，并更好地催生自然的不平等。[……] 无需假借暴力，自然的不平等本身即会催生一些其他的不平等；它们根据每个人享有自由的程度，创造相应的差别。"[3] 托克维尔在《论贫窭》里坦言，在文明国家里，一些人财富的增长必然伴随着另一些人贫穷的加剧，因为财富的增加将不可避免地带来需求的增加，从而使不平等变得更加突出。[4]

归根结底，贫穷属于事物的自然范畴。所以，法律平等绝不能反对它。政治尽管是无可争议的平等王国，但它的作用也只能是避免工业发展加剧自然的不平等。因此，问题的重心出现了转移，人们不再纠缠于社会的不平等，而只关心它的程度差别。是故，区分正常范畴的贫穷与病态范畴的贫穷，就变得相当迫切。换言之，人们应当"重新限定生理的贫困，划定它的正常范围。[……] 只要人们做到了这一点，就有可能战胜贫窭。从此

1　J.-B.de Gérando, *De la bienfaisance publique*, 2，p.513. "富人和穷人始终会存在。然而，在一个治理得井井有条的国家里，贫穷（pauvreté）不会退化为贫困（misère）。[……] 无论是对穷人，抑或对富人，莫不如此。"（J.-B.-F.Marbeau, *Du paupérisme*, p.20.）

2　在德国，类似思考催生的行政改革抵制宪法学的政治霸权。（Reinhart Koselleck, *Preussen zwischen Reform und Revolution.*）

3　Charles Dunoyer, *L'Industrie et la Morale*, p.372.

4　"在文明的民族当中，缺乏许多事物即意味着贫穷；但在野蛮状态下，贫穷只是因为没饭吃。"（Tocqueville, *Mémoire sur le paurérisme*, Paris, 1835.）

以后，只存在一些穷人，毋宁说，只存在一定数量的偶发性贫困"[1]。

　　根据社会经济学的理解，贫穷不是罪恶，只是偶发事件，所以它不是问题的症结所在。贫穷植根于自然，只是意味着有些人拥有更少，另一些人占有更多。拥有更少，并不是错误，因为这是无辜的穷人、"好穷人"或"正派穷人"（pauvre honteux）[2]的命运。在有关贫窭的文献里，"好穷人"的形象无处不在。"好穷人诚实、恭敬、感恩和克制。[……] 克制是穷人和不幸者的美德。[……] 好穷人通常是所谓的正派穷人。"[3] "好穷人"举止得体，不会背离自己的处境，他们的正派作风帮助自己洗脱了罪责。正派穷人不会认同自己的贫穷；相反，他希望通过坚持不懈的勤劳和节俭，走出困境。他希望抛弃贫穷及其微不足道的好处，争取合法致富。他心知肚明，贫穷只是财富的对立面，故而全力以赴地结束贫穷；哪怕无法结束贫穷，哪怕责任并不在己，他也会为自己的无能感到羞耻。正派穷人是变幻莫测的人类状况的无辜受害者："文明人比野蛮人更容易招致无常命运的捉弄。"[4]

　　工业社会不但没有消灭贫穷，反而让人类征服自然的斗争变得难以预料。在平等的社会里，运气会眷顾一些人，又打击另一些人，会让一些人生活富足，又使另一些人饥肠辘辘。现代性的发展必然会造成资源分配的两极化，而贫穷不过是它产生的诸多风险当中的一种。贫穷虽然体现了现

<hr />

　　1　Antoine Cherbuliez, *Etude sur les causes de la misère, tant morale que physique, et sur les moyens d'y porter remède*, Paris, 1853, p.121.

　　2　"正派穷人"是指原本占据较高社会地位、拥有优渥生活条件，但由于不幸而陷入贫困的人。多数是工匠，也有不少人是佩剑贵族、穿袍贵族、文人以及律师等自由职业者。为了维持自己的体面和尊严，有些人竭力掩藏自己的窘境，羞于乞讨或申请救助。在旧制度时期，也有一些基金会与机构，私下给这些人提供救济。（可参见 Jean-Pierre Gutton, *La Société et les pauvres. L'Exemple de la généralité de Lyon 1534-1789*, Paris, Honoré Champion, 2018, pp.25-32.——译者注。）

　　3　J.-B.-F.Marbeau, *Du paupérisme*, pp.25-26.

　　4　Tocqueville, *Mémoire sur le paupérisme*. "无论哪种人类状况，哪怕它再辉煌，也难以避免厄运。"（J.-B.de Gérando, *De la bienfaisance publique*, 1, p.3.）

代性的风险，但它本身却没有什么过错。正派穷人虽然体现了财富增长的"贫穷风险"，但他绝不可能宣称自己是任何权利的主体，因为他不会以穷人自居，更不会有非分之想。

除了这种循规蹈矩、克己复礼的贫穷，还有另一种与之大相径庭的匮乏状态。在某种意义上，后者是前者的极端形式。人们用贫困（misère）或赤贫（indigence）的概念描述它，以区别于贫穷。"在我们的社会里，如果说贫穷是绝大多数阶层的自然状况，那么贫困指代的匮乏程度要远甚于此。"[1] 这就是**贫窭**，这就是"工人群众普遍的、持续的和不断恶化的匮乏"。[2] 贫窭的极端性和"反自然性"恰恰源于这样的持续性和普遍性。

贫窭有别于自然的不平等，它与不幸的个体命运毫无瓜葛，因为任何人都不是例外，皆有可能遭受命运的眷顾或打击。贫窭是影响整个社会的一种普遍状况。贫窭有别于贫穷，因为它与财富并不矛盾；它与社会休戚相关，并从社会汲取破坏力量。有鉴于此，人们不能把贫窭等同于贫穷。贫窭是一种畸形现象，它在政治经济学创建的自然秩序的缝隙中悄然生长。它扭曲了贫穷，使其丧失了个体不幸的属性，丧失了个体能够加以改变的属性；它在社会上拥有史无前例的影响。

在此，穷人不再自怨自艾，而是宣称自己拥有权利，要求获得救助，并以政治对话者的身份自居。热朗多在托马斯·查默斯（Thomas Chalmers）的定义基础上，强调说："贫窭代表着这样一种状态：个体有权要求分享法律为救助贫困而创设的公共资金，以满足自身的需求。"[3] 贫窭不同于贫穷，它变成了权利主体，换言之，它变成了合法救助权利的

1　Eugène Buret, *De la misère*, 1, p.107.

2　Villeneuve-Bargemont, *Economie politique chrétienne, ou Recherches sur le paupérisme*, Paris, 1834, p.22.

3　Chalmers, *The Christian and Civil Economy of Large Towns*, 1821. Cité par J.-B. de Gérando, *De la bieanfaisance publique*, 1 p.3. ）

主体。不过，社会经济学家们反复重申，应当竭力避免在权利范畴分析社会贫困。

因此，必须消灭贫窭。换言之，财富与贫穷之间的自然关系遭到了贫窭的破坏和抛弃，但如今必须予以重建。在社会经济学家们看来，改革的关键是消灭贫窭，但要保留贫穷。贫窭违反自然，积重难返，反对永远不会消亡的自然贫穷；贫窭威胁着整个社会机体。按照比雷的说法，贫窭是"我们文明的敌人"。社会经济学家们长篇累牍地讨论贫窭对社会的威胁，认为这就是贫窭的典型特征。"贫窭是遭受社会打击的阶层，所以他们会奋起反抗社会。"[1]因此，贫窭代表着一种已经变成**社会威胁**的贫穷。它让人联想到乌合之众，具备集体现象的属性，并且主要存在于城市里。比雷表示，"这是工业召唤到大城市，但却经常无力予以照料的流动人口"，"无论对思想家而言，还是对政府来说，它都是一个值得关注和令人担忧的对象"。[2]

在贫窭的名目下，涌现出了一个鱼龙混杂、难以名状、无比危险的人口。他们生活在城市和工业中心，对社会秩序构成了严峻的挑战。在这个鱼龙混杂的群体中，威胁社会秩序的各种危险逐渐合流，日趋壮大。贫窭桀骜不驯，变化无常，拒不服从。贫窭涵盖的乌合之众喧哗嘈杂而又寂寂无名，他们让人产生社会已经病入膏肓、险象环生的感觉。贫窭的分类，毋宁说，它与正常范畴的贫穷之间的界线，与其说是根据资源的多寡，不如说是根据某些"道德"特征界定：它的特征是暧昧不明、良莠不齐、不守成规、反复无常，以及无法被驯服。所以，贫窭违反自然，在根本上是**反社会的**。

除了要求重建财富与贫穷的自然关系，谴责贫窭外，社会经济学话语

210

1　La Farelle, *Du progrès social au profit des classes populaires non indigentes*, Paris, 1839, p.1.

2　Eugène Buret, *De la misère*, 1, p.107.

还提出了另一种分析框架。贫窭不仅被认定是反社会的，也被认为是**超自然的**（hyper-naturel）。从某种意义上说，人们常常从原始状态的角度理解贫窭的自然性。社会被看作这样的场所：人们应当在此毫不留情地消灭受个体本能驱使的反社会倾向。唯有在野蛮状态下，个体才可能是真正的自由人，因为他追求自由和平等的愿望只受自然条件的约束。相反，在文明社会里，个体的自由注定会遭遇挫折，受到规制："文明人每时每刻都在自我约束，不可肆意妄为。"[1]

212　　人类或许是受社会本能驱动的存在，但他们总是倾向于走向"受自然欲望支配的野蛮社会"；[2] 人类的本能并不必然使之走向文明社会。所以，文明社会不能寄希望于联合的自然本能，因为它总会发现自然的个体会和自己作对，"某些社会阶层由于贫困、无知和孤立，总是不受联合观念的影响"。[3] 贫困、无知和孤立等反自然的倾向植根于自然，难以被根除。如果文明社会不是自然生成的，那么它就不能放弃改造自然；实际上，走向自由和平等的本能倾向构成了社会进步和幸福事业的重要阵地。因此，不应扼杀自由和平等，而应该改变它们的面貌，引导它们走向文明社会确定的目标。

　　一方面，贫窭的非自然属性要求人们消灭它。在这一点上，它有别于改革应当保护的贫穷。另一方面，贫窭的自然属性，贫窭对未社会化的野蛮状态的眷恋，又要求人们对它进行疏导，使之变得能够兼容于社会纲领。总之，社会经济学对贫困的分析提供了一套由两种相辅相成的策略构成的话语。社会经济学的贫穷政策精心计算，镇压和安抚双管齐下，目标是消灭贫困的极端形式，即贫窭。

1　Antoine Cherbuliez, *Etude sur les causes de la misère*, p.11.

2　*Ibid.*, pp.15-18.

3　*Ibid.*, p.14.

社会经济学话语双管齐下的做法，在"坏穷人"的形象上体现得淋漓尽致。"坏穷人"是贫窭的象征，他厚颜无耻、冥顽不灵、懒惰成性、游手好闲，拥有"食不果腹之人的全部恶行"。[1]他恬不知耻地对待自己的贫困，挖空心思地利用贫困，甚至把贫困过成了一种"哲学"，因为他知道社会制度需要穷人，知道如何逃避社会法规。他宁可接受施舍，也不愿劳动，得过且过，有时还铤而走险，作奸犯科。他无意改变现状，坦然地接受贫困，接受贫困的持续性和必然性。他总是漂泊不定，寻衅滋事，不顾一切地颠覆财富与贫穷的"自然"关系。"坏穷人损害好穷人。"[2]可见，坏穷人存在的事实本身就具备了一种反叛的姿态。正派穷人是自然法则和不幸命运的受害者，是无辜之人。但是，坏穷人却恶贯满盈，变成了社会的头号敌人，他拒绝追求幸福、安全和秩序。正如比雷指出的，坏穷人的罪过并不在于"生理的贫困"；坏穷人证明"贫困令人痛苦的恶果已经渗透到道德秩序之中"。[3]坏穷人拒绝遵守社会道德，拒绝接受社会价值，令社会感到恐惧。反过来，社会也对他进行道德谴责。

借助于对贫穷与贫窭的区分，社会经济学的道德语言具备了一种独特的含义，其本质是用行为和价值的概念去描述财富世界与贫困世界的冲突。好穷人和坏穷人都有需求，但他们却代表着两种迥然不同的道德；他们变好还是变坏，完全取决于他们对待社会道德的立场。贫窭代表着一整套寡鲜廉耻的行为，它们既不能见容于社会纲领，也有害于其目标。因此，它变成了"政治秩序和道德秩序的威胁。政治应当全力以赴，引导此种威胁走向和平"。[4]

于是，对贫穷与贫窭作出区分，可以确立处理贫困问题的基本路线。

212

1　J.-B.-F.Marbeau, *Du paupérisme*, p.31.

2　*Ibid.*, pp.29-31.

3　Eugène Buret, *De la misère*, 1, p.113.

4　Villeneuve-Bargemont, *Économie politique chrétienne*, pp.25-26.

鉴于贫困在繁荣发展中扮演的角色，消灭它既不可能，也不可取。相反，应当推进贫困的"社会化"，换言之，应当让它扮演社会指定的角色，防止它退化成为反抗社会秩序的堡垒。消灭贫窭是社会化事业的关键步骤，因为在一个坏穷人洗心革面之后，就会出现一个好穷人。

213

3.不平等，抑或差别？

贫穷与贫窭的区分能够解释一个奇特的事实：社会经济学家们尽管希望推动社会改革，但却认为贫窭的消亡与贫穷的消灭并不同步。这也是他们要用道德因素分析贫困，而有意规避经济分析的原因所在。另一种重要的立场也随之浮现：社会改革的目标不是消灭社会的**不平等**，而是要消灭与人们试图建立的社会秩序无法兼容的**差别**（différence）。

繁荣的伦理无法容忍例外，除了它自己，它不承认其他形式的伦理。没有人能够逃避代议制的自由社会，没有人能够抗拒它的行动。哪怕是游手好闲的流民也不例外。从严格意义上说，置身代议制的自由社会之外，无异于痴人说梦，因为平等公民资格的制度杜绝了这种可能性。由此可见，虽然法律面前人人平等，但穷人并不能代表令自己深受其害的事实不平等，而只能代表自己的所作所为与价值。如果告别消极无为的状态，奋起抗争，那么穷人将失去因不义和不幸带来的同情；相反，他们变成了威胁社会秩序的力量。也就是说，他们变成了整个 19 世纪都絮絮叨叨的**危险阶级**。[1]

不平等和差别。我们可以用它们描述社会经济学和社会主义者在分析

1　对贫困与犯罪之间关系的经典研究，依然要首推路易·舍瓦利耶的《危险阶级与劳工阶级》。R.A.Nye, *Crime, Madeness and Politics in Modern France*, Princeton, Princeton University Press, 1984; Micheles Perrot（ed.）, *L'Impossible Prison*, Paris, Éditions du Seuil, 1980。尤其可参见后一本论文集中，米歇尔·佩罗的《革命与监狱》（第 277—312 页）和卡特琳娜·杜普拉（Catherine Duprat）的《惩罚与治疗》（第 64—122 页）。

贫困问题上的分歧；作为社会经济学家的同代人，社会主义者抨击财产私有制，认为它是催生不平等的结构性因素之一。[1] 与社会主义相比，社会经济学的道德主义，甚至意识形态的色彩更为浓厚，因为它是主张减少不平等，所以对道德的上层建筑可以做到秋毫无犯。

214

社会经济学家们并不反对事物的自然秩序所催生的不平等。他们的分析立足于另一种"结构性的"发现："唯有道德才让社会变成了可能。"[2] 若无道德，社会将分崩离析。所以，对贫困问题的考察促使他们相信马尔萨斯提出的道德改革的必要性。由此，他们超越了古典政治经济学的范畴，超越了在经济学领域当中长期被奉为圭臬的"利益公理"[3]。

社会经济学遵循道德改革的逻辑，利用道德语言，用行为的概念描绘社会问题："人民的行为就是它的道德；人们应当竭尽全力，为它树立良好的榜样。"[4] 由于他们根据行为鉴定穷人，所以穷人并不代表某个特定的社会团体，如此，对贫窭的分析可以把各色的人置于"穷人"的名目下。一些人吃苦耐劳，另一些人无所事事；一些人遵守市场规则，另一些人游离在经济体系之外；一些人奋起反抗，要求获得救助，另一些人安分守己，倾向于求助于传统的关系网络。诸如此类，不一而足。

拾荒者、残疾人、妓女、失业者、寡妇和孤儿有什么共同点呢？区隔穷人与富人的，不是物质财富的多寡；让"穷人"的分类获得与"阶级"相似力量的，也不是定义的逻辑性。事实上，唯有与"富人"的分类相连，

1　为了理解两者的差别，只需提及谢尔比烈和蒲鲁东在所有权问题上的争论即可。蒲鲁东的名言"所有权就是盗窃"在 1848 年变得异常流行。（Anoine Cherbuliez, *Le socialisme c'est barbare.Examen des questions sociales qu'a soulevées la révolution du 24 février 1848*, Paris, 1848.）

2　Jaques Matter, *De l'influence des mœurs sur les lois*, p.318.

3　"利益公理"的提法出自：Alain Caillé, *Splendeurs et Misères des sciences sociales:esquisse d'une mythologie*, Genève, Librairie Droz, 1986.

4　Louis-René Villermé, *Tableau de l'état physique et moral*, 2 vol., p.48.

"穷人"的分类才有分析价值；它无法独自解释贫困。"穷人"的概念无法分解，它把贫困当作整体来描述和理解：贫困是一个集合，囊括了所有潜在的反社会行为。贫窭更是让它的分析者们坐立不安，因为它隐含了威胁社会秩序的诸多危险。

贫窭意味着流动性。它反对安土重迁，抵制人口集中，给某种捉摸不定、难以驾驭的社会性创造了空间。在贫窭背后，恐怖的流民形象若隐若现。流民让自由社会忧心忡忡，变成了骚乱的原型。"作为所有邪恶力量的渊薮，流民出没于五花八门的非法行业或犯罪职业；他天生是作奸犯科的能手。"[1] 流民逃避一切社会控制，抵制身份政策，挖空心思钻行政控制的漏洞。与工业资本扩展需要的移民相反，流民的迁徙肆意妄为，无法无天。他时而铤而走险，时而循规蹈矩，但总对自由主义社会的理性思维视若无物。

流动会不可避免地带来混乱。由于置身于目无法纪、肆意妄为和罔顾社会理性思维的环境里，穷人会践踏一种契约性的团结观念。然而，唯有诉之于此种观念，才能实现社会纲领。家庭是最基本的社会单元，所以千万不能把它们变成混乱的场所；相反，应当让家庭像社会一样，建立在互惠性（réciprocité）的制度之上。雅克·东泽洛（Jaques Donzelot）撰写了一本精彩的著作，论述政府如何构建家庭政策，并且在何种意义上影响了现代家庭的诞生。[2]

我们无意在此从另一个层次讨论"资产阶级的实验室"（Pier Angelo Schiera 的提法），[3] 但却不能不指出，治安观念下的家庭想象在何种程度上与对坏穷人的恐惧纠缠在一起。坏穷人通常是怙恶不悛的单身汉，纵情声色，玩弄女性，随意把自己的孩子扔到街道的犄角旮旯儿。维莱梅在《工

1　H.-A.Fréguier, *Des classes dangereuse*, 1, p.50.

2　Jaques Donzelot, *La Police des familles*。尤其参见第四章"复杂的监护"。

3　Pier Angelo Schiera, *IL laboratorio borghese*, Bolognie IL Mulino, 1987.

人公寓》[1] 里刻画的"单身工人"与坏穷人的形象相去不远，他们挑逗女工，淫声浪语，伤风败俗，破坏她们的家庭。单身汉"毫不顾忌正确理解的利益，只想过男欢女爱的混乱生活"，他们令社会心烦意乱。为了巩固家庭观念，人们对贫民窟和出租屋的堕落腐败、对工人寓所的乌烟瘴气也提出了道德谴责。大工厂变成了污秽之地的象征，因为工人们过于频繁的接触也会滋生暧昧。[2]

216

　　一种新的社会性斩断了昔日的社会纽带，并试图重建新的团结关系，但流民和单身汉却对它构成了严重威胁。他们把流动和个体的观念推到极端，并处心积虑地利用此种过渡阶段造成的某种混沌状态。"无论什么地方，总有漂泊不定的工人、居无定所的外地人、帮工、单身汉以及各色流浪天涯的人。他们通常道德败坏，身无分文。那些不远游，与亲人、发小朝夕相处的人则不同，他们害怕盘查，也更少接触坏人。"[3] 观察家们指出，在贫困街区，流浪、非法同居、邻里与同行的沆瀣一气，以及法律的沉默等因素相互交织，共同发酵，并向整个城市不断蔓延。

　　很自然，贫婆也追求独立。坏穷人拒绝服从组织，拒绝接受契约义务的束缚。在劳动的时候，他粗心大意，桀骜不驯，懒散拖沓，漫不经心，麻木不仁。[4] 他随意处置自己的空间和时间，将自身无法掌控的工资劳动视为奴役。他尽可能地逃避劳动，只求苟且偷生，抱残守缺，寻求传统网络的庇护。维莱梅相信，传统网络的影响依然不可小觑，因为穷人把它们

　　1　Louis-René Villermé, "Les cités ouvrière, " *Annales d'hygiène publique et de médecine légale*, XLIII, 1850, pp.241-261.

　　2　"劳动者聚集在庞大工厂的事实改变了道德条件。[……] 无论是风俗，抑或工人的身体素质都变得虚弱。"（Théodore Fix, *Observations sur l'état des classes ouvrières*, Paris, 1845, p.5.）

　　3　Louis-René Villermé, *Tableau de l'état physique et moral*, 2, p.64.

　　4　H.-A.Fréguier, *Des classes dangereuse*, 1, 349.

217　视作美德的化身，认为它们鼓吹"慷慨解难、雪中送炭的自然倾向"。[1]

英国的经验表明，创建官方的救助体系，会强化穷人要求独立的自然倾向。事实上，人们谴责的穷人独立与他们依靠救助的倾向并不矛盾。相反，两种倾向密不可分，相互作用。坏穷人宁可接受别人的施舍，也要拒绝遵从自由主义强加的劳动—节俭—市场的循环，拒绝它提供的经济独立手段。而且，救助不但阻碍了人力资源在劳动市场的自由流通，也不能获得对等的好处。人们无法控制穷人对受赠钱财的消费，他很有可能将之挥霍一空，或嫖娼，或酗酒。总之，坏穷人桀骜不驯，对社会法则视若无物。

这种倾向在居家的劳动者身上表现得尤其明显。对此，观察家们也提出了批评。居家的劳动者与工厂工人的差别，与其说是来自收入的差别，不如说前者冥顽不灵地固守独立，为自身行为的反复无常感到沾沾自喜。维莱梅如是评价道："无论是享乐，还是劳动，他们倾注同样的激情；他们通常将一半的精力投入艰苦劳作，把另一半精力用于令人作呕的纵欲。"[2]

坏穷人桀骜不驯，要成为自己时间的主宰。假如有能力想象自己的未来，穷人不会把它的支配权拱手相让。坏穷人得过且过，不管明日几何；他花光钱财，及时行乐，只为满足眼下的欲望。穷人目光短浅，维莱梅考察的工厂工人更是鼠目寸光。"我们通常可以言之凿凿地宣称，工厂的工

218　人很少顾及明天，城市的工人尤其如此。他们赚得越多，花得越多。[……]要劳动，但更要享乐，这似乎成了他们绝大多数人的座右铭。在乡村，则是另一番景象。"[3] 这一切与文明人构成了鲜明的对比。文明人将满足正当的需求看作美德，尤其注重培养"节俭精神，他很少有日复一日的混乱，

1　Louis-René Villermé, *Tableau de l'état physique et moral*, 2, p.71.

2　*Ibid.*, 2, pp.66-67.

3　*Ibid.*, 2, p.34.

与某些特定时刻出现的无法无天的暴乱更是毫无瓜葛"。[1]

此外，穷人的目光短浅有着更为古老的根源，植根于他们**节衣缩食**（frugalité）的习惯。对于永不枯竭的需求，对于从未品尝过的幸福魅力，他们毫不关心。穷人的欲望微不足道，无法产生改良的动力，无法不断推进改革。在社会经济学家们看来，改良和改革恰恰是维护稳定的最好手段。众所周知，马尔萨斯将经济停滞与爱尔兰的农民相连，后者无视英国制造业的奇迹，否认它们的价值。穷人们无欲无求，拒绝为满足难填的欲壑而疲于奔命。

事实上，贫窭是**懒惰**的代名词，毋宁说，它在本质上就是懒惰。坏穷人"不愿劳动，也不想劳动；他们宁愿要嗟来之食"。[2] 他们喜欢酒馆、酒水和宴会；他们热衷于拌嘴、斗殴和暴乱。他们在工业城市的街道上虚度时光，随时准备拉帮结派、为非作歹。穷人无所事事，却颐指气使；在劳动期间，他也纵情狂欢，拒不承认劳动与享乐的区别。他坚决捍卫"懒惰的权利"，顽固地抵制"勤勉的人民安分守己"[3]"劳动让休息变得可贵"[4]等劳动伦理。

最后，贫窭也是**愚昧无知**和**拒绝服从**。根据社会经济学的解释，愚昧无知与拒绝服从总是形影不离。愚昧无知是行为不检的原因，是道德堕落的根源。愚昧无知一方面表现为对技术的无知，这会阻碍生产循环。这就是人们为什么要强调"技艺和职业"教育的重要性。另一种无知更为严重，是"对义务及其意义的无知。在造成贫困的各种原因中，这一点尤其值得

220

---

1 Charles Dupin, *Des progrès moraux de la population parisienne depuis l'établissement de la Caisse d'épargne*, Paris, 1842, p.8.J-B.-F.Marbeau 表示："唯有秩序才能带来节俭。"（*Du pauperisme*, p.131.）

2 J.-B.-F.Marbeau, *Du pauperisme*, p.23.

3 Alexandre de Laborde, *De l'esprit d'association*, Paris, 1821, 2 vol., 1, pp.1-4.

4 J.-B.-F.Marbeau, *Etudes sur l'économie sociale*, p.57.

警惕，因为它会催生懒惰、堕落、愚笨、肮脏、短视、疾病与伤残"。[1]一言以蔽之，愚昧无知会导致穷人陷入困境。

穷人对公民义务一无所知，所以只会要求权利，拥抱"错误原则"，质疑政治权力，认为它是自身悲惨命运的元凶。[2]愚昧无知导致他们缺乏判断能力、选择能力和政治能力。这也是人们长期拒绝普选、坚持纳税选举的原因。只须考察公民概念引发的争论，只须了解关于公民资格的讨论的广泛性及其影响，就足以明白这一点。我们不妨借用谢尔比烈的说法："对于在事实层面区分真伪、在观念层面辨别善恶而言，智识的发展不可或缺。但是，无产阶级的现状却与此大相径庭。"[3]

从政治无能到拒绝服从，只有一步之遥。穷人缺乏判断能力，所以很容易受到歪理邪说的蛊惑。他们宣称，在社会不平等的问题上，社会和政府难辞其咎，他们还鼓吹造反有理。社会经济学家们普遍同意，这些学说由于宣称社会不平等并非个体的错误，所以肯定并助长了穷人的不负责任。"绝不能宣扬只让社会为个体的命运负责的学说"，"工人命运的改善主要取决于自身的意愿；在要求富人革新之前，穷人首先应自我革新"。[4]

这就是从旧的慈善语境中剥离出来的道德主义因素所具备的新内涵。从此以后，贫困属于穷人，并在某种意义上造就了人们应当革新的灵魂。在穷人身上，懒惰、混乱、无知、酗酒与短视相互交织，彼此强化，构成了一个有机整体，共同形塑了**穷人的性格**，形塑了他的道德。穷人的各种反社会行为互为表里，并导致了上述的特征变得极为危险；同时，它们也把穷人变成了特别重要的观察对象。从此以后，贫穷的世界变成了一个实

220

1　J.-B.-F.Marbeau, *Du pauperisme*, pp.33-34.

2　H.-A.Fréguier, *Des classes dangereuse*, 1, p.349.

3　Antoine Cherbuliez, *Riche ou Pauvre.Cause et effets de la distribution actuelle des richesses sociales*, Paris, 1840, p.239.

4　Michel Chevalier, *Question de la population*, Paris, 1847, p.9;H.-A.Fréguier, *Des classes dangereuse*, 1, p.357.

验室。在此，人们能够观察、辨别和拆解这些互为表里的行为法则，可以试验削弱它们的手段。实际上，遭受指责的穷人行为存在于整个社会，他们的社会寄生模式与自由主义理性思维格格不入，并且始终在威胁着它。同理，消灭这些行为的手段不仅适用于穷人：借助贫困的实验室，人们能够移风易俗，建立整个社会的和谐。 221

第七章　社会的道德化

在社会经济学的语言里，贫困首先是一个道德堕落（immoralité）的问题。相反，道德范畴涵盖了尽管并非直接源于经济秩序，但却是工业纲领不可或缺的条件的所有行为。新道德的塑造似乎被简单地托付给了生产劳动的道德化影响。然而，如何能够使穷人，使通常最远离劳动世界的人变得有道德呢？

在秉持道德解释传统的社会经济学看来，穷人自己难辞其咎。作为财富扩张事业的受害者，穷人不可救药；在他们身上，道德堕落变成了真正的威胁。个体穷人固然有道德问题，但却不能让他承担全部责任；穷人的行为不检也与工业秩序的缺陷息息相关。根据社会经济学的分析，穷人与其说代表了一些特殊的生存状况，不如说典型地呈现了滋生诸种问题的场所。假如穷人不在工厂上班，未必会接触到工厂；所以，贫困政策的关键不在于推广劳动秩序，而是应采取干预，清除社会的阴暗角落。在这些地方，光靠提供劳动，不能解决问题。由此可见，对穷人道德败坏的批判实际上包含着一种厚实的社会内容。总之，穷人既是社会道德败坏的显著标志，也是实现整个社会的**道德化**的依靠对象。

当然，社会经济学可以消解社会秩序的责任，使之不必为它制造的不正义担负罪责。与此同时，它否认穷人是工业秩序的重要组成部分，否认他能够享受富足。而且，人们从中吸取了一个更为重要的教训：由于许多人的行为违背了工业纲领，所以需要另外采取措施，干预社会，推广契合工业纲领的行为。干预社会机体的手段是通过观察穷人的经验，归纳得出的。它们的目标是创建一种有机的社会性，重建个体利益与普遍利益之间的纽带。在过去，政治经济学把这个目标寄希望于一种并不可靠的和谐。但是，劳动道德并不万能；所以，应当建构新的约束机制，创造新的社会义务，使之潜移默化地移风易俗。简言之，改革家们肩负的**社会化**目标仍然任重而道远。社会化的宗旨并不是建构生产主体，而是要建构另一种主体，建构意识到自身社会义务的主体，建构公民主体。为此，人们不是要消灭象征不正义和社会不平等的贫穷，而是要消灭贫窭，因为贫窭囊括的各种行为包含着一些与自由主义方案无法兼容的差别。

在分析贫困问题时，多数解释认为道德化与社会化相辅相成。因此，贫困政策采取的举措集监督、治安和预防于一体，而救助、劳动和教育是人们应该重点干预的三个领域。

1.救助

救助贫困的主要挑战是既要摆脱私人慈善组织匮乏造成的困境，也要拒绝英国模式，反对在法律上承认贫困。简言之，**既不要施舍，也不要法律**。

一方面，人们拒绝富人救济穷人的例外和偶然，拒绝萍水相逢的或然性，因为这无法减少贫困对社会生活的影响。根据社会经济学家的世俗眼光，施舍固然可以免除富人的罪恶，但却使穷人保留了恶习，延续了贫困。热朗多追问："个体慈善的施舍能够无处不在、无时无刻地满足一切需求吗？"慈善是毫无意义的救助，不会带来任何联合行动。真正的救助应当采取有组织的预防措施，而不是寄希望于义人突发善心；它应当带来积极的影响，改变穷人的不检行为。"［救助的］关切既要明智通达、深谋远虑，又要充满关爱、温情脉脉。在采取行动之前，它要审查，要监督，要着眼于未来，要追根溯源，要考虑周全，要集照料、宽慰、建议甚至家长的训斥于一体。"[1]

另一方面，绝不能把救助解释为一种权利。社会经济学家们明确拒绝英国模式，而认为合法救助会导致"道德堕落"，改变国家与公民的政治纽带。国家将会被捆绑手脚，它的主权会受到削弱；反之，穷人阶层则会倾向于把救助理解为"他们有权合法地享用社会财富"。[2]因此，合法救助将无可避免地挫败救助政策孜孜以求的道德改革。[3]总之，哪怕救助是社会的义务，它也只是一种例外的和反常的事实，而绝不是一项公民权利。

然而，如何组织恰如其分的救助？这既有私人的束缚，也会面临公共的风险。社会经济学家们的救助哲学介于两者之间，不愿偏向任何一个极端。热朗多表示，既不能只要查默斯（Chalmers），也不可以只有拉罗什富科－利昂库尔（La Rochefoucauld-Liancourt）。[4]热朗多在1839年出版的《论公共济贫》很快变成了权威的著作。他全面梳理了四十年的博爱经验，旨在批判一种进退两难的错误。他的论证起点是一种自大革命以来已经变得根深蒂固的信念：在现代社会里，贫困问题已经改变面貌，具备了社会问题的外延。

贫穷变成了"整个社会的责任"，它要求人们建立"普遍的政策、固定而持久的规则、有效的保障以及事先的共同预防"。[5]首要的预防措施

---

1 J.-M. de Gérando, *Le Visiteur du pauvre*, Paris, 1820, p.16.

2 Charles de Rémusat, *Du paupérisme et de la charité légale*, Paris, 1840, pp.24-25.

3 "合法救助是寅吃卯粮，会腐蚀受益者的性格；衡量人类道德、社会进步的标尺是要着眼于未来，让感官享受遵从理性的律令。"（Tanneguy Duchâtel, *Considérations d'économie poitique*, pp.176-178.）

4 查默斯在英国反对济贫法，主张私人救助；后者在法国大革命期间主张国家颁布法令，救助穷人。——译者注

5 J.-M. de Gérando, *De la bienfaisance publique*, 2, pp.470-542.

是摒弃旧日的施舍，尽可能避免赠予金钱，而应当提供穷人亟需的物品与服务。同样，应当为救助设置限制条件，避免穷人将之视为一项权利。所以，受助者应当丧失了劳动能力，身体残缺，而且其家庭缺乏扶养能力。

社会经济学家们希望借助这些规则，限制救助的范围，为它设置客观的基础。在他们看来，唯有如此，救助才既能摆脱慈善运动的任意性，又可履行雪中送炭的义务。

为了组织非货币化的、有条件的救助，应当不遗余力地消除私人慈善与公共干预的传统对立，前者是临时性的、地方性的，而后者是有组织的、普遍的。根据革命议会确立的原则，救助的地方化与集权化不再是造成政治困境的对立两极；它们是两种相互补充的手段，应当依靠一套混合的制度机制，实现有机结合。

问题的关键不是取缔济贫署的地方行动。事实上，"一种更加特别的相互义务可以团结家庭成员、行会和乡镇［……］，一种交互的团结可以对它们产生更直接的影响"。[1] 毫无疑问，在社会化和自我监督的基础上进行分配救助，将会变得更加简单。由此，人们能够更好地辨认需求的真假，更有效地甄别谁值得救助，谁又不值得救助。在社会经济学的救助策略里，乡镇层面和家庭层面的分权同样重要。福柯表示，唯有在乡镇层面上，人们才能够区分救助问题与惩治问题。[2]

不过，地方行动也存在风险。首先有可能造成各个乡镇的对立，而分配的不平等也会违背社会的整体利益。为了维护整个社会的利益，应当建立凌驾于地方本位主义之上的中央机构，由它控制地方的救济分配。由于代表社会的整体利益，国家能够行使控制、调节和统筹的正当权力。

反对公共救助的人通常认为，国家只是一种消极的力量，它的唯一职

230

1　*Ibid.*, 2, p.531.

2　Michel Foucault, *Naissance de la Clinique*, p.40.

能是阻止人们互相摧毁。或者，他们也会认为，国家只是一种追求物质利益的工具。但是，在救助问题上，"首要任务是维护道德利益"。至于道德利益，它只能由立法者根据"减少贫穷，使之变得无害，增加富足，维护公共和平"的目标进行界定。[1] 因此，救助需要依靠一个由道德利益，而不是由市场经济利益或由社会契约的权利界定的共同体。根据这样的分析框架，集体有可能既承担扶贫的责任，又不会违背经济理性和法律理性。

热朗多解释说，社会经济学面临的重大挑战是走出一条有别于私人慈善和合法救助的中间道路。它的核心举措是**居家救助**（secours à domicile）。居家救助是地方分权的极端形式，它能够观察受助者，核实他的真实需求，控制他对捐赠物品的使用，同时又不破坏他习以为常的生活方式。居家救助是唯一真正的"明智选择"，[2] 因为它既维持了家庭对受助者的道德影响，又可以借此推动其家庭的道德化。居家救助似乎既满足了建立全面救助的诉求，也确保了救助的临时性，避免受助者将之视作一种权利，因而完美兼顾了两者的优点。此外，居家救助还可以帮助建立一种细致入微的控制体系，其核心环节是热朗多在 1820 年以后反复鼓吹的"扶贫巡视员"（visiteur du pauvre）。作为现代社工的先驱，巡视员展开全面调查，从事"性格研究"，并将之作为贫困政策不可或缺的参考依据。"你们给穷人提供医疗、食品、衣服和住房；但是，只要你们没有改变他的性格，他在明天又会故态复萌。"[3]

231

1　J.-M. de Gérando, *De la bienfaisance publique*, 2, p.513.

2　"居家救助是如此简单，如此直接，以致人们可以根据需求的无限多样性，作出相应的提供、增加、减少、分割或细分。唯有它才能够作出既合乎道德，又有益的选择，能够救济赤贫者，同时避免他与家庭分离。在我们看来，唯有它才是唯一恰当的救助方式，因为唯有它才能确保捐赠品得到正确使用，才能拥有抵制事物本质的力量。"（Moreau Christophe, *Du problèm e de la misère et de sa solution chez les peuples anciens et modernes*, Paris, 1851, 3 vol., 3, pp.528-529.）

3　J.-M. de Gérando, *De la bienfaisance publique*, 2, p.526.

　　为了改变穷人的性格，应当认识他，应当在其生活的自然环境里研究他。这就是扶贫巡视员的任务。他在提供救助的同时，应当向穷人灌输他们所缺乏的道德价值。他肩负多种使命，同时扮演监护者、警察和卫生学家的角色。他应当将目光投向贫困的腹地，暗中观察它、衡量它，并评估它的力量与狡黠。穷人会高度警惕巡视员对其住所、混乱与通奸的描述，因为这有可能让其悲惨的生活变得声名狼藉。穷人更害怕巡视员根据救济品的用途，根据其主宰的道德标准，对救助的条件讨价还价。长期以来，穷人已经习惯于施舍者傲慢的猎奇心理，习惯于施舍者故作姿态的拜访。他们能够接受巡视员的新角色，但却很容易忽视其地位的新颖性。巡视员不是代表自己，而是代表救助组织，这无疑增加了他讨价还价的权力。巡视员身份的模棱两可性淋漓尽致地体现了社会经济学的救助策略的模棱两可性。社会经济学希望构建一套既高度集权却又可无限细化的组织，目标是传播只能依靠个别手段实现的影响。

232

2.劳动

　　劳动世界在很大程度上已经被经济革命所颠覆。人们宣布个人权利，并创建了保护它们的屏障。[1] 人们打着契约自由的旗号，摧毁了行会组织及其特权，勾勒了一个崭新的世界。契约自由动员了民众，创建了劳动供给可以自由流通的市场，并借助"自由合同"，把工资变成了调节劳动供给的唯一机制。

　　最近的历史研究虽然对法国工业发展"缓慢"的观点提出了挑战，但是，19世纪上半叶的劳动世界与大革命前夕的劳动世界之间存在一种不可辩驳的延续性。从全国范围来看，工业转型的相对缓慢、手工业劳动的高

1　Marc Sauzet, "Essai historique sur legislation industrielle," p.901.

比例、行会习俗在工人世界的流行，皆是无可争议的事实。[1]

从此以后，劳动被视为共和国的基础，而共和国的终极目标是实现经济繁荣。因此，法国大革命创造的新社会施加的法律变革，不可能不对劳动产生影响。塑造劳动世界的法律框架与支配政治社会的法律框架如出一辙，因为自由主义总是希望按照自己的模式，塑造市民社会，创造"社会秩序"。不同于财产所有权，新秩序赖以为基础的劳动并不受政府的保护，依然受偶然的、严苛的市场支配。

在创造共和主义社会的新伦理里，劳动是核心价值。它完美地代表着美德，代表着灵魂的慰藉，代表着"幸福的实践艺术"，甚至代表着一种激情。[2]在这种意义上，它是一种强大的道德化因素，因为它能够催生秩序、节俭精神、温和风俗，而这一切皆非法律之所能。[3]它教育，它革新，因为它关心组织，因为组织本身能够带来纪律。[4]个体们卷入劳动分工，嵌入能力差别所催生的等级制度，进入有节奏的时空，甚至他们的身体行为也会受到约束。总之，劳动在推行某种军事制度，各种生产力量齐心协力，变成了一支战无不胜、勇往直前的军队。[5]

而且，劳动会让人联想到一种宗教制度。在此，生命的义务与共同体的事业休戚与共；在工业化初期，人们赋予劳动活动以一种修道院式的精神维度。[6]归根结底，社会革新的核心是劳动的救赎价值。在此，经济与

1　Tom Kemp, *Industrialization in Nineteenth Century Europe*, London, Lonman, 1969;W. H.Sewell, *Gens de métier et Révolution*.

2　Alexandre de Laborde, *De l'esprit de l'association*, 1, p.4;H.-A. Frégier, *Des classes dangereuses,* 1, p.281.

3　J-B.-F.Marbeau, *Du paupérisme*, 1, p.281.

4　Louis Napoléon Bonaparte, *Extinction du paupérisme*, Paris, 1844, p.17.

5　"工场主在领导一支民兵队伍，唯有他才能制定逐级下达，直抵劳动群众的命令。"（ H.-A. Frégier, *Des classes dangereuses,* 1, p.281. ）Alexandre de Laborde, *De l'esprit de l'association*, 1, p.4.

6　"对劳动者而言，劳动既是道德，也是宗教。一旦放弃劳动，即便专注祷告，他们也遗忘了其最为重要的义务。"（ H.-A. Frégier, *Des classes dangereuses,* 1, p.421. ）

宗教这两个看似矛盾的世界，相互交汇，彼此强化。"没有什么比人在死后万事皆空的观念更容易导致劳动者走向道德堕落。"[1]众所周知，在社会学理论里，经济与宗教的融合结出了丰硕的果实：它预示着马克斯·韦伯对资本主义的看法，换言之，劳动崇拜催生的效用主义宗教观超越了新教派别。对于人类的命运而言，劳动是一种至关重要的义务，它与追求救赎的宗教道路同样重要。总之，劳动变成了整个社会的灵修活动。

对劳动的信仰催生了启蒙时代的社会理性主义，但在它勾勒的乐观主义图景里，也存在一些阴暗地带。弗雷吉耶表示："劳动虽然是一种道德化因素，但由于人们会滥用它获得的资源，所以它也是一种动荡因素。"于是，另一种劳动形象呼之欲出，它使人联想到旧制度对体力劳动者的藐视。在当时，他们被视为骚乱的元凶。由是观之，劳动是不可预见的，是难以驾驭的，并且不是万能灵药。工作时断时续，具有季节性。1830—1840 年期间日趋尖锐的经济危机带来了结构性的失业，工作骤然减少。此起彼伏的罢工表达了人们对劳动安全的渴望，证明了劳动的稀缺和不稳定。失业是工人骚乱的重要原因：争取权利的诉求开始组织化，工人的反抗崭露头角，民众的愤怒周而复始，而结社活动也越来越司空见惯。[2]

在风雨飘摇的局势下，劳动自由化的社会后果开始显露。不仅工资无法让工人摆脱困境，而且工厂劳动的条件日趋恶化，更进一步加剧了危机。对于这一切，近距离观察工业化后果的观察家们看得很清楚。维莱梅为里尔纺织业撰写了不朽的文字，形象刻画了一个令人不寒而栗的世界：不受约束的工业生产导致了人性的沦丧。

劳动者扎堆的空间肮脏污秽，光线不足，空气污浊，劳动时间漫长，

234

1　Louis-René Villermé, *Tableau de l'état physique et moral*, 2, p.69；William Coleman, *Death is a Social Disease*, pp.245-247.

2　Alain Faure, "Mouvements populaires et mouvement ouvrier à Paris（1830-1834）," *Le Mouvement social*, 88 juillet-septembre 1974, pp.51-92.

男女老少混杂一起。这一切都是工人生活状况日趋恶化的重要原因。肮脏的劳作既损害了工人的健康，也败坏了他们的道德。工业将全部的生产活动聚集到同一个地方，而工厂内部创造了一支变化无常、难以控制的劳动大军。他们的威胁特征很容易让人联想到肆虐城市的贫窭。大工厂变成了"酗酒和放纵的学校"，而男女同工的现象对道德的败坏丝毫不亚于贫民窟里"肮脏床铺"上的男女混居。乔安·斯科特（Joan Scott）站在女性劳工的角度，分析了人们对男女同工现象的担忧。人们谴责女工卑鄙下流，给劳动场所带来了"性放纵"。[1]我们由此便能理解，社会经济学家们为何如此关注机械化给贫困阶级的身体和道德带来的影响。

然而，劳动者是"自由之身"。换言之，他摆脱了工场、家庭和行会的旧束缚。他可以自由地支配工资，随心所欲地消费它，以满足自己堕落的偏好。只要资产者没有克扣工资，工人的道德贫困就是来源于这些不受节制的欲望。因此，为了把自由劳动变成有效的社会化工具，应当辅以一种道德化的努力。如果说劳动意味着一些权利，那只是因为它代表着生存的义务。"如果想要拥有利用社会资源的**生存权利**，那就必须首先履行利用自身资源的**生存义务**。依靠自己的劳动成果为生是履行这种义务的首要步骤。"[2]

人们应当宣扬依靠劳动为生的义务。自由劳动首先被理解为改造个体的能力。正如我们已经阐明，救助的非货币化是自由主义救助理论的基石，它一方面主张用劳动取代施舍，但在另一方面，它又**贬低工资的价值**。若想消灭贫窭，不能仅仅依靠普及工资制度，因为无论是工作，抑或工资，

1　Joan Scott, "'L'ouvrière!mot impie, sordide⋯⋯'Women workers in the discourse of French political economy, 1840-1860, "in *Gender and the Politics of History*, New York, Columbia University Press, 1988, pp.139-163.

2　Moreau Christophe, *Du problèm e de la misère*, 3, p.525. "需求是劳动的触发器；摧毁劳动的需求，无异于损害赤贫者、损害他的家庭、损害国家。"（J-B.-F.Marbeau, *Du paupérisme*, 1, p.8.）

都无法根除在失业者、工厂或贫民窟当中盛行的"贫穷文化"。"在工资水准比工厂更高的各行各业里，人们经常发现更多的混乱和无序。只要看看城市工人的习惯，就足以证明这一点。自愿失业、酗酒和堕落经常会毁掉工资收入最高的人。"[1]劳动之所以能够消灭贫穷，并不是因为它带来了富足，而是因为它确立的新道德。所以，关键是要宣扬在劳动中有益于社会的成分，鼓吹个人奋斗，肯定正确的金钱消费观。简言之，要宣扬社会的（social）和社会化的（socialisé）行为。

236

　　金钱再次从财富与贫困的政治关系中消失了。并非如雅克·东泽洛所言，这是要建立某种手段的经济（une économie des moyens），[2]而是要建立其他手段。人们希望借助新的手段，给"工资的使用提供明智而又恰切的指导"：[3]所以，要引导行为，建立行为规范，灌输价值，指引穷人遵循社会的一般宗旨。为了建立一种社会性，使之渗透到风俗，与其减少需求，倒不如利用需求。对社会经济学家们而言，问题的关键不是用"建议"取代金钱，而是要构建一些引导劳工的有效实践，或者在劳工缺乏的地方寻找替代方案，最终消除社会威胁。社会经济学家们认为，在自由的、契约的劳动之外，还应采取一些重要的治安措施，以抑制劳动自由化的消极后果。无疑，这会强化执政府历来通过专门立法，以法律名义予以部分重建的治安管理传统。[4]

　　拿破仑时期著名的工业大臣沙普塔尔（Chaptal）满足了工业雇主们越

1　Théodore Fix, *Observations sur l'état des ouvriers*, p.11.

2　Jacques Donzelot, *La Police des familles*, pp.64-65. 在其著作《家庭的治安》第三章"依靠家庭的治理"当中，东泽洛并没有使用过本书作者所使用的"手段的经济"这一概念。不过，前者指出，在 19 世纪上半叶，人们用两种"物质的手段"——博爱学和公共卫生——抵制要求用国家干预的方式解决贫困问题的倾向。——译者注（Jacques Donzelot, *La Police des familles*, Paris, Minuit, 2005, pp55-57.）

3　H.-A. Frégier, *Des classes dangereuses,* 1, p.275.

4　Marc Sauzet, "Essai historique sur la legislation industrielle", p.1133.

来越强烈的诉求。他们表示，就业保障的缺位、微薄的工资和糟糕的劳动条件使穷人们变得躁动不安；在这种情况下，政府应当在劳动关系领域重建一些权威机构。沙普塔尔的政策催生了"工业父权制"的某些重要环节。实际上，它们都违反了民法典确认的契约法。[1]

东泽洛阐明了授予雇主的权力的属性：国家把强制和保护的权力部分地授予雇主机构。社会经济学家们真诚地拥护雇主制的策略，相信它既可以把国家的部分责任转移给市民社会，同时又能够让国家置身于市场机制之外。他们表示，唯有市场，才能规范劳动的交换。由此可见，社会经济学为劳动组织配置的技术有效地融合了治安措施与父权制。

工人手册（livret ouvrier）由共和十一年（1803 年）芽月 12 日法令确立，共和十二年（1804 年）霜月 9 日法令增加了补充条例。1831 年 4 月 1 日警察局长颁布的治安条例尽管规定对没有工人手册的工人可以实施司法逮捕，但这一做法并没有普及到全国。工人手册除了确保工人劳动及其解雇的稳定性之外，还是一份档案，通常记录工人的简历、家庭状况、不检行为、藐视权威的经历和迁徙情况。此外，工人手册也是终结流民的有效手段："工人手册能够给旅行者提供栖身的方便，而没有携带它的人则会被认定为流民。"[2] 社会经济学家们之所以认为工人手册"值得严肃研究"，乃是因为它在实践中具有重要的道德教化功能。

劳资法院（Conseil des prud'hommes）依据 1806 年法令创建，它负责仲裁不计其数、无法依据合同解决的劳资纠纷。事实上，它主要保护雇主的权利，因为劳资法院的多数成员是雇主；而且，在司法诉讼中，雇主的证言具有法律效力。所以，劳资法院的仲裁职能强化了雇主权力，加剧了雇主与工人的矛盾。为了纠正这种弊病，社会经济学主张吸收工人参加。

1　Jacques Donzelot, "Avant Keynes et Taylor," *Aut-aut*, 1978, pp.100-119.

2　Théodore Fix, *Observations sur l'état des ouvriers*, p.11.

尽管在劳资法院里，工人仍然属于少数，但却可以避免人们将之视为纯粹体现雇主意志的机构。加入劳资法院的工人和工头构成了我们今日所说的早期"工人贵族"。在当时，维莱梅、弗雷吉耶、泰奥多尔·菲克斯等人信誓旦旦地宣称，这是调和在工业生产过程中出现的阶级矛盾的良策。同时，它还能树立一些良好工人的榜样。所谓良好的工人，就是能够认识到自身利益与工业利益、社会利益唇齿相依，并履行应尽的职责。

238

工场条例（règlement d'atelier）是法学家路易·科斯塔（Louis Costaz）在一项法案中提出的目标。他主张赋予雇主制定工场条例的权利。尽管这项法案没有变成法律，但却被许多工场付诸实施。实际上，它也肯定了雇主的仲裁权力。人们倾向于认为，工人与雇主签署合同的事实表明，他同意服从雇主制定的工场条例。工场条例涵盖卫生和保护、男工与女工的区隔，以及预支工资（雇主通过预支工资，换取工人的"忠诚"）等措施。同样，它制定了一份惩罚清单，而多数的惩罚通常都会转化成为对工资的克扣。此外，人们还提出一些具有法律属性的普遍措施，如1841年限制童工劳动时间的法律。在工场管理的问题上，1841年法律建立了外部干预的原则。菲克斯把1841年法律誉为"工场治安"，认为它可以"维护劳动者的卫生利益和道德利益"。[1] 然而，仅凭雇主的仲裁，并不能彻底消除与劳动问题相关的社会政治风险。所以，还必须与一种"政治医学"（médecine politique）进行合作。所谓政治医学，就是为了避免工人在生理上和道德上堕落，以致深陷贫窭的泥淖[2]，而宣扬国家保护工人的责任。总之，工场条例对劳动者施加了雇主和国家的双重权威。

社会经济学倡导的**雇主制**（patronage）实际上介于私人创议与国家控制的中间。一方面，它依赖雇主的道德影响，认为雇主的利益与劳工状况

1　*Ibid.*, pp.16-18.

2　C.V.Prunelle, *De l'action de la médecine sur la population des États*, s.l., 1818, p.6.

的改善息息相关。人们对工人和雇主的精诚团结津津乐道，相信"义务与实践紧密相连，倘若不发挥雇主制的影响，那么人们只会动用武力"。[1]但是，我们有理由相信，雇主之所以关注道德教化，更多是为了追求自己的短期利益，而不是真正地关心工人的道德。这就是为什么社会经济学家们在另一方面又希望雇主权力受到公共机关的监督，其目的是抑制雇主私人利益的消极影响。

保障（prévoyance）制度是雇主和国家合作的主要领域之一。正如前文所说，只要合同确定了合理的工资，那么就可以判定穷人的贫困主要是他自己目光短浅造成的。加尼耶表示："在家庭中培养保障和节俭的愿望，有助于获得足够工资的家庭免除贫困。"[2]但事实上，即便"免除"了贫困，光靠工资还是不足以维持体面的生活。穷人目光短浅的论断与认为穷人和工人拥有相同悲惨命运的观点密不可分。只要在政治上思考贫困，就必须区分贫困问题与劳动问题，那么保障将在劳动救助外，提供另一种可能的方案。早在 1790 年，拉罗什富科—利昂库尔就在其《工作草案》里呼吁国民议会在各省创建储蓄所。但是，储蓄所的诞生姗姗来迟，直到 1818 年，法国才创办了第一家储蓄所。它的第一任经理就是拉罗什富科—利昂库尔。

为了充分发挥储蓄所的潜力，"尤其应该启蒙和说服劳工阶级"。[3]首先，应当为闲置资金建立储蓄所。其次，应当激发穷人阶层的节俭精神，让他们学会未雨绸缪。[4]可见，储蓄也是工业父权制的重要环节。由于工人手册记录了储蓄情况，由于工场条例通常执行强制储蓄，所以通过引入"改良需求"的观念，工人储蓄有可能重新定义需求。

在社会经济学的话语里，改良主义立场构成了其真正的哲学基石，因

1　H.-A. Frégier, *Des classes dangereuses*, 1, p.306.

2　André Gueslin, *L'Invention de l'économie sociale*, p.105.

3　Charles Dupin, *Des progrès moraux*, p.8.

4　Louis-René Villermé, *Tableau de l'état physique et moral*, 2, p.169.

为它肯定了需求永不衰竭的特征。应当教导及时行乐的穷人，让他们学会享受一种迥然不同的褒奖的魅力，因为它不会要求他们减少需求，只是要求他们改变需求，转移需求。在某种意义上，储蓄借助资本和利益，自下而上地在工业社会里注入了一种人们曾经试图自上而下强加的活力。有鉴于此，维莱梅高度评价了储蓄的社会化价值。不过，维莱梅批评工业家没有很好利用手中的权力，没有强制"灌输每周进行储蓄的工场道德"。[1]为此，还应当规范和保护工人的储蓄。诚如弗朗索瓦·埃瓦尔德所言，尤其应当把"储蓄变成一项权利"；这就意味着国家需要进行控制，把储蓄变成公共服务部门。[2]换言之，应当超越自由主义的自由储蓄观念；从长远来看，就是把储蓄变成义务。

从根本上说，储蓄依然是个体行为。人们之所以进行储蓄，乃是为了恢复昔日独立生产者的地位，为了实现不再依靠工资为生的梦想，因为工资只会导致劳动者陷入一种依附的和不稳定的状态。实际上，一切的骚乱皆肇始于此。相反，穷人阶层通过储蓄，可以获得财产所有权，并由此拥抱秩序。然而，储蓄不能挑战工业生产秩序在穷人当中创造的团结关系。在社会经济学家们看来，除了储蓄，还应发展互助社的**互助主义**（mutualisme）。互助社是自愿社团，强制成员参加保险，并创建相互监督的机制。"对保险的认购者而言，唯有参加这类的互助社，才能维持秩序、保障和节俭。"[3]保障不只是纯粹的个体经济，还由于在工人当中创造了团结的纽带，变成了社会关系的规训原则。尽管共和国敌视一切中间团体，但在面对工人的这类团结形式时，它表现得有些模棱两可。互助社

1　*Ibid.*, 2, p.168. 关于储蓄所和互助社，可参见：H.-A. Frégier, *Des classes dangereuses,* 1, pp.384-391; Louis-René Villermé, "Des société de prévoyance ou de secour mutual, "*Annales d'hygiène publique et de médecine légale*, XXXIV, 1845, pp.94-111.

2　François Ewald, *L'État-Providence*, p.203.

3　Charles de Rémusat, *Du paupérisme*, p.59.

可以继续存在，但必须接受严格控制，因为国家害怕它们变成叛乱的渊薮。有鉴于此，热朗多呼吁立法者建立国家监督，但强调它应当恪守"自由主义观念"。[1]互助社有助于强化工人的团结。在维莱梅看来，团结是贫困阶层的主要美德，这对工业社会有利。实际上，互助社既把工人的联合纽带合法化了，同时又剔除了其反抗社会秩序的内涵。因此，人们吹嘘互助社的优点，认为它们"既能够维护公共秩序，又可以减少济贫院里的穷人数量"[2]。

3.教育

无论是依靠救助，抑或依靠劳动，道德化都意味着要对危险阶级提供教育。在此问题上，19世纪资产阶级似乎满腔热情。资产阶级向穷人灌输自己崇奉的社会价值，正是社会改革明确追求的目标。此种道德化的思想贯穿于工业雇主制、储蓄所以及救助组织之中；实际上，它构成了社会经济学倡导的那些实践的核心。教育不但引导改革的一般方向，而且在社会经济学家们看来，还是消灭无知的重要实践领域，而无知又是导致穷人行为不检的主要原因。

除了推动全体穷人的道德化之外，教育似乎还为直接作用于个体提供了不可多得的工具。在无知初露端倪之际，教育就应当积极介入。换言之，应当从孩提时代就开始反对无知。社会经济学主张，在人民的子女达到一定年龄时，就应当为他们提供免费的、义务的教育。所以，培养师资队伍，

1　J.-M. de Gérando, *De la bienfaisance publique*, 2, p.47; François Ewald, *L'Etat-Providence*, p.207.

2　Charles de Rémusat, *Du paupérisme*, p.60.

发展师范学校变得势在必行。[1] 免费教育的典型特征是要求受教育对象服从社会；它应当为"头脑简单的工人"提供正确的知识；社会经济学家们表示，他们只需要学习阅读、写字和计算。[2] 除了这些基础知识之外，学校尤其应当灌输纪律，并要从娃娃时代抓起。学校应当培养道德的、社会的，甚至肉体的纪律。所以，他们特别重视体操和儿童游戏。

根据社会经济学家构建的环境论，学校变成了改变穷人生活环境，对他们施加影响的有力手段。[3] 但是，初等教育属于新家庭政策的范畴；雅克·东泽洛指出，在 19 世纪上半叶，新家庭政策"催生了宣扬以教育为先的现代家庭"。[4] 然而，人们赋予家庭的新教育使命并不能彻底打消卫生学家们对贫窭扩散的忧虑。即便家庭是反对街头暴力斗争的核心场所，学校也应当施以援手；[5] 同时，它还应当帮助年轻人克服周围环境的影响。

诚如米歇尔·佩罗（Michelle Perrot）所言，在儿童、家庭尤其是贫穷家庭等领域，也悄无声息地出现了其他的人物和机构。[6] 为了培育社会高度肯定的新儿童，除了颁布童工立法外，初等教育也是国家采取的重要干预措施。[7] 学校既抵制家庭，也反对街头，它主张向儿童灌输一种有机的社会性，以消除穷人热衷于给其子女提供的"野蛮支持"。制度化的场所应当实现穷人子女的社会化，防止他们受到街头或然性的影响。此外，

1　"穷人子女的教育应当从摇篮开始，在收容所、学校和学徒期间继续进行，直至年满 21 周岁。"（J.-B.-F.Marbeau, *Du paupérisme*, p.55.）

2　Louis-René Villermé, *Tableau de l'état physique et moral*, 2, p.151.

3　*Ibid.*, 2, p.50.

4　Jacques Donzelot, *La Police des familles*, p.46.

5　H.-A. Frégier, *Des classes dangereuses*, 2, p.70. "收容所让工人阶级的幼童远离街头的糟糕榜样，远离他们面临的危险。"（Louis-René Villermé, *Tableau de l'état physique et moral*, 2, p.148.）

6　Michelles Perrot, "Figures et rôles, "in Philippe Ariès et George Duby（eds）, *Histoire de la vie privée*, tome 4, *De la Révolution à la Grande Guerre*, Paris, Éditions du Seuil, 1987, p.148.

7　Michelles Perrot, "Figures et rôles," p.158.1841 年童工法是重要的证明。

他们应当在学校里学会遵守纪律，尊重权威，把社会关系的等级模式（学校也以此为基础）内化。只要迅速拓展学校的行动领域，只要维持学校监督的延续性，就能把学校变成有效的预防工具。弗雷吉耶表示，学校可以明显减少"治安和监禁的费用"。[1]

243

教育的预防需求使人得出结论说，初等教育应当向穷人灌输一种源于"政治经济学"的公民教育。问题的关键是效仿英国亨丽埃塔·马蒂诺（Martineau）小姐撰写的《青年女子行为手册》，拟定一份教义问答。马蒂诺小姐的手册既阐明了民众互助与储蓄的原则，也包含了若干有关劳动价值和社会制度的基础知识。米歇尔·舍瓦利耶评价道："在避免因为文学的想象而误入歧途方面，这是最好的补救之道。"[2]

政治经济学并不会使人误入歧途。作为实际的、实证的知识，政治经济学总是能够把因沉迷于文学而变得豪情万丈，拒绝服从的穷人拉回现实的大地。在教育问题上，政治经济学，毋宁说，至少是一种类似政治经济学的事物，又再次浮现。这一次，社会经济学用它抵制"对义务的无知"。对社会经济学家们而言，"对义务的无知"是贫窭的主要威胁之一，它与穷人争取权利的倾向如影随形。政治经济学应当让"他们的诉求回归理性的范畴"，尤其要让他们重塑自己的权利观念，使之与所有人的利益和谐并存。[3]

由此可见，政治经济学与社会经济学的关系出现了重要的转向。在两点上，这种转向特别值得关注。一方面，它使人认识到，教育技术不仅仅

1　H.-A. Frégier, *Des classes dangereuses,* 2, p.81-82.

2　Michel Chevalier, *De l'instruction secondaire, à l'occasion du rapport au roi de M.Villemain*, Paris, 1843, p.25. 夏尔·迪努瓦耶和夏尔·孔德在1814—1815年期间创办的杂志《欧洲审查者》在第七期发表文章《论增加我们制度稳定性的手段，或论法律和道德的研究》。在该文中，作者遗憾地指出，儿童们"崇拜某些伟大的诗人，但多数诗人是相当糟糕的公民"。（*Le Censeur européen*, 7, p.287.）

3　Théodore Fix, *Observations sur l'état des ouvriers*, p.10.

适用于儿童。人们之所以重视公民教育，固然是为了帮助儿童摆脱贫穷环境的影响，但同时也是在关注其他社会群体。从根本上说，公民教育的主要对象不是没有能力储蓄，也不会提出权利诉求的儿童，而是要根除堕落行为的成年穷人。维莱梅说过一句名言，"要让人民从儿童时代培养良好习惯，成年后再践行它们"。维莱梅的名言表明，对儿童施加影响，能够釜底抽薪地消灭不检行为的根源。同时，维莱梅的名言也变成了一种贫困的隐喻："贫困之于财富的关系，如同儿童之于成人的关系。"[1] 无论是将穷人当作婴儿对待，抑或格外重视儿童，都不过是创造社会性的做法；这两种做法是一体两面，属于同一场波澜壮阔、持续不断的教育运动的两个侧面。

另一方面，诉诸政治经济学的事实也说明，人们应当推动忽视自身义务的穷人融入社会秩序。此外，学习义务也是塑造公共舆论的重要手段。由此还催生了另一种干预路线，它不同于将穷人婴儿化而强加的监护观念。换言之，人们应当培养公民，培养勇于担当、有能力参加政治协商的政治主体。教育以及对义务的培养都是在追求相同的目标："构成学校的青年群体正是处于学习阶段的市民社会。"[2] 人们借助学校灌输的义务就是**公民资格的义务**（devoir de citoyenneté），它奠定了市民社会的基础。

4.秩序的知识

自由主义社会的政治思想框架具备一个典型的特征，即：它不得不把个体的社会成员作为目的。政治权力必然要面对纷繁复杂的个体。作为一

---

1 J.-M.de Gérando, *Le visiteur du pauvre*, p.14."道德堕落是一种不成熟的表现。"（*ibid.*, p.17.）

2 H.-A. Frégier, *Des classes dangereuses,* 2, p.62.

切权利的来源，个体奠定了政治权力的基础，限制了它的范围。对于源自人民主权的权力而言，无论把他们称为民族还是人口，无论把他们当作政治社会还是经济社会的准绳，政府机构与被统治的个体之间的关系始终是最根本性的问题。"民族是政府的质料。[……]政治问题的本质在于协调民族与政府。"[1]这必然要求对可能践踏个体自由的秩序作出限定。

人们曾经认为，借助某种分隔的政治策略，即可解决个体自由与秩序的矛盾。列沙白里哀在1791年宣称，在社会与个人之间，只存在"真空"。我们已经在第二章阐明，此举的关键是铲除中间团体，推动市场自由化；除了宪制机构以外，不允许存在其他的社会权威。鼓吹个人，将之视为权力的调节原则，竭力消除社会机体的各个要素，目的是要让代议制政府不受人民意志的施压，尽管后者是其合法性的源泉。然而，社会问题却提出了一些重大挑战。人们固然可以打着个人权利的旗号，反对政府干预，但社会问题却揭示了干预社会发展进程的必要性。而且，社会发展进程能够迸发出巨大的力量，因而不能被简单地看作个人活动和主权权利的自然延伸。

社会经济学闯入了一片荆棘丛生的地带，闯入了从主观权利的秩序向个人主义的社会组织过渡的地带。并且，它很快发现，自由放任不是万能灵药。"从前，劳动、工业、商业、道德研究、思想发明等等都要求自由放任，或者反对政府干预。这曾经是科学的立场。"[2]如今，人们却承认，"在民族复杂的发展运动过程中，政府负有不可推卸的责任"。[3]政府不应疏远社会，反而应当认识它，研究改造它的手段，从而使得对它的治理成为可能。

1　Michel Chevalier, "Questions de la population," p.9.

2　Jacques Matter, *De l'influence des mœurs sur les lois*, p.324.

3　Théodore Fix, *Observations sur l'état des ouvriers*, p.1.

如果社会不是井然有序，那么就应当引导它走向秩序。"法律的命令并非全能，还应当让意志响应自己的召唤，让社会机体自由发展，让它的道德给法律注入活力。"[1] 归根结底，人们必须找到一个恰当的平衡点，使个体自由与社会秩序不再势若水火，而是互为补充："社会的集体自由拥有一个别称，即秩序。"[2] 在自由放任谴责个体与社会水火不容的地方，社会经济学看到了整合的必要性。仅仅这一点，就需要人们理解社会现象的复杂性。

246

一旦与秩序建立联系，自由的内涵便发生了变化。自由无法一蹴而就，它是人们学习社会性的结果。"与其告诉我们说恪守自由是个人法则的信条，不如让我们理解自由如何才能存在。"[3] 成为自由人，意味着要接受社会状态给自然自由施加的束缚。而所谓社会状态的束缚，并不是要屈从别人的意志，而是要与别人合作。因此，社会自由的本质在于：在维护社会利益的前提下，"在不可转让的自由与可转让自由之间进行一种交易"。[4] "在面对社会利益时，个体利益应当退让。［……］捍卫社会自由要比捍卫个体自由更加重要；除非个体自由受到有力的约束，否则社会自由将无从说起。"[5] 职是之故，"唯有社会权利才是一种真实的权利，自然权利只是一种理想的权利"；毋宁说，人们曾经以为自然权利是一种

1　Jacques Matter, *De l'influence des mœurs sur les lois*, p.319.

2　Michel Chevalier, *Accord de l'économie politique et de la morale, discours d'ouverture du cours d'économie au Collège de France*, Paris, 1850, p.13.Charles Dunoyer, *L'Industrie et la Morale*, p.47："自由和秩序并不对立；后者是前者的条件。"

3　Charles Dunoyer, *L'Industrie et la Morale*, p.21. 亦可参见第41页："人生来是自由的提法并不正确。我们应当说，他们生来拥有变得自由的能力。"

4　Jacques Matter, *Des sacrifices que l'état social demande aux libertés naturelles de l'homme*, Paris, 1837, p.14. 泰奥多尔·菲克斯重申了限制个人利益和个人自由的必要性，并且得出结论说："社会自由与个人自由将在某一点上实现融合。"（Théodore Fix, *Observations sur l'état des ouvriers*, p.2.）

5　Jacques Matter, *Des sacrifices*, p.13.

不受限制的权利，但实际上，它只是一种难以界定的权利。[1] 在瓦尔拉斯（Walras）看来，自然法权学说拒绝承认权利在社会受到束缚，其实是忽视了权利与义务的有机联系。所以不难理解，霍布斯为何把自然状态界定为"一切义务的缺失"。[2] 相反，依据社会权利的逻辑，个体自由只能以某些权利的面貌出现，不能脱离义务而存在。

总之，调节个体权利与社会权利的矛盾是一种迫切的政治需求。但是，社会经济学却将之转化成了一个"道德问题"。社会经济学竭力重构经济领域的诉求，希望重组生产劳动；同时，它也试图重构政治领域的诉求，希望建立新的权利。所以它主张，必须消弭自由主义政治在国家与个人之间创造的社会真空所产生的政治动荡，必须为新主体创造条件，使之将权利与义务等量齐观。唯有诉诸政治代议制，社会机体才能生存；而政治代议制体现了社会成员的主权，是他们联合的结果，但与此同时，它的正当性也正在不断遭到他们的质疑。为了避免政治代议制招致质疑的政治风险，不应把国家与社会的政治关系建立在一种真空上，而是应创建另一种新型关系。不过，新的关系与政治正当性没有直接关联，它们不牵涉法律，而只关乎道德。

于是，道德逐渐远离个人主义的价值取向。社会道德，毋宁说，把个体嵌入了某种关系网络的社会自由和社会秩序，高于个体道德。社会道德不得不反对一系列的敌人和厄运，也就是说，它不得不反对社会经济学谈论的"穷人"。作为落后社会制度的必然产物，贫困的反社会性造成了穷人的道德堕落，造成了整个社会的道德滑坡，远远超出了个体穷人的范畴，因而是一种群体性的社会现象。由此可见，贫困的道德解释论最终抛弃了

1　Auguste Walras, *Réfutation de la doctrine de Hobbes sur le droit naturel de l'individu*, Evreux, 1835.

2　Charles Comte, *Traité de législation, ou Exposé des lois générales suivant lesquelles les peuples prosperent, dépérissent ou restent stationaires*, Paris, 1835, 1, chap.6.

慈善话语的主观解释，在贫困现象、贫困后果，以及贫困的解决方案上坚持一种社会解释的立场。

"对下层阶级的命运视若无睹，毫不关心他们是否因为缺乏资源而不堪重负的时代已经一去不复返了。如今，这些阶级正在思考、论证、言说和行动。"[1]人们不得不承认，对新的知识对象而言，或换言之，对社会秩序而言，贫困是一个生死攸关的问题。唯有**秩序的知识**才能减少贫困，才能催生改革的必要性。马尔博宣称："唯有不断改革，你们才能避免爆发新的革命。"雅克·马特同样强调，立法者的第一义务是"不断确立、保存和完善公共道德"。[2]社会经济学高喊"改良"的口号，痴迷于社会无限完善的观念，鼓吹社会稳定的梦想。"人们越是改良，就越会远离变革的需求。"[3]

在秩序的知识所激发的改革动力背后，回荡着革命的幽灵。一切改革思想都是因为害怕革命的威胁，尤其是害怕贫困与革命形影不离的观念。"贫困是革命的战马"，[4]是穷人萌生骚乱情绪的根源。对此，维莱梅感到忧心忡忡。没有什么能让穷人遵守秩序，因为他们只想"推翻现状"[5]。贫困有可能引发革命，因为它使人无视秩序；改革即是道德，因为它能够让人遵守秩序。"要么找到治愈贫窭的有效良方，要么准备迎接世界的倾覆。贫困对当代社会的破坏力，远甚于奴隶制对异教社会的冲击。"[6]

同样，改革也是为了驱散恐怖的阴霾。毫无疑问，社会经济学家们能

248

1　E.Fodéré, *Essai historique et moral sur la pauvreté des nations*, Paris, 1825, p.556；Eugène Buret, De la misère, 1, p.308:"政治和哲学解放了他们；他们庄严地宣告了自己的权利，坚决捍卫平等的诉求。"

2　J.-B.-F.Marbeau, *Du paupérisme*, p.13；Jacques Matter, *De l'influence des mœurs sur les lois*, p.289.

3　J.-B.-F.Marbeau, *Politique des intérêts*, p.237.

4　J.-B.-F.Marbeau, *Du paupérisme*, p.42.

5　Antoine Cherbuliez, *Riche ou Pauvre*, p.283.

6　Eugène Buret, *De la misère*, 1, p.74.

够理解直接民主的梦想，因为它也给他们提供了许多灵感。但是，在采取干预政策时，他们绝不愿意颁布体现直接民主色彩的法令。在他们看来，这只会加剧国家与社会的矛盾；唯有诉诸秩序的知识，才能缩小国家与社会的鸿沟，才能引导社会发现自己的道德形式。他们渴求一种社会组织的知识，希望把社会塑造成为一个介于国家与个体之间的新主体，希望在其非政治合法性的范畴里消除在政治上极其危险的社会冲突。

社会经济学家们希望推动权力原则重新融入社会，实现社会问题的非政治化，从而使"政府与社会不再分离。因为政府存在于社会里；从本质上说，政府是社会的组成部分，甚至是社会本身"。[1] 然而，他们的希望还是落空了，因为道德范畴尽管变成了知识的对象，但它依然不是一种社会建构，不是一个政治目标。为了完成道德范畴在社会范畴中的嬗变，应当巩固"秩序的知识"的各种构成要素，把它们变成一门科学，从而确定一种新型社会化模式的定义标准。这种新型的社会化模式不是建立在个体权利之上，而是建立在社会行为之上。

249

1　Charles Dunoyer, *L'Industrie et la Morale*, p.50.

第四部分

走向社会政策

第八章　权利的裂痕

在 1820—1840 年期间，社会经济学竭力区分贫困问题与经济范畴的劳动问题（自由主义希望为后者建立自由市场，反对任何形式的政治干预）。尽管劳动依然是社会秩序的组织原则，尽管人们依然希望依靠经济繁荣消灭贫困，但根据博爱学的理解，劳动从此以后变成了推动社会道德化的重要手段。同样，社会经济学也希望区分贫困问题与政治范畴的权利问题。权利问题体现了个体主权，与保障每个个体权利的国家相对。权利范畴一旦与劳动挂钩，就会变得特别危险，因为这意味着国家必须保障公民的物质生活，而不能像代议制政府要求的那样在公民关系的问题上保持政治中立。

对社会经济学而言，问题的关键在于区分经济范畴的自由秩序与政治范畴的平等制度或博爱制度（后者应当提升"道德"，将之作为维护社会问题的首要任务）。在社会经济学的推动下，救助问题出现了转向；它不再被视为一种"新国家宗教"，致力于创造新的个人权利，而是被看作一种改革策略，其目标是要走出一条新路，抛弃经济自由主义的幼稚乌托邦和国家主义。在贫困问题上，市场失灵的局限尽显无遗。对贫困的分析引发了人们对自由主义的反思。在某种意义上，人们开始利用国家，消除贫困。社会经济学认为贫困问题对改革具有举足轻重的影响，故而不遗余力地推动穷人融入社会。博爱的经济学尽管在穷人与现代经济组织之间建立了一些联系，但却仍然肯定了他们被剥夺财富、无法享受进步利益的残酷事实。总之，它竭力推动穷人接受给自己带来沉重代价的社会方案。为此，社会经济学限定了改革的范围，它主张革除经济秩序的反社会后果，但反对人们阻碍其正常的运转。改革的重心不在经济领域，而是在教育、保险、卫生、储蓄等领域，是在以社会范畴面貌显露的领域。

尽管有这种推动贫困社会化的策略，但在1848年再次爆发革命后，穷人与工人一道，重新回到了政治舞台的中央。历史画面突然为之一变。问题不再是简单地消除经济危机的负面影响，不再是彻底消除缓慢发展的工业化带来的消极后果。一言以蔽之，问题不再是消灭西斯蒙第所说的"转型时代的痛苦"。一场无法抑制的起义来势汹汹，它从巴黎街头涌向国民议会。起义人民的贫困似乎产生于现代社会组织的另一个重要问题。

毫无疑问，这是因为有产者与无产者的对立。而且，它们的对立弥漫于整个社会，深入它的骨髓。所有权是通往公民资格的道路，而劳动又是获得所有权的手段。在旧制度时期，相同的社会紧张曾经与特权秩序的所有权有关；如今，它们围绕生产领域的劳动再次浮现。这一次，由于特权已被消灭，新社会制度里的任何事物都无法再证明不平等的正当性。

如何能够在平等的基础上组织一种不平等的、分裂性的秩序？毋宁说，如何能够在不平等的人当中建立博爱？对于这个问题，1848年革命提出的整套社会方案显得捉襟见肘，所以人们对它的信心很快动摇了。因此，在重新反思经济组织时，应当考虑社会组织，应当考虑它隐含要求的分配诉求和参政诉求，应当考虑它引发的权力分立问题。人们也确实应当这么做，原因也很简单。因为无论在经济领域，抑或在政治领域，个人主义和平等的原则均占据主导地位，但它们根本无法催生出任何的社会权威理论。将社会秩序建立在主体的权利（droits subjectifs）之上，无异于痴人说梦，因为这只会导致自由主义和民主出现一些难以克服的矛盾。

1.劳动保障权

1848 年，失业者和穷人再次涌向街头和广场；他们和工资少得可怜的工人不断壮大了"1848 年的人民"[1]。如同法国大革命议会的梦魇时刻，人民质问政府，高喊让代表们噤若寒蝉的口号：社会对穷人负有债务，用真金白银偿还义务的时刻已经到来。从此以后，人民要求政府还债；他们需要的金钱就是所谓的**劳动保障权**（droit au travail）。劳动保障权的口号团结了所有人：它响彻大地，震撼身体，触动灵魂；不久以后，它还变成了起义人民的旗帜，体现了人民缔造社会团结的观念。如果劳动是唯一合法的谋生手段，那么就不能让它受命运的摆布，更不能将之等同于社会的仁慈救助。劳动将不可避免地拥有权利的外衣。

劳动保障权的话题呈现了新危机的全部亮光与黑暗。它变成了"遗忘社会"（托克维尔语）的政治机构[2]与决意行使主权的人民进行斗争的场所。劳动保障权的口号是如此铿锵有力，所有人都认为，它包含了一个应当予以重构的真理——社会改革不可避免地走向经济改革。如果说贫困是劳动匮乏和工资不够造成的，那么改革就不能局限于纠正某种经济秩序的后果，而不至于涉及其他。改革必须触动经济组织，重建平等的条件。

这是人们驯服贫困之进程的重要分水岭。在 1848 年革命者看来，劳动保障权是消除人民贫困的政治方案。尽管社会经济学做出了不懈努力，但劳动保障权还是把与劳动如影随形的贫困后果带到了起义的腹地，呼吁人们用权利的概念构建消灭贫困的方案。争取劳动保障权的诉求团结了不同的派别，调和了不同的革命策略。劳动保障权尽管具有鲜明的调和色彩，

259

1　Charles Tilly et L.Lees, "The people of june 1848, "in R. Rice（ed.）, *Revolution and Reaction*, New York, Barnes and Noble, 1975, pp.170-205.

2　Tocqueville, *Souvenirs*, Paris, Gallimard, 1978, p.47.（《托克维尔回忆录》，董果良译，商务印书馆，2004 年版，第 36 页。——译者注）

但它还是招致了激烈的反对意见。在 1848 年 2 月和 6 月期间，到底发生了什么，使人们首先肯定了劳动保障权，随后又否定它？为什么宪制的权力最终拒绝了劳动保障权体现的政治妥协？若想对此作出解答，必须考察劳动保障权对社会政策、对政府与贫困的政治关系所产生的影响。一言以蔽之，关键是要考察 1848 年革命的内涵，考察它的新权利诉求。

革命和权利

二月，还是六月？对于人民起义的两个时刻，1848 年革命的多数解释者都会做出自己的选择。但是，鲜有人分析两个时刻的关系，考察各种**260**权利诉求的内在关联，并剖析它们招致的抵制，以及由此引发的街头斗争。

人们长期将二月和六月对立，并把 1848 年革命视为 1789 年大革命迟到的完善。托克维尔惊呼"这是又重新开始的法国大革命"。[1] 马克思的看法也并无二致，认为二月革命首先应该完善 1789 年开启的"资产阶级统治"[2]。毫无疑问，托克维尔、马克思等当时的评论者受到了起义者的深刻影响。1848 年的起义者反复提及 1789 年，试图强调一种富有深意的社会—政治的连续性。威廉·休厄尔（William Swell）表示，就劳动问题而言，这种连续性并不是一种幻想。

然而，反复援引法国大革命的做法通常会抹杀 1848 年的意义。根据自由主义者的解释，尤其是在第三共和国的历史学家们看来，1848 年代表着共和精神遭遇重创的悲剧时刻。[3] 相反，在马克思主义的传统里，1848

---

[1] Tocqueville, *Souvenirs*, p.118. （《托克维尔回忆录》，第 98 页。——译者注）

[2] Karl Marx, *Les luttes de classes en France, 1848-1850,* Paris, Éditions Sociales, 1984, p.89. （马克思：《1848 年至 1850 年的法兰西阶级斗争》，中共中央马恩列斯著作编译局，人民出版社，2018 年版，第 32 页。——译者注）

[3] François Furet, "La question de la Révolution française sous le régime de Juillet," *La Gauchet et la Révolution au milleu du XIXe siècle:Edagar Quinet et la question du Jacobnisme*, Paris, Hachette, 1986, pp.11-27.

年革命宣告了 1789 年资产阶级革命的终结：二月建构了共和国的梦想，象征着博爱的王国；六月则代表了共和国梦想的破灭，它反对资产阶级的解放理想，走向了内战。如何看待存在于这两场革命之间的近六十年，如何评价这两场革命的成就？自由主义史学和马克思主义史学都陷入了一种两难的境地。

不过，当时的评论者已经觉察到了新革命的独特性。托克维尔表示，1848 年革命的特别之处在于其"纯粹的民众属性"，"没有资产阶级参加，并且反对资产阶级"，它期望诉诸一种共同的社会哲学，超越日趋尖锐的阶级对立。[1] 马克思也指出，1848 年革命"庄严地从欧洲的一个论坛上泄露了 19 世纪革命的秘密：无产阶级的解放"。[2] 可见，时人已经意识到，1848 年革命既是 1789 年革命的政治延续，也体现了一种重要的断裂，因为它把社会问题引入了新制度的内部。

261

许多著作试图透过法国政权频繁更迭的表面，揭示将自由主义秩序的矛盾曝光的社会动力机制。对于自由主义秩序的矛盾，1789 年的一代人只有一种政治直觉，只有一种朦胧的感受。随着时间的流逝，政治范畴逐渐体验到了自身撕裂的社会后果。1848 革命似乎更多地揭露而非终结了自由主义政治秩序制造的内在矛盾。

莫里斯·阿居隆（Maurice Agulhon）表示，日趋尖锐的矛盾在"合法的社会主义"（socialisme légale）当中尽显无遗，并切中肯綮地指出权利是这些矛盾的焦点。他引用福楼拜的一句名言："争取权利的骄傲洋溢在人们的面孔上。"[3] 在 1848 年，权利是非社会主义的自由派和社会主

1　Tocqueville, *Souvenirs*, pp.123-125.（《托克维尔回忆录》，第 103 页。——译者注）

2　Karl Marx, *Les luttes de classes en France*, p.94.（马克思：《1848 年至 1850 年的法兰西阶级斗争》，第 36 页。——译者注）

3　Maurice Aulhon, *1848, ou l'apprentissage de la République, 1848-1852*, Paris, Éditions du Seuil, 1973, p.47.

义的民主派达成政治妥协，建立"四八年人的共和国"（république des quarante-huitards）的中介。这种妥协之所以成为可能，只是因为各个派别尽管在政治上斗得你死我活，但在权利的问题上，在"尊重共和主义法治"的问题上，它们却拥有共识。不过，"官方共和国"最终还是抛弃了"合法的社会主义"，导致"四八年人"功败垂成。在莫里斯·阿居隆看来，这只是一场纯粹的宪政变革，它"抛弃了一切社会改革的内涵"。[1] 在一些人呼吁的法定权利与宪法（只有它出现了变化）之间，存在一道巨大的鸿沟。难道这不是政治利用权利的标志吗？所以，如果说权利构成了1848年革命的内核，那么整场革命都可以被理解为一场声势浩大的权利政治化运动（politisation du droit）。

我们应当承认，在1848年，权利尽管只停留于"法条主义"（légalisme）的层面，却贯穿了阿居隆将之对立起来的两个共和国：一个是"四八年人"的共和国，它鼓吹"道德观念和最高纲领"，另一个是梯也尔的共和国，它只涉及"纯粹的宪法观念和最低纲领"。权利是两个共和国的共同要素，但它们对自由主义面临的核心问题——权利的来源是什么？行使政治权威的正当性又存在于何处？——做出了截然不同的解答。

法条主义会限制权利的影响；正因为如此，阿居隆无法理解六月起义的真正含义。在阿居隆看来，六月起义充斥着暴力，"违反法律"，"对当时的政治法国而言，［……］是如此地罕见，如此地不同寻常"。托克维尔对血腥六月的评价依然在回响："这是一种既含混不清，又谬误百出的权利观念。它一旦与野蛮的暴力结合，便会给这种暴力带来它仅凭自身无法获得的活力、韧性和威力。"[2] 权利不会远离街垒，正如暴力不会远离权利。武装起义不过是延续了被排斥者所使用的权利话语的反法律性。

1　Maurice Aulhon, *1848*, pp.226-230.

2　Tocqueville, *Souvenirs*, p.213.（《托克维尔回忆录》，第 180 页。——译者注）

　　为了彰显权利的冲突性和"颠覆性"，我们绝不能像阿居隆那样把革命的政治维度降格为普选。[1] 劳动保障权与普选权一样，都是在借助个体权利的概念，表达政治诉求。因此，劳动保障权并不是一个只与宪法序言有关的"哲学问题"。实际上，它的意义存在于别处，它关乎对法定权利的认证（qualification）。1848 年革命催生了一个重大问题，即共和派为表达人民诉求而采用的法律策略将产生难以估量的社会影响。整场革命可以被理解为一场社会实验，它的目标是检验人们是否有可能遵从人民的意愿，把法律框架、形式平等转化为实质性的权利解释。

　　此外，劳动保障权构成了人民期望的"社会革命"的重要内容。许多著作都研究了"1848 年的人民"，重构了这几个月期间涌现的各种矛盾和冲突。在此期间，愤怒、希望和斗争层出不穷，此起彼伏。它们尤其重视矛盾最为尖锐的时刻，重视武装冲突的时刻。它们认为二月的重要性无法与六月相提并论，强调后者才是这场革命运动的真正灵魂。如果只立足于法律，就有可能和阿居隆一样无法理解街垒。反之，假如只分析武装冲突，便有可能低估权利的价值。

　　研究各个革命派别达成的政治妥协，有助于理解民众动员机制的复杂性。为了缓和人民的革命浪潮，国家利用了各个派别的矛盾。国家利用权利，也只是为了约束反对派。查尔斯·蒂利（Charles Tilly）认为，所谓的1848 年问题，就是要解释"新政权成立后暴力活动为何急剧增加"的现象；他特别指出，劳动保障权并非直接的原因。[2] 彼得·阿曼（Peter Amann）也表示，在二月革命中，各种社会诉求并无真正的冲突。[3] 而且，街头暴力既不是新政权催生的唯一行动，也不是集体动员的唯一目标。威廉·休

263

1　Maurice Aulhon, *1848*, p.81.

2　Charles Tilly et L.Lees, "The people of june 1848," p.179.

3　Peter Amann, *Revolution and Mass Democracy.The Paris Club Movement in 1848, Princeton*, Princeton University Press, 1975, p.332.

厄尔强调，工人之所以支持共和国，主要是为了捍卫劳工主权和劳动保障权。[1] 无论是在卢森堡，还是在国家工场，抑或在俱乐部，人们总是竭力避免新的起义，并为此建构了一套以权利为基础的政治策略。我本人之所以研究 1848 年，即是为了剖析这套策略。

救助的权利

雷米·戈塞（Rèmi Gossez）指出，劳动保障权的概念最早出现于傅立叶论经济组织的理论中，随后与真正的革命纲领，与创建民主和社会的共和国的诉求相融合。[2] 另一个有力的证据是经济范畴与社会范畴之间的相互转换性（interchangeabilité）。此外，还有一个证据：民主的政治问题和民主的经济与社会内容密不可分，因为人们不但要求确立普选制，改造政治秩序，还主张对权利做出焕然一新的解释，以期改变整个社会组织。无论在政治范畴确立投票权，抑或在经济范畴确立劳动保障权，还是在社会范畴确立结社权，人们在革命危机期间公开提出的问题几乎如出一辙。个体权利难道只是个人主义秩序的基础，并制造了导致社会解体的社会冲突？毋宁说，个体权利难道能够催生集体自由，进而消弭自由竞争秩序制造的冲突？

当临时政府在起义民众的施压下，颁布承认劳动保障权的法令时，[3] 它的领导人们清楚地知道，这并非只是一项纯属经济范畴的诉求。路易·勃朗参加了该法令的起草委员会，他在《1848 年革命的历史》中回忆道："在起草该法令时，我并非不明白它将会把政府引向何处；我很清楚，唯有借

264

1　William. H.Sewell, *Gens de métier et Révolution*, p.336.

2　Rémi Gossez, *Les Ouvriers de la Paris*, vol.I, *L'Organisation, 1848-1851*, La Roche-sur-Yon, Bibliothèque de 1848, 1967.

3　"法兰西共和国临时政府借助劳动，竭力维持工人的生存。它尽力确保所有公民都拥有工作。"（J.-B.Duvergier, *Collection des lois, décrets*, t.48.）

助社会改革，以结社为原则，以消灭无产阶级为目标，它才具有操作性。而且我认为，这正是该法令的意义所在。"[1]在该法令的起草者们看来，除了可以满足短期的经济利益外，劳动保障权还承载着刻不容缓的社会改革诉求；倘若不进行社会改革，劳动保障权既无法实现，也不可想象。由此可见，革命的改革方案与社会经济学的方案是针锋相对的。

事实上，劳动保障权的诉求拥有双重属性。一方面，它希望解决不断发展的工业化所催生的问题。因此，在生产活动导致劳动力大规模流动之际，劳动保障权应当推动建立一种更加公平的生产组织。同时，劳动保障权的诉求也意味着一些具体的请求，如创造就业、改善劳动条件，以及给劳工提供社会保障。路易·勃朗还主张劳动保障权应当体现按需分配的观念，认为这是维护社会秩序稳定的必要前提。"按能分配，**这就是义务**。人不仅从自然获得了一些能力，而且也获得了一些需求。如果社会制度拒绝满足他的需求，阻碍他的全面发展，那么每个人又如何能够履行自然强加的职责呢？由此便产生了匹配和完善前一种义务的公理，即按需分配。**这就是权利**。"[2]

另一方面，劳动保障权通过协调权利范畴的原则与义务范畴的原则，引导经济领域遵从一种权利与义务对称的体系。此种体系类似于契约实践在社会机体当中建立的体系。因此，劳动保障权意味着要对社会问题做出一种全新的解读：从此以后，劳动保障权引发的矛盾，以及为消除这类矛盾而提出的不同路线，都会在社会问题上留下自己的深刻烙印。事实上，劳动保障权将不可避免地变成救助权；反之，救助权也会变成劳动保障权。[3]

265

1　Louis Blanc, *Histoire de la Révolution de 1848*, Paris, 1849, 2 vol., 1, p.129.

2　*Ibid.*, 1, p.148.

3　路易·勃朗旗帜鲜明地宣称："两件事情必居其一，要么救助权是空洞的字眼，要么劳动保障权不可辩驳。"（Louis Blanc, "Discours sur le droit au travail," in Joseph Garnier (ed.), *Le Droit au travail à l'Assemblée nationale.Recueil complet de tous les discours pronounces dans cette mémorable discussion*, Paris, 1848, p.385.）

路易·勃朗宣称，唯有保障劳动的有效条件，才能抑制有产者与无产者之间的社会不平等。只要不是有产者，任何人都必须依靠劳动，合法地获得生存资料。所以，如果要避免穷人依靠施舍苟活而陷入"道德堕落"的困境，那么保障他们拥有工作，不仅是唯一可能的救助形式，[1]而且特别有助于恢复他们的权利。

没有什么比劳动保障权能更好地说明，人们对贫穷的看法出现了重大变化。贫困的现代性不仅因为它的起源，因为它与工业经济的劳动问题息息相关，也因为它扮演的角色。为了抵制施舍可能催生的道德败坏，人们倡导一种新的道德，它推崇生产劳动，要求人们积极参与得到所有人赞同的社会纲领。但是，劳动保障权激活了大革命的救助理论，导致社会经济学竭力规避的危险再度浮现。换言之，它推动人们把救助贫困的政策纳入

266 国家主导的劳动保障体系。

鼠目寸光、好吃懒做会造成贫困，并使穷人死皮赖脸地请求善人的施舍。为了避免这种令人悲哀的景象，人们高度赞扬劳动的价值，宣称它能够推动道德化、文明化甚至哲学化。无论是杜尔哥和重农学派的乐观主义，抑或西斯蒙第在分析经济危机时表现出来的悲观主义，人们始终认为劳动是解决贫困问题的不二法门。自由主义社会希望建立**积极的生活**（*vita activa*）。在积极生活的道德里，劳动似乎可以保障个体行为的理性，规范个体利益与普遍利益的融合，消灭贫困。换言之，它既能逐渐地改变穷人的主观意愿，却又不会阻碍生产制度的客观运行。

然而，劳动很快暴露了自己的无能，它无法独自推进救助贫困的政策。人们不断指出，将救助等同于劳动政策的做法异常危险，因为它会导致国

1　马迪厄（Mathieu）："你们投票支持给成年人提供救助权，而不是劳动保障权；我敢向你们保证，历史总有一天会说你们是在投票支持堕落、腐败和伤风败俗。"（Joseph Garnier (ed.), *Le Droit au travail à l'Assemblée nationale*，p.73.）

家主义的膨胀。实际上，在通过改革社会组织消灭贫困的观念里，国家主义已经若隐若现。有鉴于此，社会经济学倡导的救助政策总是不愿诉诸劳动保障权，而是采取其他手段，只触碰经济机制的边缘。

1848 年革命在救助权与劳动保障权之间画上了等号，突然打碎了经济机制。所有人都认为，劳动的诉求没有违背自由主义原则。但是，在它以救助权的面貌出现后，似乎就变成了一种反自由主义的手段，具备鲜明的国家社会主义色彩。好像仅凭它，就足以颠覆整个社会的秩序。约瑟夫·加尼耶警告说："我的看法与马尔萨斯一样。救助权就是劳动保障权，承认救助权势必会导致社会陷入困境。它造成的恶果无异于劳动保障权。谁说拥有劳动保障权的人应当获得救助，谁就是在胁迫社会和政府提供救助。"[1]这种胁迫力量源于如下的事实：只要宣布劳动是一项权利，如同宣布救助是一项权利，就会导致人们否定私人的所有权和国家的自主性，从而掏空社会秩序的基础。

267

私人的所有权

从此以后，人们必须，而且应当在所有权与劳动之间建立联系。对所有人而言，这是一个不容置疑的真理。本雅曼·贡斯当表示，"唯有消灭体力劳动，才有可能消灭所有权"。[2]由此可见，劳动保障权植根于一种根深蒂固的信念。但是，反对者却批评说，随着劳动保障权的确立，自我利益（l'intérêt personnel）将无法激励个体行动，而会催生一种"觊觎他人的所有权的权利"。[3]为了维持效率，自我利益需要私人所有权的刺激，需要一个政权保护私人所有权，使它免于不公正的压榨（无论是济贫税，

1　Joseph Garnier (ed.), *Le Droit au travail à l'Assemblée nationale*, p.xvii.

2　Benjamin Constant, *Principe de politique, in De la liberté chez les modernes*, Paris, Livre de Poche, p.376.

3　Joseph Garnier (ed.), *Le Droit au travail à l'Assemblée nationale*, p.60, note.

抑或劳动保障权）。

我们已经指出，所有权并非一种纯粹的社会约定，而是一项举足轻重的个人权利，它构成了自我利益之自然的、心理的基础。拉马丁宣称："所有权不是一项法律，而是一种本能，甚至是一种植根于人性的条件。"在这种意义上，它变成了文明本身的标尺。[1]这就是无产者为什么要不可避免地"走向所有权"。[2]只要所有权作为激励每个人利益的动力，扎根于个人，那么它就会改变自己的属性：它不再是社会不平等的根源，而变成了一项基本权利。

相反，劳动保障权的理论家们认为，**所有权的个体化**（individualization de la propriété）并非灵丹妙药，而只会催生社会不平等的制度。路易·勃朗宣称："个体利益无疑是我们希望追求的目标，但前提是它应当正常发展，而不能牺牲所有人，成全一小撮人。唯有与普遍利益相结合，唯有无差别地与所有人的利益相结合，个体利益才是正当的、神圣的。"[3]因此，使所有权扎根于个体，还远远不够，必须建立普及所有权的原则，并提供相应的社会化标准。唯有如此，所有权制度才能消除其不平等的后果。

有鉴于此，必须在私人所有权的基础上构建一种社会共识。既然个体利益并非万能，那么就应当关注其他利益；倘若无法形成一种得到所有人遵从的鲜明共识，私人所有权将无法得到保障。马迪厄（Mathieu）引用米拉波的话语证明说："所有权就是每个人占有为所有人同意的某种事物。唯有这样，人们才会承认对土地的划分，承认符合所有人利益的私人所有权。"[4]所以，私人所有权的自然基础在于所有人的同意，在于所有人都

1　*Ibid.*, p.48.

2　Benjamin Constant, *Principe de politique*, p.317.

3　Louis Blanc, "Discours sur le droit au travail, "in Emile de Girardin (ed.), *Discours à la Commission du Luxembourg*, Paris, 1849, 2 vol., 1, p.193.

4　Joseph Garnier (ed.), *Le Droit au travail à l'Assemblée nationale*, p.65.

拥有各自的利益。宪制权力应当消灭其他形式的所有权，只保护得到所有人同意的所有权，只捍卫作为劳动成果的所有权。因此，法律为了获得效力，应当保障所有人都能获得所有权。实际上，每个人都拥有的所有权来源于劳动保障权；劳动保障权和所有权都应得到权力的同等保护，因为无论是获取所有权的前提，抑或所有权的结果，都应得到同样的保护。或者说，"如果无产者不能拥有劳动保障权，那么无产者能够通过劳动变成有产者，无异于痴心妄想"。[1]

由此，劳动保障权理论也引申出了**结社**（association）观念。结社是创造社会化的所有权的唯一手段，能够为它的发展提供某种共识的框架。在社团内部，劳动产品为所有人共享，每个人都应当为生产、技术革新以及产能的最大化承担责任。"你们要为共同利益劳动，要像兄弟一样分享劳动成果。你们要合理安排，使任何人都不能漠视良好的行为和邻人的劳动。因此，你们当中那些妄图不劳而获、坐享其成的人，应当被宣布为无赖。"[2]在与劳动保障权休戚相关的社会改革方案里，结社发挥着关键的影响：在政治范畴，它以普选的面貌出现；在经济范畴，它则表现为在工场里建立合作的劳动组织。

国家的主权

围绕劳动保障权的讨论，人们对国家与社会的关系提出了两种针锋相对的看法。一方面是自由主义立场，它认为所谓的政治问题，就是要界定"国家行动的限度"。[3]国家没有义务照顾公民的福祉，只负责保护他们的安全，

1　*Ibid.*, p.68.

2　Louis Blanc, "Discours sur le droit au travail, "in Emile de Girardin (ed.), *Discours à la Commission du Luxembourg*, 1, p.206. "在联合的劳动者当中，谁都明白懒惰很快就会变成无耻。这种人造成的危害，类似于军队里的贪生怕死者。"（Joseph Garnier (ed.), *Le Droit au travail à l'Assemblée nationale*, p.67.）

3　Wihelm von Humboldt, *l'Essai sur les limites de l'Etat*, Paris, 1867.

应当竭力避免个人抛弃自我治理（gouvernement de soi）的念头。米歇尔·舍瓦利耶宣称："我们首先应当成为自己的神启。"[1]

洪堡认为，国家是一种必要的恶，它产生于消极的安全需求。在自由主义的理论当中，洪堡的论断在政治上可以引申出一种观点：国家是人造的机构，目的是抵制权力的滥用。[2] 从此以后，最根本的问题在于建立抵制权力滥用的屏障。本雅曼·贡斯当表示，人们应当创建一些与公共舆论精诚合作的政治机构，把国家权力仅限于"维护社会安全所必需的权威"。[3] 对于所谓干预社会机体的"积极"机制，国家应当保持中立；它的责任仅限于保障这些机制不受约束。由于被迫坚持中立立场，国家还应当保障整个社会的中立。

在此，我们触及了一个独特现象——19 世纪的自由主义国家在一种所谓的中立性里，寻求自身的正当性。在卡尔·施密特看来，这种现象不过是标志着一种更普遍的文化中立化和非政治化的进程已经走到了终点；而人们之所以推进文化中立化和非政治化，乃是希望建立一个美好的世界：在此，冲突烟消云散，和谐共处将变成现实。[4] 施密特认为，神学秩序的逐渐瓦解，形而上学、道德、法学等"自然的"秩序的诞生，与文化中立化、非政治化的进程相辅相成，并行不悖。唯有在此基础上，社会才能实现自我解放，才能创造自身的真理概念。非政治化的进程终结于中立的国家观念，终结于自主的政治权力观念。但历史的吊诡在于，国家却因此变成了无数冲突的战场。

人们孜孜以求地追寻中立化，但中立性不过是一个海市蜃楼。这种

270

1　Michel Chevalier, *Les Question politiques et sociales*, Paris, 1850, p.25.

2　Charles de Rémusat, *De la politique libérale, ou Fragments pour servir à la définition de la Révolution française*, Paris, 1860.

3　Benjamin Constant, *Principes de politique*, p.274.

4　Carl Schmitt, "Das Zeitalter der Neutralisierungen und Entpolitisierungen, "1929，in *Le categorie del politicio*, Bologne, II Mulino, 1972, pp.167-184.

把"不可知论"奉为圭臬的国家希望在所有观点上，也包括在经济上，保持中立，维持最低限度的存在。然而，它很快面临再政治化（se repolitiser）的可能。伴随着人们提出劳动保障权的诉求，国家的再政治化变成了现实。劳动保障权的拥护者们表示，国家应当接受社会的立场，维护社会的完整性，抵制一切有可能强化反社会倾向的特殊主义。

另一方面，劳动保障权理论催生了一种有别于自由主义的国家观念，它主张国家发挥引领作用，发挥卡尔·波兰尼所说的"社会自我保护"[1]的作用。在《1848 年革命史》的附录里，路易·勃朗阐述了其劳动理论隐含的国家学说。在民主政治当中，国家是人民代表体现的人民权力，甚至是社会本身；它反对压迫，维护自由，抵制个人主义的进攻。[2]如果国家是社会，那么它将不可避免地呈现社会的矛盾和冲突。为了避免社会不平等的加剧，国家无法维持中立的立场。国家不能同等地捍卫所有人的利益，它只能捍卫最脆弱的公民；对后者而言，国家是来自集体的支持力量，可以帮助改善自己的弱势地位。所以，国家是保护者，是"穷人的银行家"： 271 "我们之所以希望建立强大的政府，乃是因为在我们被迫苟延残喘的不平等制度里，弱者需要保护自己的社会力量。我们希望创建的政府将干预工业领域，不让富人为所欲为。我们希望拥有一个给穷人提供贷款的社会银行家。"[3]

国家肩负着监护穷人的使命，不能要求穷人独自承担脱贫的责任。为此，国家也应当监护整个社会。民主不是社会"自发"创造的政治组织，它要求国家进行调控。国家是如此认同于社会，以至于它在确立其民主形式时，不得不整合无可避免的社会张力。国家的使命是贴近社会，但它也

1　Karl Polanyi, *La Grande Transformation*, p.179 *sq.*

2　Louis Blanc, *Histoire de la Révolution de 1848*, 2, pp.235-237.

3　Louis Blanc, *L'Organisation du travail*, Paris, 1848, p.20.

会意识到其角色的矛盾性。在平等的社会里，国家是一个自主机构，它垄断行使社会权威。"对人发号施令是一种蛮横无理的行径；因此，唯有造福于人，唯有有益于人，它才能被允许发号施令。"[1] 所以，国家的正当性不再取决于武力，而取决于它之于社会的效用。换言之，国家应当推动社会解放，应当利用自己的力量，帮助社会消除对秩序和自由构成威胁的各种冲突，最终走向民主制度。

在劳动保障权的理论中，国家非但不会接受自由主义学说施加的限制，反而势不可挡地集中权力：它似乎大权独揽，实行政治集权，成为经济的调控者。然而，这正是劳动保障权的反对者猛烈抨击的地方。托克维尔批评说，国家变成了"独一无二的企业家"。[2] 相反，劳动保障权的理论家们却认为，只有一个因素，即旨在取代行政集权的"乡镇的民主组织"，才能限制国家权力。在他们看来，民主不仅关乎政制，也牵涉社会权力的重构：政治变革与社会改革应当携手并进，同步推进；唯有如此，才能保障安全。"如今，任何人都无法享受安全；在利益矛盾和人事冲突造成动荡不安之际，无论是富人，抑或穷人，光靠自己的智慧、品行、智力和计算，都无法安身立命。[……]在一个听凭于偶然的社会里，起义总是蓄势待发，而公共和平危在旦夕。"[3]

为了消除公共和平的不确定性，必须建立一种监护性的政治机构，推动社会改革，让国家利用自己的力量，帮助社会摆脱冲突的或然性。因此，国家变成了社会与经济生活的调控者，"政府将被视为生产的最高调控者；为了履行职责，它被授予强大的力量。[……]它提供贷款，创建社会工场。作为社会工场的唯一创建者，它拟定章程，召集劳动者，提供道德保障，

1　Louis Blanc, in *Discours à la Commission du Luxembourg*, 1, p.53.

2　Joseph Garnier (ed.), *Le Droit au travail à l'Assemblée nationale*, p.101.

3　Louis Blanc, in *Discours à la Commission du Luxembourg*, 1, p53.

并在第一年对职务等级作出规定"。[1]接着,它还应当保护工场产品的价格,避免它们受到私人企业竞争的挤压。它尤其要推动行业内部的企业联合,目的是缓和自由竞争催生的战争状态。总之,民主意味着必须"向人民阐明其状况的改善与权力变革之间的利害关系"。这就在政治改革与社会改革之间建立了深刻的联系。在民主政治当中,国家代表着整个社会的组织力量,它的干预说明人民的禀性出现了另一种深刻的变化,"在追求自我解放时,它借助秩序、辩论和科学,而不是诉诸野蛮的武力"[2]。

在其私人所有权观念与国家观念的交汇处,劳动保障权理论引导社会改革走向了两个看似背道而驰的方向:通过结社,巩固社会;借助监护角色,强化国家。实际上,它们都受同一场运动的驱使,都倾向于宣扬以所有权为名,或者以公共职能为名而行使的权威。为了争取劳动保障权,既要批评鼓吹个人自由和自由竞争的经济思维,也要批评只承认个体权利的法律-政治思维。所以,人们卷入了一场声势浩大的批判运动。它批判个人主义,批判个人主义在社会改革问题上的无能,批判个人主义的消极社会影响(冲突)和根本原则(个人权利)。

此外,社会改革采取的社会化路径也能够让我们理解,为什么它的反对者无意于批判劳动理论,而是更多地把矛头指向了将劳动变成权利的诉求。一旦用权利概念来界定,劳动便不再是自由主义繁荣伦理的核心因素,而会变成对私人所有权的威胁。反之亦然。一旦与劳动相连,权利便不再是构成契约社会的个人主义基础,而是会证明社会债务和社会保护的必要性,简言之,它将被视为在争取一种法定的平等。穷人尽管与其他社会成员一样拥有法律平等,但却被剥夺了对法定权利的享受。1848 年,他们开始谈论权利的语言,谈论他们被排斥的事实。他们转换了权利问题的重心:

1　Louis Blanc, *L'Organisation du travail*, pp.102-103.

2　Louis Blanc, in *Discours à la Commission du Luxembourg*, 1, p.105.

问题的本质不再是权利本身，而是行使权利的实际权力。经济个人主义和法律个人主义始终倾向于将权力稀释在鸡零狗碎的契约关系之中。1848 年 2 月，劳动保障权的诉求在权利领域撕开了一道裂痕，揭示了权利的双重属性：它一方面体现了法律平等，另一方面又建立了实质的不平等。

2.权利的双重属性

作为一种反法律的策略，劳动保障权理论能够正常运行的观念并非不言自明，它值得我们解释一番。因为劳动保障权理论在法律思维的层面揭示了一种重大裂痕，证明了这种理论已没有能力给社会组织提供一些有用的标准。

威廉·休厄尔援引了"最高人民"在 2 月 24 日张贴于巴黎城墙上的一份声明："所有公民都应当保留武装，保护街垒，直至享有**公民的权利和劳动者的权利**。"[1] 诚如休厄尔所言，在某种意义上，1848 年革命在权利概念的内部引入了一种二元对立。1848 年革命的做法远甚于此：劳动保障权应当开启一种权利认证（qualification de droit）的进程（它将揭露权利的矛盾性），应当否认自然权利的统一功能（它掩盖了成文法承认的实质不平等）。

自从 1789 年以来，权利是人们达成社会共识的领域。而且，只要主张消灭特权，重建被特权摧毁的"自然秩序"，人们就很容易在权利上达成共识。然而，随着劳动保障权的确立，权利问题改变了面貌。问题的关键不再是像昔日那样反对旧特权，用契约的权利取代行会的特权。人们史无前例地要求建立一种新权利，它植根于新的社会政治思维，并对所有权、自由和贫困作出了全新的界定。

1　W.H.Sewell, *Gens de métier et Révolution*, p.327. 黑体字为作者所加。

我们在前文中指出，自最初的公民资格理论提出以来，公民权利的双重性已经得到了人们的充分认识。实际上，公民权利的双重性肇始于公民资格概念的"法律主义"；公民资格要求捍卫自然权利的根本平等，反对旧制度的差别，但在政治上，它又必须借助某些差别，才能发挥作用。一方面，每个人都是平等的公民，哪怕是穷人，也不例外；另一方面，只有少数特殊的公民团体，才能拥有公民资格的法定权利。通过借助一些植根于社会，但会产生法律后果的职能概念，这种矛盾才得到了化解。这些职能的分类无法帮助消除贫穷，但劳动却能够使穷人融入权利与义务对等的社会制度。然而，劳动一旦被运用于穷人问题，就有可能转变成一项个人权利，而不是建立一种社会职能。

事实上，与劳动者相关的各种权利置身于自然权利的法律领域之外。它们不仅与公民权利存在程度上的差别，而且还拥有一种迥然不同的属性。劳动保障权虽然接受了一种法律形式，但却指向了一些非法律性的问题。它以某种"潜在的"平等为名，提出了一种非法律的平等，并要求肯定一些法定权利（如劳动保障权、救助权）。因此，劳动保障权超越了严格意义的法律框架，揭示了权利行使背后隐藏的实际权力问题。劳动保障权的捍卫者批评说，权利概念"自从 1789 年以来，一直被用来欺骗人民"（路易·勃朗语）；真正的自由并不在于权利本身，而在于行使权利的权力。[1]在此，法律语言暴露了自身发挥的临时性策略功能：它不是一个自主的目标，而是一种手段，目的在于批评一种纯粹法律性的自由观念忽视了自由与权力问题的关联。这种从权利转向权力的变化，将不可避免地导致个人权利溢出狭隘的法律领域，让人反思法律语言掩盖的不平等。

---

1 Louis Blanc, *L'Organisation du travail*, p.17. "自由不仅关涉权利，而且也涉及赋予人们在正义王国里和法律的保护下，施展自身禀赋的权利。"〔Joseph Garnier (ed.), *Le Droit au travail à l'Assemblée nationale*, p.383.〕

275

由此，权利概念丧失了它在反对特权的斗争中形成的共识价值。这不是因为人们在劳动组织的问题上提出了"极端"的诉求，[1] 而是因为这种诉求还揭露了权利的矛盾属性。公民权利与劳动者权利的区分在自然权利与法定权利之间划下了一道鸿沟：普遍公民资格观念的基础并非无懈可击。自此以后，每个人的权利都应根据其地位界定：尽管每个人都是毫无争议的公民，但在城邦里，他们的生活却是各不相同的。权利的语言无法再传达民族同质化的象征，因为权利领域也要服从一种认证进程。汉娜·阿伦特在《论革命》指出，在1789年革命期间，由于社会问题的影响，社会的统一性遭到了破坏。同理，在1848年，自然权利能够为掩盖法定权利的不平等而建立一种形式平等的幻想彻底走向了破灭。事实上，这一切皆是由人们用权利概念重构社会问题造成的。

从此以后，人们用权力概念，而不是权利话语界定自由问题。所以，自由问题会使法律框架掩盖的社会不平等重新浮出水面。从自然权利的角度来看，个体是平等的；但从权力角度，从所有权象征的权力角度，从国家行使的权力角度而言，他们却是不平等的。而且，劳动保障权与所有权的相似性也强化了权利与权力的联系：没有什么权利比所有权更"负面"，没有什么权利比它更能直接地转化为经济权力和社会权力。

"公民拥有一些独立于一切社会权威和政治权威之外的权利"；所有权也属于此列。然而，劳动保障权批判了自然权利的所谓普遍性，批判了所有权的所谓普遍性，要求把人与人之间的差别纳入考量：无产者有权要求保障自己拥有获得所有权的手段，换言之，他们应当拥有劳动。劳动不能简化为市场关系；恰恰相反，唯有劳动才有权规范市场。劳动不但规范产品的市场、所有权的市场，而且还借助纳税选举，规范政治代议制的市

1　雅克·东泽洛认为，在共和国灭亡之前，劳动保障权造成了议会和人民的决裂。（Jacques Donzelot, *L'Invention du social*, pp.36-37.）

场。总之，问题的关键是要协调工业秩序创造的各种对立力量，使它们同等地获得社会的承认；并且，要创造全新的社会制度，联合它们、团结它们。除此以外，还有什么权利能够吸引穷人呢？正如博爱学家和经济学家们反复声称的，穷人只拥有劳动；他们斗争的全部内涵，就是要依靠这种独一无二的所有权，赢得社会的承认。

由此可见，在贫穷问题上对权利做出的这样一种实质性解释，颠覆了社会经济学的改革方案的基本路线。社会经济学不遗余力地将贫困问题摒除在经济学的范畴之外，但还是功亏一篑。劳动保障权重新把贫困视为经济问题，认为它由失业造成；经济应当是贫困的解决方案，应当通过改变资本与劳动的社会关系解决贫困问题。不管社会经济学如何分离资本与劳动，贫困都属于经济发展的社会成本。所以，为了消灭贫困，应当对经济体制进行必要的改革。随着劳动保障权的确立，社会经济学将贫困问题非政治化的努力最终还是走向失败，走向了新一轮的经济政治化浪潮。

社会经济学的另一个目标是把社会问题摒除在法律范畴之外，但它也没有取得成功。个中原因，不难理解。归根结底，劳动保障权的诉求反复重申，问题的关键不在于改革是否可能，而在于改革根本无法避免，在于改革应当合理地补偿财富增长的受害者。社会经济学从博爱学汲取了灵感，试图将社会博爱的组织寄希望于一种远离法律问题的情怀。但在革命者看来，这种情怀必然会要求人们用法律的概念表达诉求。

278

换言之，如果想让平等社会里的不平等得到人们的认可，必须创造一种权利与义务对等的有机形式：人人都有权（通过劳动）平等地获得经济生存的条件，人人都有权（借助所有权）平等地分享政治主权；社会的义务就是要保障这种平等。如果经济不能回避消灭贫困的责任，那么从根本上说，国家的中立化注定无法实现。然而，只要人们希望避免所有的社会问题都用权利的概念和平等的语言来界定，社会经济学追求的使命就会显得更加刻不容缓。

279

第九章　社会问题的非政治化

总体而言，临时政府在 1848 年 2 月—6 月期间对民众诉求作出的回应显得含混不堪。一方面，2 月 26 日的法律肯定了劳动保障权；在公共事务部的行政监督下，创建了国家工场，而不是路易·勃朗期望的社会工场；在卢森堡创建劳工委员会，而不是起义者争取的劳工与进步部。这些都是控制起义运动的重要政治策略，它们掺杂了旧政策和新技术。[1] 许多著作都研究过这种政治策略，特别是分析了它对民众运动的激进化产生的影响。它们的研究尤其聚焦于六月起义的经验，聚焦于六月起义悲剧性地否认二月革命以来临时政府的政治中立化努力的事实。这些著作通常低估权利的影响，认为临时政府为了愚弄人民，欺骗人民，才采纳用法律解决冲突，但注定会走向破产的方案。相反，笔者更愿意围绕权利领域的冲突，而非围绕武装冲突，来考察临时政府的这种政策。

283

1.从权利到道德义务

哪怕国家工场在机构层面实现了法律确立的劳动保障权，也远远不能满足其理论家的期望。而且，它们与路易·勃朗在其劳动组织理论中描绘的社会工场相去甚远，因为社会工场的基本特征是劳动者要参与分红，而

1　R.J.Bezucha, "The French revolution of 1848 and the social history of work, " *Theory and Society*, 12, 4, 1983, p.477.

不是仅仅要求国家投资。最近的史学研究表明，绝非人们所说的那样，国家工场象征着社会主义社会的崭露头角；实际上，它们更多的是传统意义上国家领导的公共工程政策。社会工场的先驱是慈善工场；自从杜尔哥时代以来，每当危机爆发，民众贫困加剧时，政府经常会创办慈善工场。[1]将这些工场称为"国家工场"而非"社会工场"的事实也表明，人们无意于承认权利的裂痕所揭露的社会冲突，无意于诉诸民族。然而，尽管1848年的社会工场具有明显的传统色彩，但由于它们主要关注劳动问题而非慈善问题，所以也迥然有别于慈善工场。劳动者不仅把国家工场视为社会共和国的重大成就，还把它们作为证据，证明劳动组织是民族的责任，证明民族应当承担劳动组织的使命。

　　然而，公共工程的开支在1848年急剧增长，从1845年的1.49亿法郎增加到1848年的2.16亿，但在1850年又回落至1.49亿。同样，各种社会开支节节攀升，在1848年达到顶峰后又迅速下降；只有公共教育是例外，它的经费稳中有升。[2]社会政策的巨额支出无疑是为了控制革命运动，但却会让深陷债务泥淖、处在破产边缘的国家财政雪上加霜。此外，必须对不公正的、陈旧的税收制度进行改革。激进派竭力避免在这样的道路上越走越远，他们痛恨把财政作为改革的手段；政府也担心自己为了收揽人心而濒于崩溃。著名的"45生丁税"是临时政府采取的唯一财政措施，主要让贵族和地主负担维护秩序的经费。这是绝无仅有的措施，它深刻地体现了临时政府的踌躇。"45生丁税"虽然增加了直接税，但既没有改善民

284

　　1　W.H. Sewell, *Gens de métier et Révolution*, p.331;Mark Traugott, *Armies of the Poor:Determinants of Working-Class Participation in the Parisian Insurrection of June 1848*, Princeton, Princeton University Press, 1985, p.117.

　　2　Emile Lavasseur, *Histoire des classes ouvrières et de l'industrie de France de 1789 à 1870*, 2e édition, Paris, A.Rousseau, 1904, 2 vol., 2, p.20-21.

众阶级的处境，[1] 也无助于缓解国家的财政灾难。由此可见，将全部的责任归咎于国家工场，未免过于草率。[2]

卢森堡委员会也是妥协的产物，目的是要回应起义者的诉求。起义者希望国家摒除所谓的中立性，希望国家借助结社，主动改造经济。一方面，卢森堡委员会体现了革命运动的意志。2月28日，《和平民主报》写道："人民参加战斗，并不只是为了争取选举改革和议会改革。［……］人民的目标是经济改革，它希望切实地改善所有劳动者道德的、物质的条件。"同时，《和平民主报》还呼吁创建专门负责改革的进步部（ministère de Progrès）。国家应当直接干预社会转型，推动经济改革，组织劳动，并对革命领导的社会权力进行再分配。国家不能推卸责任，因为革命的爆发正是为了实现经济社会化的诉求。

另一方面，卢森堡委员会也体现了临时政府的立场。临时政府做出让步，同意设立一个没有决策权的委员会，但拒绝创建劳动与进步部。此举既满足了限制国家责任的政治意志，又承认了劳动组织的诉求。在卢森堡委员会的内部讨论当中，结社观念的作用也在发生变化。正如前文所示，结社意味着私人所有权制度的重构，意味着社会权力的再分配；总而言之，结社是社会制度改革方案的重中之重。事实上，在把结社应用于工场的劳动组织问题上，卢森堡委员会引导讨论走向了一种实用主义的立场，只把结社应用于工场劳动组织的某些技术环节。卢森堡委员会的实用主义，尤其是它倡导的有限工场观念表明，与最初的诉求相比，结社观念已经逐渐瓦解。最初，工人提出结社的诉求，是为了消除经济危机，为了解决日趋严重的失业问题，为了在工场里反对雇主的压迫权力。但结果，工人的结

286

---

1 Robert Schnerb, "Les hommes de 1848 et l'impôt, "in Jean Bouvier et Jacques Wolff （eds.）, *Deux siècles de fiscalité française*, pp.105-157.

2 Jacques Donzelot, *L'Invention du social*, pp.38-39.

社观念不过是在重蹈行会的覆辙。

威廉·休厄尔精辟地阐明了工人革命的悖论，认为它的目标虽然是彻底改革社会制度，但却不得不借助传统的行会框架。在很大程度上，1848年的革命话语依然是行会话语，在劳动问题上尤其如此。它特别关注互助社的组织，关注劳动条件的管理，关注工资的协商，但始终没有超出行业范围。首都街头上此起彼伏的多数民众游行是"行会工人的集会"；[1] 行会工人是游行示威的主要参加者。而且，在工人当中，也出现了代际的鸿沟。年长的工人主张全面改造劳动组织，而年轻的工人更关心失业问题，他们远离卢森堡委员会的讨论，却经常光顾国家工场。[2]

需要指出，"共和派的行会"明显有别于旧制度的行会。随着事态的发展，它们的作用不断扩大，甚至希望创造民主与社会的共和国的"缩微版"。[3] 它们向卢森堡委员会表达了希望在重组劳动问题上发挥政治影响的意愿。在委员会有关劳动的讨论中，它们表达了两种倾向：一种倾向鼓吹工人行动和工人决策的自主性，另一种倾向要求国家抑制雇主的权力。这种诉诸国家的立场主要采取两种手段，即最低工资（le tarif）和安排就业（le placement）；它们都借鉴了行会的习俗。在此，行会传统被嫁接到了一种更具革命色彩的国家主义之上。

卢森堡委员会借助在第一时间设置的劳动组织专家，允许国家远离民众的压力，因而从根本上推动了国家的中立化。而且，它还产生了另一个后果。随着讨论的深入，结社也改变了内涵：它抛弃了全面改造自由主义秩序的颠覆性观念，越来越多地变成了一个有关工场组织的技术问题。由此，社会秩序的基本原则几乎不受触动；同时，人们还通过强调结社的"落

286

1　W.H. Sewell, *Gens de métier et Révolution*, p.349.

2　R.J.Bezucha, "The French revolution of 1848 and the social history of work," pp.480-481.

3　W.H. Sewell, *Gens de métier et Révolution*, p.351.

后"内容，贬低了结社的价值。因为局限于狭小的工场里，所以结社不再能够充当一场广泛的社会改革的组织原则。尽管在表面上仍然在冷酷无情地抨击自由竞争制度的起源，但结社在实际上已经向与自由竞争制度相连的工业政策缴械投降，变成了它的重要组成部分。"在工业领域，我们不再分离竞争观念和结社观念、团结观念。成千上万有益的、保守的举措将因此喷薄而出。"[1]

正因为如此，米歇尔·舍瓦利耶才有可能在 1848 年说，工人们"要求国家负责提供劳动工具，乃是极其糟糕地利用了政治经济学"。[2] 卢森堡委员会取得最令人瞩目的成果是避免把劳动和结社变成个人权利。卢森堡委员会的讨论没有创造新权利，而只是催生了一些工会。而且，这些工会只是一种社会化的实践，并非一种权利。同样，作为结社在政治领域中的运用，普选制度借助工人代表团的活动（它是重塑劳动关系的重要环节），推动实现了一些统合观念。由此催生了一种社会化的进程，其目标是要建立一些新的行为规范：从根本上说，统合主义（corporatisme）为新型的规训、自我监督、协商提供了模板；国家能够依靠它们，约束国家工厂的青年工人，防止他们肆意妄为。

根据马克·特劳戈特（Mark Traugott）的分析，临时政府为了抑制人民的起义运动，采取了让国家工场与卢森堡委员会相互牵制的策略，结果反而导致了革命运动的侧滑。[3] 为了理解这种侧滑的独特性，应当理解特劳戈特所说的"组织要素"。在他看来，此种"组织要素"独立于集体行动，类似于"准军事组织"。依笔者管见，这种看法似是而非，导致他无法洞察其新颖性。事实上，政治行动破天荒地要求组织人民：毫无疑问，

1　Michel Chevalier, "Objections à l'organisation du travail," in Louis Blanc, *L'Organisation du travail*, p.134.

2　Michel Chevalier, *Questions politiques et sociales*, p.7.

3　Mark Traugott, *Armies of the Poor*, pp.182-185.

这是因为政府必须满足的人民诉求也含有组织的诉求。此外，这也是因为新的政治思维把组织视为重要的治理手段。路易·拿破仑说过一句名言："一盘散沙的群众什么也不是，有组织的群众却是一切。"[1] 在路易·波拿巴发动政变后，社团和俱乐部趋于消亡。在谈及这一现象时，切尔诺夫（I.Tchernoff）肯定了社团和俱乐部的价值，认为它们有助于"个人养成自我组织的习惯"，有助于缓和社会冲突。[2] 在革命期间，组织不但有助于维持纪律，还能够提升"道德影响"。例如，埃米尔·托马斯（Emile Thomas）宣称："道德影响能最有效地控制舆论和人民行动。"[3]

288

所以，在政治上利用组织是一种全新的做法。在临时政府采取的策略当中，这是最具"现代色彩"的内容；它并不是作为一种独立的工人动员因素在发挥作用。为控制民众运动而鼓吹组织的做法，通常打着道德影响的旗号。由此可见，特劳戈特根本无法理解在六月起义失败以后，一些组织为什么仍然存在的现象。由于发挥了道德影响，它们首先变成了公民教育的场所，变成了向工人群众宣扬"现实主义"的场所：一切诉求，无论由国家工场提出，抑或由政府提出，都必须符合形势的需要。有鉴于此，工人马尔谢（Marche）不无道理地说道："为了效忠共和国，人民忍受了三个月的痛苦。"[4]

在二月革命以后，道德影响构成了临时政府的政治策略的核心环节。它一方面回应了不可抗拒的普选制诞生的现实，另一方面也与长期以来人们打着纳税选举的旗号所追求的道德理论的苍白无力不无关系。唯有道德

1　Louis Napoléon Bonaparte, *Extinction du paupérisme*, p.17.

2　I.Tchernoff, *Associations et sociétés secrètes sous la Deuxième République*, Paris, 1905, pp.21-22.

3　Emile Thomas, *Histoire des Ateliers nationaux considérés sous le double point de vue politique et social*, Paris, Michel Lévy Frères, 1848, cité par Mark Traugot, *Armies of the Poor*, p.138.

4　Jaques Donzelot, *L'Invention du social*, pp.37-38.

影响，才能消除道德评判的无能；在临时政府看来，道德无能是革命爆发的主要原因。所以，特劳戈特严重低估了道德影响，只看到了事物的表面，只看到了学校、工厂、监狱、医院等机构广泛使用军事化语言的事实，却没有看到临时政府为组织民众阶级而采取的策略的独特性。国家在 1848 年为疏导民众运动而创建的各类组织，主要是为了推动工人的工会化而非军事化，其目的是要避免建立个体的劳动权利。

临时政府之所以再度强调道德影响，乃是因为它已经意识到民众的解放刻不容缓。当务之急是为民众的解放铺平道路，因为阻止它注定徒劳无功。"民主的潮流在督促我们。既然奴役的时代已经消逝，那么我们唯一的救赎就是在工人群众当中培养一种与独立相辅相成的道德。"[1] 不过，效仿的榜样仍然是英国。人们鼓励工人向它学习政治经济学的奥秘；所以，应当向法国工人传播政治经济学的知识，应当让他们抛弃对政治经济学的幼稚看法。关键是要找到一些标准，既可以"引导他们逐渐参加政治生活"，又能够避免颠覆支配政治生活的基本原则。

劳动保障权的批评者认为，应当改变问题的提法，避免把劳动变成权利。然而，面对失业者，人们也很难否认他们要求获得工作的权利。临时政府在 1848 年二月革命爆发后确立了劳动保障权，响应了民众的诉求；但国民议会不愿重蹈覆辙，只是宣布社会拥有通过促进就业、帮助其成员的道德义务。"国民议会不再宣布穷人拥有救助权，而是宣称社会有救助的道德义务，从而转移了困难。同理，在劳动问题上，人们用社会义务取代个人权利。人们强调，在这个问题上，存在一些并不必然要与权利挂钩的义务。"[2] 六月起义失败后，政府的政治反应是从权利滑向义务，而不是劳动保障权隐含的从义务滑向权利。加尼耶将信将疑，他在此只看到一

1　Michel Chevalier, *Questions politiques et sociales*, pp.20-23.

2　Joseph Garnier（ed.）, *Le Droit au travail*, p.XVIII.

种政治修辞；马拉斯特（Marrast）则不同，他强调这是在向劳动保障权的捍卫者作出妥协。[1] 从权利滑向义务的倾向似乎代表着一种可靠的妥协方案，它至少给当时的危局提供了脱困之道。

事实上，这样一种解决方案将产生更为持久的影响。它象征着自由主义理论出现了重大转折。曾经一度，自由主义理论将几乎所有的人都团结在自己的方针政策之下。对此，托克维尔洞若观火，宣称人们应当"竭力避免给每个具体的人提供普遍的、绝对的、不可抗拒的劳动保障权"。[2] 为此，他主张严格区分权利与道德，避免国家变成经济行动者，避免国家回归昔日保护主义的立场，避免提供劳动、调控市场。有鉴于此，"卢森堡委员会宣布，社会救助的义务仅限于提供劳动，或者对贫困提供狭义的救助"。托克维尔强调，这只是在重申长期以来对公共救助设置的限制条件，只是在"肯定和规范公共慈善"。在《捍卫1848年革命》里，斯图亚特·密尔高度肯定了法国政府区分权利与道德的立场，认为此举"既能影响一般的生产和劳动，又不必保障对个人的施舍"。[3] 但是，区分权利与道德的策略导致有关劳动问题的讨论出现了另一种声音。

290

在二月革命爆发后，奥古斯特·孔德立刻创建了实证主义学会，并为之提出了明确的政治目标。他在1848年革命看到了某种类似于雅各宾俱乐部在大革命的"批判阶段"所扮演的"积极"角色。[4] 在这位实证主义

---

1 *Ibid.*, p.16. 马拉斯特表示："这就是我们在劳动保障权概念中看到的奇谈怪论。既然它催生了一些和我们的思想如此相悖的解释，那么我们希望通过用社会义务取代个人权利，使得劳动保障权的思想变得更加明晰。"

2 Tocqueville, in Joseph Garnier（ed.）, *Le Droit au travail*, pp.100-101.

3 Stuart Mill, *Défense de la Révolution de 1848*, Paris, 1849, pp.84-85："[在济贫法颁布后，]法律允许任何穷人以个体的名义，要求获得劳动或救助的权利。法国政府却没有创建类似的权利。它希望作用于一般的生产和劳动，却不保障个人的施舍。"

4 Auguste Comte, "Le fondateur de la Société positiviste à quiconque désire s'y incurporer," Paris, le 8 mars 1848："我刚创建了一个政治学会，它的座右铭是秩序和进步，目标是要在大革命的第二个阶段，即本质上是有机的阶段，创建一个机构；它类似于雅各宾俱乐部在第一个阶段即批判的阶段中扮演的角色。"

者看来，大革命遵从了一项规律；它是一种自然的、不可抗拒的现象，因为它的原因植根于社会状态。[1] 孔德的解决方案只是"重塑舆论和风俗"，他认为唯有它们才能永久地改变工业社会的社会状态。将社会与弱势人群联结的契约应当是一份道德契约而非一份法律契约，应当致力于消除"法律形而上学在法国造成的实践混乱，原因是它主张对本应由道德规范的事物进行法律规范"。[2] 同样，孔德还指出，如果劳动并不是万能灵药，那么这一切问题的根源就不是劳动的稀缺性，因为创造就业的成本绝不会高于"乞丐署"（bureau de mendicité）。失业现象之所以产生，主要是因为"对劳动和公共财富的指导缺乏远见"；所以，社会资源的非理性组织造成了失业；唯有科学地发展工业社会，才能消灭非理性的因素。总之，真正的挑战在于准确认知社会运行机制的政治意志。唯有借助中央权力的干预，唯有借助对所需劳动的性质和数量作出准确认知的信息网络和传播网络，此种政治意志才能预见真正的劳动需求，才能消除私人实业的不确定性。孔德表示，这就是"地方人民议会"在劳动问题上应当追求的目标；对他而言，"地方人民议会"是解决道德秩序问题的核心机构之一。它们肩负的使命是"阐明社会情感，创造自发的、免费的、持续的、热心的监督"。[3] 由于社会的道德义务只能在其成员身上激发平庸的、幼稚的社会情感，所以还应当把持续教育作为改革策略的重心，以提升一种无法从法律和权利获得的社会性。

1　Auguste Comte, "Rapport à la Société positiviste par la commission chargée d'examiner la nature et le plan du nouveau gouvernement révolutionnaire de la République française," Paris, août 1848. 该报告写于 1848-1851 年期间，发表于：*Revue occidentale*, 23-24, 1889-1890.

2　Auguste Comte, "Rapport à la Société positiviste par la commission chargée d'examiner la question du travail," in A.Kremer-Marietti, *Auguste Comte et la théorie sociale du positivisme*, Paris, Seghers, 1979, pp.170-179.

3　Auguste Comte, in A.Kremer-Marietti, *Auguste Comte et la théorie sociale du positivisme*, pp.173-176.

所以，在面对社会问题的政治化时，**社会道德义务**的观念置身于社会范畴与法律范畴的交汇处；它为摆脱不可避免要与主权概念相连的权利语言创造了一种手段。正如前文所示，个人权利的平等属性把权利语言变成了一种威胁政治－社会秩序的危险原则；相反，义务观念批判了个体的至高无上性，并限定了行使个体主权的藩篱。义务观念重新引入了一种区分、一种差别，有助于超越将政治机体视为个体主权之自然延伸的观念。一旦区分权利范畴与道德范畴，社会道德义务便不会产生令人懊恼的结果。一方面，社会对弱势成员负有的义务是一种道德责任，但它并不指向任何具体的人，而是面向所有的人；所以，它代表了捍卫国家中立性的最后一次努力。另一方面，这种面向所有人的义务观念有助于每个人把社会实践内化，从而弥补了个体们表现出来的"社会性的缺失"。唯有在这一天到来了，社会的道德义务才有可能催生一种新的社会政策。

2.社会性的缺失

劳动保障权的影响并不局限于法律领域。由于它提出的劳动诉求要求经济承担消除民众贫困的责任，所以它的影响还波及了经济领域。起义者的话语在社会改革与经济改革之间建立了密切的联系；从此以后，人们认为经济改革是社会改革的前提条件。可见，将社会问题排除在政治斗争之外的做法尽管催生了对贫穷的道德分析，但它最后还是功败垂成。

因此，政治权力决定干预。对于人们谈论如此之多的贫困，首先应当真切地认识它，勾勒它的轮廓。为此，人们开展了一场工人阶级状况调查，并根据 1848 年二月革命的经验教训，重新审视社会问题。工人调查可以帮助减轻社会问题政治化的后果。政府委托道德与政治科学院组织，举办了"关于在我们国家重建遭到严重破坏的道德秩序的有奖征文活动"。[1]自从创建以来，道德与政治科学院在拿破仑时代经历过波折，在复辟王朝遭到取缔，但在 1832 年又被基佐重建。它很快成为社会知识的最高殿堂，汇聚了当时最有名望的学者（托克维尔在 1839 年入选），他们积极讨论热点问题。我们已经提及，它在 1830—1840 年期间曾经发起了许多社会调查。1848 年革命再度肯定了道德与政治科学院的角色，肯定了社会经济学在权力与知识之间建立的互助合作。道德与政治科学院应当"利用简明有力的概念，阐明一切社会赖以为基础的重大真理。相较其他社会，民主社会更加需要它们。一个只把其根源追溯到自身，宣称要抛弃所有偏见、习俗、虚假的社会，只能依靠理性维持"[2]。

新的工人阶级状况调查报告发表于 1849 年。它与其说是如实地考察民众阶级的现实条件，不如说对他们的贫困现象做出了一种特殊的政治解读。选择社会经济学家阿道夫·布朗基——他是著名革命者奥古斯特·布朗基的哥哥——担任工人调查的负责人，颇具象征意义。他的报告尽管吸收了最新材料，但主要还是继承了社会经济学对财富与贫穷之间关系的解读。布朗基充分意识到自己应当发挥两种作用：一方面应当驱散在革命期间广泛流传的"荒谬幻想"，另一方面要准确地指明催生这些荒谬幻想的各种错误。错误的根源在于，人们只从整体的角度考察贫困的经济维度和道德维度，并试图从道德领域寻找经济问题的解决方案。它只会催生错误的思想，给各种革命理论提供肥沃的土壤。尤其是人们掩盖了一个重要事实：经济生产受一些"永恒法则"的支配，它们不能被任何人改变，当然也不能被国家改变。托克维尔在《回忆录》里谈论 1848 年的社会主义时，

---

1 Adolphe Blanqui, *Des classes ouvrières en France pendant l'année 1848*, Institut de France, Académie des science morales et politiques, *Mémoires*, t.7, Paris, 1849, p.6.

2 Adolphe Blanqui, *Des classes ouvrières en France pendant l'année 1848*, p.7.

也提出了类似的看法。他表示，社会主义之所以能够取得成功，乃是因为它试图"改变构筑社会的永恒法则，改变作为不平等基础的财产所有权"。[1] 而且，无论托克维尔与社会主义保持了怎样的距离，他也承认自己曾经一度相信"所谓不可或缺的制度通常只是人们习以为常的制度"。相反，布朗基则不可能拥有这样的想法：时间紧迫，必须击碎幻想；现在不是对永恒法则提出疑问的时刻。

阿道夫·布朗基的工人调查报告表明，工人在革命期间的贫困达到了怎样令人触目心惊的程度。显然，工人的贫困首先是因为缺乏一种重要保障——"劳动的持久性和未来安全"。[2] 但是，布朗基明确表示，任何社会都不能提供此这类保障，因为此举将违背生产的永恒法则，妨害它自主地决定自身的需求、成本、发展与完善。同样，人们忘记了经济进步在何种程度上归功于工业制度、劳动分工、商业自由和竞争，忘记了它们在何种程度上减轻了贫困。要知道，在旧制度时期，贫困可是人民的普遍状态。人们由此认可了穷人的焦虑，证明了他们对工业制度的怨恨。殊不知，工业制度的影响是完全有益的。穷人的焦虑和怨恨又消解了对自身命运本应承担的责任。与此同时，由于强调改革的必要性，人们保留了政府能以这样或那样的方式改变生产的自然进程的幻想；最终，人们将消灭贫困的责任推给了各个政治机构，就好像它们无所不能。恰恰相反，"公共财富遵守的法则独立于国家的政治宪法。对于生产的自然进程，政治只能发挥次要影响，因为它们必须服从社会永远无法摆脱的一些神启法则"[3]。

布朗基发现，糟糕的社会教育会带来消极影响，甚至它的威胁远远超过贫困。如果说人民的贫困由支配经济发展的无情法则造成，无法为社会

294

1　Toqueville, *Souvenirs*, pp.130-131.（《托克维尔回忆录》，第 109 页。——译者注）

2　Adolphe Blanqui, *Des classes ouvrières*, pp.249-252.

3　*Ibid.*, pp.693-694.

制度所减少，那么社会经济学实际上陷入了一种无力消除社会动荡的"博爱夸张论"。对布朗基而言，里昂工人淋漓尽致地体现了糟糕的社会教育所催生的恶果。事实上，在每一次调查中，里昂工人都是反面典型，都是怙恶不悛的人。

里昂的工人骄傲自负，为自己的"道德独立"沾沾自喜。他青睐居家劳动，认为这有助于"支配自己的时间和意志"；他喜欢男女混居，结果"损害了良好风俗、助长了恶劣影响"。他抱残守缺，固守自给自足的贫穷，还不以为耻；他为了捍卫自己的独立，妄图抵制工业化的必然性。但是，这并不妨碍他痴迷政治问题，卷入革命骚动。在里昂，"在某些民众街区，人们经常遭遇成群结队的懒汉，他们热火朝天地谈论公共事务，好像他们生来就应该从事政治，或者投身波谲云诡的外交"。里昂的工人拒绝服从工厂纪律，甚至将其独立带到了街头。实际上，他更应当"探究工厂弊病的真正根源，而不是热衷于人类改革"[1]。

布朗基的调查表明，社会经济学家谈论的贫困与民众运动在1848年街头呈现的人民痛苦有霄壤之别。在三十年时间内，社会经济学已经把与工业制度相连的现代贫穷变成了社会问题；它希望进行内部改革，而不是推倒重建。在布朗基看来，让1848年的人民变得群情激昂的贫穷本不应构成改革的对象，因为它植根于经济的永恒法则。贫穷并不能归咎于工业制度，而是源于人们不能改变其运行机制的经济的缓慢的、强制性的特征。由于贫困产生于经济的本质，所以它并不属于工业领域。由此可见，西斯蒙第遭到了彻底否定。对于新的贫困而言，劳动象征着唯一可能得到解放的领域；唯有经济的高度繁荣，才能提供切实可行的解决方案。

错误的根源在于，把一种有可能被社会治愈的道德贫困嫁接到这种完

1　*Ibid.*, pp.753-771.

全植根于自然法的贫困之上。道德贫困之所以产生，乃是因为"工人阶级的道德完善落后于其物质财富的增长"，因为工业制度经常改善的物质生存条件与工业制度运转需要的社会教育之间存在鸿沟。布朗基指出，社会相对经济的滞后，作为劳工阶级典型特征的"社会性的缺失"，才是贫困的真正根源。从主观的角度而言，那些不愿参加生产劳动，远离社会化大舞台的人，通常好吃懒做、鼠目寸光和不负责任。布朗基的解决办法与他的分析逻辑密不可分。他提出的手段主要是颁布发展民众住房和教育（尤其是政治教育）的专门法律，采取维护工人健康的措施（限制女工和童工的劳动），并鼓励结社精神。[1] 总之，在 1848 年年底，为解决贫困问题而提出的解决方案主要是采取一些社会化的政策，希望借此消灭一些反社会的行为。这些反社会的行为导致人民漠视经济法则，并强化了其依靠政治和国家改变自身命运的倾向。

　　混淆贫困的两种分析范畴，混淆贫困的经济原因与道德原因，只会增加它的政治影响，使人错误地认为它只是一个政治意志的问题。人民会据此得出结论说，为了改变现状，他们只需任命受其支配的执政者。殊不知，这很有可能抹杀政治制度的正当性。社会经济学的策略是区分贫困与政治，但布朗基却证明，它的结果可能适得其反，反而推动了经济的政治化。这就是为什么经济领域的改革诉求能够，而且事实上也承载了一场社会革命的价值。人民打着经济诉求的旗号，能够再次利用起义权；尽管代议制保有内在的融贯性，但起义权始终是它挥之不去的梦魇。

　　道德与政治科学院为解决 1848 年危机而提出的策略标志着社会经济学融合道德与经济的策略遭遇重创。布朗基在其调查中，主张区分道德与经济，批判社会经济学家捍卫的监护型政治权力观，并避免作为政治链条

1　*Ibid*., pp.818-822.

另一端的个人继续以权利主体自居。因此，要么贫困不能为人类干预，要么它是穷人的咎由自取，只因他缺乏社会性。无论如何，这种社会性的缺失都不能构成确立新权利的理由。相反，它开辟了一个与法律相对的自主领域：在此，充斥着各种各样的社会性实践，它们能使"社会道德义务"变成**个人面对社会的义务**，从而弥补他们缺失的社会性。由此，人们为一种非法律范畴的新型公民资格理论奠定了基础，它将取代以权利为基础的革命公民资格理论。

从此以后，经济与道德分道扬镳，它们各自走向了独立的发展道路。在边际效用主义者（marginalistes）的推动下，经济学专注于重大经济集团的量化计算；随着计量工具的日新月异，它逐渐聚焦于供求关系、信用、国际贸易等问题的数学分析。它不再谈论财富和贫困，但仍然谈论就业。道德范畴变成了一种最终与经济相断裂的社会话语的研究对象。它没有必要在自由放任与国家干预的需求之间设置一个模糊不定的边界。从今往后，它捍卫的立场更接近于国家，但并不否认它在经济上应当坚持的中立立场。而且，在捍卫国家的自主性时，它并不采取古典自由主义的消极范式，而是积极地构建一些社会技术，希望在立法范畴与法律范畴之外，提供新的治理手段。所以，社会语言承担的重任是不能把国家与社会的关系变成一些权利对另一些权利的反对。它引入的一些实践能够创造社会团结，填补298　人们从一开始就认为自由主义政治理论无法解决的"社会真空"。

第十章 新公民资格

从一开始，社会团结的主题便贯穿于对贫困的思考中，但由于社会事实的经济解释始终占据主导地位，它没有超越狭隘的个人主义经济范式。在 19 世纪上半叶，改革观念的实质在于抨击那些与这种范式背道而驰的个体行为。所以，尽管人们已经认识到社会化的事业迫在眉睫，但却无法为之建构一套标准。面对新的社会危机，人们迫切需要建构这些标准——它们既是社会知识的对象，也是**义务**观念应当干预的领域。

根据孔德社会学的解释，义务观念提供的分析资源能够在很大程度上化解劳动保障权的诉求所引发的危机。它有助于完成"从劳动保障权向社会国家观念"的转变，但在卡米耶·布洛赫看来，社会国家观念在 18 世纪早已初露端倪。[1] 所以，一方面是国家的社会观念，另一方面是个人的社会观念，它们共同构成了实证主义哲学的起源。前者产生于济贫的经验，而后者植根于公民观念。

301

1.公民的义务

如何结束革命？奥古斯特·孔德与他的朋友圣西门一样，都认为这才是真正的政治问题。[2] 若想超越旧制度，新秩序必须维持稳定。卡尔·洛维

1　Camille Bloch, *L'Assitance et l'Etat*, p.141.

2　Henri Gouher, *La Jeunesse d'Auguste Comte*, 3, p.25.

特（Karl Löwith）指出，孔德将稳定因素引入进步机制的努力与黑格尔的努力如出一辙：秩序之于前者，如同精神之于后者。[1]对孔德而言，1848年革命不过是走向稳定性的旅途中遭遇的一个插曲。孔德在解释稳定性的问题时，主要依据其发现的社会发展的社会学规律。艾蒂安·吉尔松（Etienne Gilson）表示，这些规律固然属于纯粹的理论建构，但却不能被简单地等同于一门精确的科学，因为它们的力量在于其融合科学和政治的能力。在这些规律的作用下，"政治变成了科学，而科学也由此变成了政治"[2]。

孔德提纲挈领地宣称，为了反对"一种根深蒂固、危险无比的倾向（它始终把目光投向狭义的政治机构，以寻求解决与我们当下处境密不可分的各种困难）"，关键是要给"民众的正当诉求提供一种道德指导而非政治指导，从而真正地改善他们的命运"。[3]对孔德而言，在劳动问题上，道德指导的本质是要创造一种新的社会性。相比于冷漠地从法律演绎而得的社会性，新的社会性更为"热情"。所以，道德艺术的目标是"尽可能地让我们的社会本能凌驾于我们的利己本能之上"。换言之，应当用人为的方式抵制自我利益唯我独尊的自然倾向，并借助某种特别的努力，提升"社会同情"，使之产生一种类似于自我情感自然拥有的力量。

道德由于"精确规定了源于各种各样的社会关系的相互义务"，[4]所以具备了社会属性。换言之，这种建立在同情之上的社会道德不过是一个由团结我们彼此的相互义务编织的、有组织的社会网络。新的社会科学与政治休戚相关，"在当前的讨论中，它不愿含糊其词却又暴风骤雨般地

302

1　Karl Löwith, *Weltgeschichte und Heilgeschehen*, pp.89-91.

2　Etienne Gilson, "La spécificité de la philosophie d'après Auguste Comte, "*Congrès des sociétés philosophiques*, Paris, 1921, p.367.

3　Auguste Comte, *Physique sociale.Cours de philosophie positiviste, 1830-1842*, J.-P. Enthoven（ed.）, Paris, Hermann, 1975, 57e leçon, 2 vol., 1, p.658.

4　Auguste Comte, "Destination sociale du positivisme, "*Discours préliminaire sur l'ensemble du positivisme*, Paris, 1848, pp.92-97.

讨论**权利**，而越来越倾向于沉着冷静而又精确无比地确定各自的义务。第一种观点是批判的或形而上的，它在反对旧经济的斗争中无往不胜，但它本身并不完善；相反，第二种观点在本质上是有机的、实证的，它应当主导最后阶段的再生。归根结底，前者是纯粹个体的，而后者与社会直接相连"[1]。因此，改革首先应当推动"从权利问题向义务问题的积极转变"。[2]

所以，被革命推向前台的民众贫困问题强化了对法律观念和利益观念的批判，批评它们无法令人信服地解释社会事实。新社会语言的形成本身表明，它面临的理论挑战是要为自己构建一套基本概念，以摆脱法律哲学和经济学的束缚。由此可见，孔德的"义务"概念至关重要。对维持社会知识的自主性而言，它是一种不可或缺的理论工具。

权利最初以个体主权为准绳，但它既不充分，也很危险。说它不充分，乃是因为它的纯粹个人主义基础无法催生社会团结。但是，被新革命弄得摇摇欲坠的社会却又前所未有地需要社会团结。说它危险，则是因为用权利的概念（如劳动保障权）解决社会问题，将不可避免地把不平等引入法律领域，从而引出行使法定权利的权力问题。民众争取法定权利的诉求强化了国家与个人的对立；与此同时，新革命还会让起义的幽灵再次游荡。总之，人们迫切需要找到一种有别于法律范畴的新范畴，以描绘社会机体的政治关系；人们迫切需要把每个人的社会归属建立在其他基础之上，而不是建立在个体权利之上。

同理，**利益的**概念也无法解释贫困问题。阿尔贝特·赫斯曼指出，在对为改善治理艺术而采取的社会行动作解释时，人们会把利益作为核心概念。[3]然而，如果立足于偏狭的个体利益，那么贫穷将变得不可治理；此外，

303

1　Auguste Comte, *Physique sociale*, 1, p.659.

2　*Ibid.*, 1, p.682.

3　Albert Hirschman, *Passions et Intérêt*, p.69.

政治经济学关于个体利益合成普遍利益的假说显得过于抽象，故而无法有效地推动穷人融入社会。相反，社会经济学却宣称，贫穷关乎整个社会，涉及道德利益，会走向与个体相对的集体价值、"无私"价值。但是，在慈善话语的宗教框架因缺乏社会效用而被抛弃后，这种无私的本质又是什么呢？谁能成为大公无私的利益（intérêts désintéressés）的主体呢？严格地说，大公无私的利益并不是一个概念，因为它无法为自身的内在规范提供标准。在界定体现大公无私的利益的集体观念时，它只能诉诸一种外在的制度原则。总之，大公无私的利益无法给社会知识提供必要的概念基础，无法让社会知识获得一种相对经济范畴的自主性。

于是乎，孔德的**义务**概念闪亮登场。它能够取代权利的概念，构成社会互惠性的基础，并从集体的角度规范利益。义务变成了支配社会关系生产的核心概念；从孔德到涂尔干的法国社会学都把它作为社会团结的内核。在这种语境下，义务不再构建模棱两可的"社会道德义务"，阻挠民众争取社会权利。一旦被用于分析个体身上的"社会性的缺失"，义务就变成了一种不折不扣的社会义务。由此，便产生了另一种重要的变化："人们不再从政治层面鼓吹个体服从普遍权利的义务，而是从相反的意义上理解每个人的权利，将之看作别人对他负有的义务。"[1]义务变成了一种"积极道德"的母体，它依靠"与社会直接相连"的原始原则，消解了个体与集体、私人与公共的矛盾。

义务与社会直接相连。义务立足于集体，所以它推动彼此联结，而不是扩大自由与个体主权的畛域。义务不给个人增加权利或其他资格。由于置身于一个义务的关系网络，个人可以被分解成为一系列的经验；他不再是统一体，不再是权利的法律主体。在每一种义务中，每个人都只是某种

1　Auguste Comte, *Physique sociale*, 1, p.659.

集体经验的一部分，而且，集体的价值总是高于个体价值：个体经验的全部空间遭到分解；至于分解成多少份，则取决于他需要履行多少种义务。实际上，义务没有限度，因为人们不能像占有权利那样占有义务，因为人们只能学会遵守义务。义务也因此催生了一个宏伟的教育纲领，它的目标是培养公民，培养市民社会的主体。由此可见，义务体现了一种"社会的本能"（孔德语），它规范社会机体的整合，团结所有的社会成员。在个体层面，义务变成了治理社会的法律的有益补充。所以，个体社会性的自然基础变成了开放的、无限的**公民教育**场所。"唯有通过悉心引导合理的偏见，良好习惯才能得到维持。它们应当从娃娃抓起，以便积极地培养社会本能和义务情感；最后，它们应当根据有关我们本性的准确知识，根据我们社会性的重要法则（无论是静态的或动态的），不断被理性化。人们首先要从个体、家庭和社会的角度考察文明人，巩固他的普遍义务；随后，根据现代文明的不同处境，对这些义务作出相应的调整。"[1]

305

　　所以，义务能够给新公民资格提供一种普遍的、强制的和必然的特征，使之具备一种类似于宗教义务的属性；人们希望它能够给世俗社会直接带来团结和整合的效果。最后，对于社会的治理而言，义务可以融合**整全与单一**（Omnes et singulatim）。福柯表示，现代政治思维的典型特征是兼具个人化和总体化的双重维度。[2]教育学的目标是既要培养个人，也要创造维系他们的纽带。义务概念恰恰构成了这种教育学的内核。它由此具备了一种能够填补"社会真空"的战略价值。根据自由主义理论的理解，"社会真空"有助于维持个人与国家的分野，但实际上，它无法消除两者对立的政治危险。相反，义务可以消解个人与国家的对立，并引导政治范畴走

　　1　Auguste Comte, *Physique sociale*, 1, p.663.

　　2　Michel Foucault, "Omnes et singulatim:vers une critique de la raison politique, "*Tanner Lectures on Human Values*, 2e éditions, New York, Cambridge University Press, 1981;trad.fr.:*Le Débat*, 41, 1986, pp.5-35.

向区隔个人与国家的空间：一方面，国家在干预社会时，能够采取行政措施，而非限于法律手段；另一方面，个体由"成为公民的义务"界定。由此可见，正在变成一项普遍人权的选举，与其说是一种行使个体主权之权利的行为，不如说是使之融入集体环境的一种手段：在集体环境里，每个人的归属皆由一个相互义务的网络来界定。

2.自由主义和民主

从此以后，社会经济学的策略已经落伍。令人遗憾的是，为了消除现代贫困的政治后果，它只从道德的角度剖析贫困的根源和解决方案。诚然，社会经济学宣扬了贫窭将威胁整个社会的信念，但它的道德语言却指向了贫困的主观解释论，将贫困归咎于穷人的失德。不过，对道德维度的高度关注很快推动人们研究滋生贫困的现实条件，并不可避免地开始探讨社会不平等的问题。道德因素由此具备了一种政治价值。当然，这是社会经济学家们始料未及的结果。在 19 世纪上半叶，道德范畴实际上托管了社会组织话语的政治价值。道德范畴尽管先后与法律范畴、经济范畴和医学范畴脱钩，但随着分析的日趋深入，它最终与社会问题融为一体。同样，社会问题的解决也由此具备了一种伦理义务的色彩。社会经济学主张限制贫困的政治后果，遏制它的潜在威胁，但结果却导致贫穷问题和劳动问题走向了危险的政治化。随着新革命的爆发，贫穷问题和劳动问题的政治化达到了巅峰。

1848 年革命带来了两个重要后果：人们希望终结在政治上鼓吹道德的做法，希望完成走向社会的转变。即便穷人的失德被理解为个体的错误，即便没有把它与社会不平等的条件相连，即便没有将它归咎于社会组织，对贫困的道德诊治仍然需要取决于一种更为广泛意义上的社会化。自此以

306

后，主观因素固然无法涵盖全部的分析，但却足以证明社会组织还存在一些应当革除的弊病。卫生学家和博爱学家为界定道德的物质条件而从事的有益研究，也因此具备了一种不可辩驳的价值。在他们的研究里，许多材料充分证明了采取具体措施，推进社会化的政治迫切性。然而，在理论层面，社会经济学家的努力并没有超越社会道德义务的模糊框架，他们竭力规避法定权利进入社会契约范畴的危险。

为了让对福祉的分享（有人声称这是一项权利）催生一种相互义务的体系，人们需要一场新的革命。作为权利的政治主体，公民变成了他与别人共同编织的相互义务体系里的主观因素。自从不可剥夺的自然权利高奏凯歌以来，人们便在追问是否应当构建一种限制它们的义务体系。马塞尔·戈谢提醒我们，在颁布人权宣言之际，革命者曾经讨论过一份"义务清单"；但是，由于相信"义务自然地产生于公民权利"，他们最终作罢了。[1] 所以，为解决 1848 年政治冲突而诞生的各种义务，实际上脱胎于锻造社会道德的漫长努力（对贫困的思考是它的一个重要环节）。政治关系及其正当性的问题也由此呈现了另一副面貌。分隔的艺术为自由主义提供了一些制度的藩篱，以保障社会机体与个人之间的"真空"。它的价值不会瞬间消失。人们曾经试图从社会空间铲除中间团体、消灭集团利益，避免它们危害其他利益；人们曾经将政治范畴等同于社会机体内部各种力量的相互制衡。在国家与个人之间创造的"真空"，无疑有利于维护它们各自的自主性，但也同样创造一种绝对的社会权威。[2]

个体主权是本雅曼·贡斯当等希望节制权力的自由派的政治关切，因为个体主权是社会权威的源泉。当然，个体即便至高无上，也得服从社会

1　Marcel Gauchet, *La Révolution des droits de l'homme*, p.80.

2　Marcel Gauchet, "L'illusion lucide du libéralisme," introduction à Benjamin Constant, *De la liberté chez les modernes*, p.72.

权威。所以，人们应当防止社会权威退化为专制。[1] 分隔的制度机制是保障个体主权的核心，它严格区分因实行代表制而丧失的权利与依然不受影响的权利。个人虽然放弃了公共权威（l'autorite publique），但自身的许多内容却不受任何权威的支配，依然"置身于任何社会全能的控制之外"。唯有个人权利的个体属性才能抵抗政府的专制倾向，才能维持社会权力与个人的距离，并制约社会权力的自发扩张。个体主权创造了社会权力；社会在进行自我保护时，也只能把个人权利作为不可僭越的藩篱，作为抵制社会权力侵蚀的屏障。本雅曼·贡斯当表示，在限制社会权力时，问题的关键在于依靠务实的制度方案而非教条。然而，这样的分隔进程也意味着：在解放的终极阶段，现代公民在享受私人领域之自由的同时，**必须抛弃公共广场**，抛弃古代人自由的场所。[2]

随着新革命的爆发，这种限制主权的分隔立场似乎显得陈腐不堪，就好像人们认为存在一种应当予以划分的权威集合，却不考虑权威得以诞生的社会机制。这种看法并不是1848年社会主义者的专利；在自由主义内部，也出现过另一种政治观念。贡斯当的"透明幻想"虽然看到了个人的解放进程，但却无法理解这也会导致公共权力的膨胀和国家对市民社会的侵蚀。在贡斯当看来，公共权力的膨胀与国家对市民社会的侵蚀是两种对立的现象。在逻辑上，它们彼此掣肘；但在事实上，它们却在同步发展。权力相互制衡理论尽管把分隔变成了一种不可或缺的平衡要素，但还是无法实现

---

1 Benjamin Constant, *Principes de politique*, p.270; Stephen Holmes, *Benjamin Constant and the Making of Modern Liberalism*, New York, Yale University Press, 1984.

2 在此，作者显然曲解了贡斯当。对贡斯当而言，个人自由是目的，政治自由是手段，两者密不可分，缺一不可。譬如，他在《古代人的自由和现代人的自由》的著名演说中明确表示："我们绝不是要放弃我描述的两种自由中的任何一种。如同我已经展示的那样，我们必须学会把两种自由结合在一起。"（贡斯当：《古代人的自由与现代人的自由》，阎克文、刘满贵译，冯克利校，世纪出版集团，2005年版，第49页。）当然，我们也不能否认，贡斯当由于坚持一种纳税选举制，所以他在实践层面上会认可剥夺一些人士，尤其是把作者讨论甚多的穷人群体行使政治自由的做法。——笔者注

自己的目标。为保障代表们的政治自主性而创建的制度屏障，并不能有效抵制起义人民对其正当性的威胁。另一方面，全能国家的幽灵不仅变成了现实，而且似乎还变成了许多人的希望。

托克维尔从中吸取了教训：政治自主性的维持需要以社会的某种动荡不安为代价。尽管国家保持中立，避免干预，很少施加影响，但这并不妨碍社会试图对国家施加影响。人们创造的真空固然可以避免国家回应社会的诉求，但同时也阻止了它对社会进程的干预。国家和社会遵循各自的立场：一方是集权和压迫的意志，不受限制；另一方要求获得某种监护，希望推卸责任。由于政府的缺位，个人及其权利与国家权力的矛盾日趋变得尖锐。因此，"在我们这个时代，似乎在进行着两种相反的革命：一种革命在不断削弱政权，而另一种革命则继续巩固政权。在我们历史上的任何时期，政府从来没有如此脆弱，又从来没有如此强大。但是，当我们仔细地观察全世界的局势时，便会发现这两种革命有着密不可分的联系"。[1]如果没有看到两种革命的亲缘关系，就无疑犯了一种政治错误。

如果近距离观察民主社会的运转，就会发现限制权力的观念似乎是纯粹的教条，它缺乏现实的基础：非但个人自由的拓展无法阻止社会权力的膨胀，而且权力本身也表现出了一种不受约束的特性。对于其"总揽最高权力"的倾向，托克维尔曾经作过精彩的描绘。国家攫取了旧制度下各种特殊团体的权利。由于行政科学的进步，教育、劳动、救助、工业、信贷、储蓄等各个社会生活领域都变成了国家的干预对象。国家不仅引导社会，还介入公民的生活。不管他们愿不愿意，国家都要教导他们如何获得幸福。

309

---

1 Tocqueville, *De la démocratie en Amérique*（1835-1840），Paris, Garnier-Flammarion, 1981, 2 vol., 2, p.380（托克维尔：《论美国的民主》，第 2 卷，董果良译，商务印书馆，1996 年版，第 864 页。——译者注）; Marcel Gauchet, "Toqueville, l'Amérique et nous," *Libre*, 7, 1980, pp.43-120.

人们也愿意国家这么做，因为他们只信任与特殊主义毫无瓜葛的权力。[1] 事实上，民主国家的人民希望社会进程尽可能地摆脱特殊主义的影响，因为他们把平等置于首要的位置，哪怕它牺牲了自由。"他们本来希望在成为自由的人以后能够实现平等，但随着平等在自由的帮助下得到发展，他们反而更难享得自由了。"[2]

总之，对民主得以实现的制度和环境作出的考察表明，民主本身无法独自解决任何问题。在个人要求获得某种监护甚至奴役的愿望与一切权力隐含的集权倾向的交汇处，专制将不可避免地浮现于民主的视域里。因此，专制不是民主制度腐败的结果。专制也不是因为民主起源于革命，要在短时间内结束旧制度缓慢瓦解过程而付出的沉重代价。专制之所以威胁民主的政治风景，乃是因为民主自身的各种内在矛盾。因此，专制只不过是其中一种可能的矛盾。

只要在政治上如此偏爱自由，以至于将之视为反对民主专制的唯一屏障，那么就无法消灭专制。事实上，反对专制倾向的唯一保障在于人们实现自治、管理公共事务，并集体地创造社会权力的能力。个体不再是权力的对立面，不再把权力摒除在私人领域之外，不再放弃公共领域。相反，他们应当将民主权力的属性内化：管理人和物的社会权力"既详尽而又细微"，它渗透到人类事务的各个角落。[3] 人们无法用个体权利的武器抵制社会权力的膨胀，而只能诉诸社会机制本身，诉诸**权力的社会化**（socialisation du pouvoir）本身。所以，结社既是一种抵制民主权力之专制倾向的工具，也是一种社会化的权力形式，是一种直接推动公民**自治教育**的手段。

---

1 Tocqueville, *De la démocratie en Amérique*, 2, p.369-377.（托克维尔：《论美国的民主》，第 855-862 页。——译者注）

2 Tocqueville, *De la démocratie en Amérique*, 2, p.381.（托克维尔：《论美国的民主》，第 865 页。——译者注）

3 Tocqueville, *De la démocratie en Amérique*, 2, p.372.（托克维尔：《论美国的民主》，第 870 页。——译者注）

这就是自我驱动的社会风景。弗朗索瓦·孚雷指出，社会布满了充分行使主权的特殊团体，布满了如此多的集体团体、如此多的"新法人"，它们积极介入独立于国家的社会领域。[1]美国人会在任何地方，为任何事物进行结社，他们热衷于公共事务。在民主社会里，唯有关注公共事务的热情，才是防范个人走向奴役的真正法宝。

311

切尔诺夫批评 1848 年的共和派没有严肃对待托克维尔的分析；他们热衷于选举，就好像唯有选举才能改变权力的属性。共和派没有思考过抵制权力膨胀的屏障，但托克维尔早已精辟地指出，民众的期望会强化权力，他们会倾向于接受国家的监护。[2]托克维尔表示，人们不应在个体的私人自由中寻找解决方案，而应当诉诸公共精神，因为它能够引导国家恪守本分。在政治上组织民主，首先意味着要批判民主和中央集权的联盟，要学会运用集体自由。雷米扎（Rémusat）指出，正是基于这种信条，托克维尔格外珍视信条派的某些政治理念。[3]

孚雷指出，托克维尔赞同共和主义传统，认为自由的本质在于参与城邦的政治。但是，孚雷在《论美国民主》里只看到一种"概念体系"，把平等化约为一种"直觉"，把不平等化约为一种"象征性的生产"。[4]对孚雷而言，托克维尔分析的社会只是一种精神状态、一种意识形态、一种肯定政治自主性和政治优先性的策略。[5]由此可见，孚雷无法洞察社会范

1　François Furet, "Le système conceptuel de la Démocratie en Amérique, "*L'Atelier de l'histoire*, Paris, Flammarion, 1982, p.248.

2　I.Techernoff, *Le parti républicaine sous la monarchie de Juillet.Formation et évolution de la doctrine républicaine*, Paris, 1901. 尤其是参考该书第八章《共和派和 1848 年革命》，第 454—472 页。

3　Charles Rémusat, "De l'esprit de réaction, "*La Revue des Deux Mondes*, XXXX, 1861, pp.777-813.

4　François Furet, "1848 ou l'échec de la Révolution française:Quinet et Tocqueville," *La Gauche et la Révolution au milieu du XIXe siècle*, p.38.

5　François Furet, "Tocqueville et le problème de la Révolution française, "*Penser la la Révolution française*, pp.173-211.

畴的独特性。然而，对托克维尔而言，在民主政治里，社会范畴恰恰构成了政府的政治原则得以生成的场所。

在这个意义上，自治政府远不止是一种纠正方案，它还可以催生一种新的政治策略：它能够在政治上体现社会领域里形成的义务体系。在社会范畴里，治理的原则不是法律，而是主体的参政；反之，从社会行动者的角度来看，唯有通过参政，才能确立自己的主体身份。根据洛伦兹·冯·施泰因（Lorenz von Stein）的理解，社会国家的原则要求一种"积极的公民资格"；因为社会国家的原则肇始于不平等在社会当中居于支配地位的论断。[1] 事实上，该论断在 1848 年已经变成了一个深入人心的信条。社会国家为纠正不平等而采取的行政努力被视为塑造新公民资格的手段。[2] 有鉴于此，冯·施泰因特别关注那些与社会国家的发展密不可分的行政学说的政治含义。从根本上说，社会范畴并不是一种"发明"，而是一种可以揭露自由主义与民主之间的重大冲突的政治策略。

对自由主义理论而言，对维护社会权力的自主性而言，社会真空是必不可少的前提条件。它导致人们把政治关系建立在法律主权上，但此种法律主义创建的法权国家却充分暴露了自身的局限。社会范畴反其道而行之，倡导一种崭新的治理方式：由于新的权威主体——社会——的诞生，国家与个人建立了联系。权力应当借助不断拓展的行政实践，介入社会进程，强化权利与社会的纽带。另一方面，个人不再由其权利界定，而是由他与别人建立的联系及其催生的义务网络界定，由拥有社会属性的义务界定。在政治关系中原本处于"经典"对立的两极，最终相互交融。国家为了管

1　Lorenz von Stein, *Geschichet der sozialen Bewegung in Frankreich von 1789 bis auf unsere Tage*, 3 vol., Leipizig, 1815.

2　Karl-Hermann Kästner, "Von der sozialen Frage über den sozialen Staat zum Sozialstaat，"in R.Schnur（ed.），*Staat und Gesellschaft. Studien über Lorenz von Stein*, Berlin, Duncker&Homblot;trad.angl. in *Economy and Society*, 10, 2, 1981, p.17;Reinhart Koselleck, *Vergangene Zukunft*.

理社会，下沉到社会；反过来，社会也会把激活自己的政府原则内化。社会变成了新政治的主体和对象。对自由主义而言，传统意义上社会权威的合法性问题乃是一个死结；如今，它转变成了另一个问题，即社会关系的组织问题。

我们业已指出，社会科学不应对新革命置若罔闻。如果在分析社会科学的起源时，深入考察它面临的理论—政治问题的历史语境，我们似乎就能理解一个重要事实：社会科学并非完全植根于"自由主义的传统"；[1] 相反，它是个人权利革命的孪生物，即反个人主义的、反自由主义的张力催生的产物。

我们也由此明白，社会科学为什么没有"不遗余力地回避政治范畴"，[2] 因为它恰恰是现代政治重大转型的有机组成部分。随着人们对贫穷的主观分析转向对它的社会分析，由于社会学研究在社会整合与团结问题上作出的贡献，**公民资格的义务**呼之欲出。它不再局限于政治范畴，体现了现代民主的社会道德。在我看来，民主的基础也将从每个人的权利转变成为所有人都应履行的义务。

313

314

1　Keith Baker, "The early history of the term social science," Baker, *Condorcet*, chap.5.

2　Gianfranco Poggi, "The place of political concerns in the early social sciences, " *Archives européennes de sociologie*, XXI, 1980, pp.362-371.

结语　贫穷不再是"社会问题"了吗？

　　对社会问题的分析有助于厘清当代社会政治变迁的重要内涵，后者的基础已经由个体权利变成了社会义务。在 19 世纪上半叶，社会问题被等同于贫穷问题，它催生的改革经验批判了法律的、经济的和慈善的个人主义。在 19 世纪下半叶，社会问题被等同于劳动问题，它推动了行政机构的发展和团结的组织。在 1848 年，贫穷问题和劳动问题最后一次被整体处理。在革命期间，它们相互纠缠，密不可分。1848 年革命的教训告诉人们，必须区分贫穷与劳动，在主观权利的范畴之外分别解决它们。这种教训注定会对共和国的社会政策产生深远的影响。

　　在处理贫困的问题上，政治思维的转型过程就此落下帷幕。贫困不仅关乎个体的命运，还牵涉整个社会。而且，在某种意义上，社会是解决贫困问题的唯一良方。在自由主义的救助理论里，并不卷入权利；受赠者缺乏法律地位，而私人的捐赠者拥有完全的自由。[1] 自由主义者区分经济组织中的自然要素与非自然要素，谴责国家干预，认为它人为地破坏了事物的自然秩序。"自然"的观念与自由主义的自由观念相辅相成，它尤其把矛头指向了重商主义。然而，自然之终点是人类社会之起点的观念日趋变得流行：社会法则以自身特有的"自然"方式，为社会——它应当构成行政国家的灵魂——的积极转型奠定基础。如果博爱学和实证主义的社会学

　　1　Alfred Fouillé, "La philanthropie scientifique au point de vue du darwinsime," *La Revue des deux Mondes*, 15 septembre 1882, pp.407-445.

没有共同批判自由主义原则，那么自由主义不可能独自摆脱救助问题的困境。[1] 一方面，它们共同建构的道德因素和社会要素否认慈善，认为它"与民主理想格格不入"，[2] 强调救助是社会正义的要求。另一方面，社会经济学鼓吹的道德化迈出了最后的步伐，变成了一门科学，宣称自己能够为建构一种精准的社会化模式确立标准。

　　自由主义理论无力遏制贫困的政治后果。自由主义的失败催生了一种非政治化的策略，其目标是把贫困变成社会整合的手段；但在此之前，贫困被看作颠覆原则的行为。这就是"贫困治理"的动力。为此，"贫困治理"首先需要否认穷人的个体权利，抛弃贫困的主观解释论。贫困变成了一个社会问题。这意味着人们不再谋求改变穷人的物质生活条件，而是要从根本上消灭滋生贫困的社会条件。于是，贫困离开自然，进入社会状态。盖雷梅克精辟地指出，贫困变成了一种社会状况，它既代表了被剥夺经济福祉的事实，也象征着社会的退化。[3]

　　如今，人们在社会政策上达成的共识趋于瓦解，换言之，出现了所谓的**"福利国家危机"**，社会问题的政治重要性日趋下降。相反，贫穷不断加剧，已经覆盖了工业化国家的四分之一人口。失业变成了常态，过早被挤出劳动市场的老年人和尚未进入劳动市场的青年人成为最大的牺牲者。此外，第三世界国家的贫困逐渐恶化，它们的人口不断外流。贫穷问题和种族问题的叠加，更是让它们雪上加霜。几乎在所有地方，**福利**（welfare）318都遭到了不可辩驳的重创。然而，在分析这些困难时，许多人却是按照美国的模式及其危机来理解，全然不顾美国和多数欧洲国家在社会政策上存

1　G.Duprat, "La crise du libéralisme en matière d'assitance, "*Revue politique et parlementaire*, 50, octobre 1906, pp.98-113.

2　Alfred Croiset, La solidarité, cité par Emile Cheysson, "La solidarité sociale, "in *L'Économiste français*, Juillet, 1903.

3　Bronislaw Geremek, *La Potence et la Pitié*, pp.VIII-IV.

在的重大差别。在欧洲，对贫穷的分析推动了政治和制度的重要转型。相反，美国福利的典型特征是崇奉一种贫穷"残留"论。[1]美国始终否认结构性的贫穷，并由此在很大程度上限制了贫穷的政治后果。

在美国，人们认为**福利**固然可以改变某些人的命运，但却不可能带来真正的好处。这种忧虑导致美国人在再分配问题上，始终没有采取有组织的干预措施，总是临时抱佛脚，限于采取一些"自然的"解决方案（如市场和家庭）。哪怕在经济大萧条年代，非常有必要用公共干预取代私人的、自愿的社会保障方案时，他们也只是选择类似于私人福利的社保制度，而拒绝实施再分配的政策。[2]此外，美国人拒绝将贫困与劳动相连。即便在凯恩斯主义的高潮阶段，为解决就业的公共纲领通常也被看作权宜之计。[3]在美国的社会政策里，劳动者缴纳的社保与对穷人的救助始终泾渭分明。[4]实际上，**福利**只限于干预少数处在社会依附和边缘化的极端状况，而不会涉及不平等的问题。[5]最典型的例子是**未成年人**的分类，它虽然催生了《未成年人的家庭扶助计划》（*Aid to Families with Dependent Children*），但

---

1 R.T. Timuss, *The Philosophy of Welfare*, London, Allen&Unwin, 1987.

2 Jill Quadagno, "Welfare capitalism and the social security act of 1935, "*American Sociological Review*, 49, 1984, pp.632-647.

3 Margaret Weir, "The federal government and unemployment: the frustration of policy innovation from the New Deal to the Great Society, " in Margaret Weir, A.S.Orloff, Theda Skocpol（eds）, *The Politics of Social Policy in the United States*, Princeton, Princeton University Press, 1988, pp.149-198.

4 Theda Skocpol, "The limits of the New Deal system and the roots of contemporary welfare dilemmas, " *The Politics of Social Policy in the United States*, pp.293-312.

5 Giovanna Procacci, "Facing poverty:French and American philanthropy between science and reform, "in Dietrich Rueschemeyer et Theda Skocpol（eds）, *States, Social Knowledge, and the Making of Modern Social Policies*, Princeton, Princeton University Press, en cours de publication.（作者在撰写此书时指出，收录该文的论文集即刊，但实际上这本论文集在2017年才出版，书名也略有改动：*States, Social Knowledge, and the Making of Modern Social Policies*。——译者注）

不过是家庭保护措施的延伸。[1] 此外，城市里的**无家可归者**（homeless）与**底层阶级**（underclasss）的分类也同样如此。[2] 可见，美国福利与催生欧洲社会政策的社会国家模式相去甚远。二战结束后，美国模式与欧洲模式的差距变得更大。在美国，人们对贫穷的理解从未走出主观的解释框架，始终认为穷人制造了自己的贫穷。贫穷并不存在，只存在一些穷人。弗朗西丝·皮文（Frances Piven）和理查德·克罗沃德（Richard Cloward）指出，在 20 世纪 60 年代末**向贫穷开战**（war on poverty）的改革中，美国人如何将贫穷的责任归咎于穷人，以至于当时流行的说法是"谴责受害者"。[3] 如今，这种倾向进一步得到强化。譬如，洛朗斯·米德（Lawrence Mead）甚至要求政府劝说穷人进行"自我谴责"。[4]

　　如今，这种有限的福利观和主观的贫穷解释论又卷土重来，它们对欧洲模式产生了深远影响。罗尔斯的学说甚嚣尘上，它认为自由主义与福利之间存在某种实质的延续性。然而，贝弗里奇表示，福利国家的本质是一套由就业、保障与保险构成的组合政策，它不是"效用主义的同情"（自由主义将之作为解决社会正义问题的关键）的简单产物。人们还应当从政治的角度，在贫困分析与公民资格的概念之间建立一种本质性的联系。这

1　Robert Castel, "La guerre à la pauvreté auxÉtats-Unis:le statut de la misère dans une société d'abondançe, "*Actes de la recherche en sciences sociales*, 19 janvier 1978, pp.47-60.

2　对这两个分类的批评，可参见：Michael B.Katz, *The Undeserving Poor:From the War on Poverty to the War on Welfare*, New York, Pantheon Books, 1989.

3　France Piven and Richard Cloward, *Regulating the Poor*, New York, Random House, 1972.

4　Lawrence Mead, *Beyond Entitlement:the Social Obligation of Citizenship*, New York, The Free Press, 1986, p.10.

必然会与自由主义原则形成巨大的张力。[1]

于是，唯有承认各种**福利**制度的差别，并把美国模式相对化，才有可能让我们从新的角度理解它们的危机。毕竟，有限福利模式的危机，也有可能是由它本身的不充分性造成的。在社会政策上的共识瓦解，很可能意味着它们在今日面临的主要问题不属于行政或财政的范畴，意味着人们需要对社会政策的基础及其正当性重新做出界定。譬如，当人们把福利的基础问题以及经济范畴与社会范畴之间的关系问题作为政治思考的重心时，恰恰证明人们有意重新讨论它们的起源。

320　　鉴于 19 世纪上半叶法国争论的经验，我们吃惊地发现，人们在讨论贫困问题时，经济分析竟然再度凌驾于社会分析之上。社会学曾经强调经济标准并不能令人信服地解释贫困，但如今，它却越来越多地把贫困视为一种绝对的、统计的现象，用经济分析的"贫困线"定义贫穷。[2]在过去，对贫困的社会分析之所以产生，乃是因为个人主义的社会组织原则的低效。今天，经济学却回过头来批判社会政策的低效，批评它们破坏劳动，阻挠投资，并由此加剧了通货膨胀。相反，假如着眼于社会范畴，那么经济学也无法证明市场的高效。此外，比较研究也无法证明再分配的政策会不可避免地影响增长。[3]鉴于服务业的扩大及其对劳动市场的影响，自由主义在提出生产投资和社会政策的进退两难问题时，很可能不得要领，谬以

1　社会问题和公民资格的关联构成了贫困的社会解释的基础。此种情况，并不局限于法国。迈克尔·弗里登表示，在 20 世纪初英国讨论《养老金法案》（Old Age Pension Act）时，公民资格的话题改变了占据主流的统计－计量的贫困观，凸显了贫困的社会属性。［Michael Freeden, The concept of poverty and progressive liberalism in turn-of-century Britain, 1991, in Douglas E. Ashford（ed.）, *Poverty, Today*, en cours de publication.］

2　Walter Korpi, "Approaches to the Study of Poverty in the US: Critical notes from an European Perspective, "in V.T. Covello(ed.),*Poverty and Public Policy*, Boston, G.K.Hall&Co., 1980, pp.287-314.

3　Gary Burtless, "Inequality in America: where do we stand?, " *The Brookings Review*, 5, 3, été, 1987, pp.9-16.

千里。[1]

在美国人的批评里，反对福利的经济论断与其说分析了贫穷与劳动市场、失业的关系，不如说否认了贫穷的社会属性。归根结底，它肇始于劳动是一种伦理的观点。这一点，在早期的讨论中已经尽显无遗。"劳动的价值远不只是减少福利开支，提升经济活力。劳动还能够给劳动者提供一些情感的、心理的好处，使之融入民族的整体。"[2]于是，在**尊重劳动伦理的国家**（work-ethic state）里，不劳动似乎变成了"一种反叛行为""一种政治行为"。[3]就其对立面而言，劳动显得尤为重要，因为劳动伦理能够消灭"贫穷文化"。由此可见，对"穷人性格"的分析实际上掩盖了贫困的社会属性。

在当代研究贫穷的作品里，我们为**穷人的个人责任**观念的复兴感到震惊。人们赋予穷人的各种性格，无论它们属于道德的、伦理的抑或文化的范畴，都把穷人的**工作动机**问题作为考察的重心。不再是劳动市场制造了贫穷；相反，唯有与劳动伦理密不可分的价值才能使穷人摆脱贫穷。尽管不计其数的统计表明，绝大多数的穷人都从事劳动，或者有过劳动的经历，即便如此，真正的问题依然是劳动者的个人动机。

在当今的讨论中，对贫穷的分析应当遵循一种观念——每个人都有权获得一定程度的经济的、社会的与文化的福利——的看法似乎已经彻底消失。人们声嘶力竭地批评把贫穷变成社会问题的重大转变。为了拒斥结构性的贫穷观念，人们坚持从穷人的主观文化寻找社会不平等的根源；人们还信誓旦旦地宣称，社会不平等更好，更能得到认可。瓦尔特·科皮（Walter

322

1　David Plotke, "The conservative critique of the welfare state and the problem of democracy, " in N.Furniss（ed.）, *Futures for the Welfare State,* Bloomington, Indiana University Press, 1986, pp.87-107.

2　R.D.Reischauer, "Welfare Reform:will consensus be enough?, "*The Brookings Reviews*, 5, 3, été, 1987, pp.3-8.

3　M.Kaus, "The work-ethic state, "The New Republic, 7 juillet 1986, pp.22-23.

Korpi）表示，如果贫穷研究几乎毫无保留地承认平等与效率呈负相关，那么它就会无视经济权力和政治权力的分配问题引发的冲突。它就会局限于用收入转移的概念解决贫穷问题，而不愿从根本上挑战极不平等的利益321 代表制对贫穷产生的重大影响。[1]

在实施几十年的福利政策以后，贫穷的"新"面貌似乎又一次与不断加剧的被排斥情况和边缘化相连。阿兰·图海纳精辟地指出，除了社会整合的缺失外，文化整合的缺失也参与制造了自由主义社会里的"贫民窟效应"。[2]我们甚至可以说，在公民资格的问题上又出现了一道新鸿沟。

有些人滔滔不绝地谈论"贫穷文化"的陈词滥调。他们认为，问题的出路在于重新回归市场，回归慈善。但事实并非如此。纯粹个人主义的干预制度早已证明自己没有能力解决贫穷问题；个人主义的社会组织观念同322 样无法创造民主。问题的出路也不在于重新回归社会经济学的立场，后者借助地方主义（它似乎捡起了国家丢失的共识），鼓吹非政治化的价值。实际上，这只会强化"贫民窟效应"。譬如，在 20 世纪 70 年代末，美国企业研究所（American Enterprise Institute）[3]的学者们曾经提出了一种"小集团"的群落政策，希望被排斥者获得一种被整合的情感，但结果却适得其反。[4]实际上，人们应当在政治上承认被排斥者：他们应当在城市的中心，而非在郊区的贫民窟里成为公民。他们并不需要更积极、更活跃地生活在郊区的筒子楼里。人们应当终结他们在政治上无权无势的局面。我们的社

1　Walter Korpi, "Approaches to the Study of Poverty," pp.302-303.

2　Alain Touraine, "Face à l'exlusion, "*Esprit*, 169, 1991, pp.7-13.

3　美国企业研究所是"美国企业公共政策研究所"（American Enterprise Institute for Public Policy Research）的简称。它成立于 1938 年，是美国保守派的重要思想智库。——译者注。

4　P.L.Berger et R.Neuhaus, *To Empower People*, Washington, American Enterprise Institute, 1977. 亦可参见：Wolfgang Fach et Giovanna Procacci, "The thin man: on life and love in liberalism".

会政策尽管在表面上失败了，但它的基本原则恰恰是由人们在贫穷分析与公民资格问题之间建立的联系所奠定的。

因此，我们能够给当前的贫穷政策提供另一种使命。我们不应重新回归社会经济学话语开创的非政治化策略，而是应该尽量超越它的反法律属性，应当整合个人权利与社会义务，应当把不平等而非仅仅是平等，作为权利的起源。"贫困的治理"推动了现代社会的转型，推动了以个人权利为准绳的民主走向了以所有人的义务为基础的民主。今天，我们或许应当更进一步，拥抱一种建立在不平等权利之上的民主。　　323

参考文献

Sources

Aflalion (A.), *L'Œuvre économique de Sismondi*, Paris, 1899.

Airy (Bernard d'), *Rapport sur l'organisation générale des secours publics et sur la destructiton de la mendicit*é, à l'Assemblée nationale, 13 juin 1792.

Archives parlementaire (1787-1860), recueil complet des débats législatifs et politiques des Chambres françaises, P.Dupont Éditeur, Paris.

Aulard (Alphonse), "L'idée républicaine et démocratique avant 1789", *La Révolution française*, 1898, pp.6-45.

Baraillon (J.-F.), "Rapport au conseil des Cinq-Cents sur la partie de police qui tient à la médecine", 8 germinal an VI.

Barère de Vieuzac（Bertrand）, *Rapport fait au nom du Comit*é *de salut public sur les moyens d'extriper la mendicit*é *dans les campagnes, et sur les secours que doit accorder la Répulique aux citoyens indigents*, 22 floréal an II, *Le Moniteur*, XX.

Baudeau (Nicolat, abbé), *Idées d'un citoyen sur les besoins, les droits et les devoirs des vrais pauvres*, Amsterdam-Paris, 1765.

Bentham (Jeremy), *The Works of Jeremy Bentham*, J. Browing (ed.),

Edimbourg, 1838-1843, 11 vol.

—*Esquisse d'un ouvrage en faveur des pauvres*, Paris, an X.

Bigot de Morogues, *Du Paupérisme, de la mendicité et des moyens d'en prévenir les funestes effets*, Paris, 1834.

Blanc (Louis), *Histoire de la Révolution française*, 1847-1862.

—*Histoire de la Révolution de 1848*, 2 vol., Paris, 1849.

—*L'Organisation du travail*, 1848.

Blanqui (Adolph), *Histoire de l'économie politique en Europe depuis les anciens jusqu'à nos jours*, Paris, 1837.

—*Des classes ouvrières en France pendant l'année 1848, Mémoires de l'Académie des sciences morales et politiques de l'Institut*, t.7, Paris, 1849.

—*Lettres sur l'Exposition universelle de Londre*, Paris, 1851.

Bô (J.-B.), Rapport *et Projet de décret sur l'extinction de la mendicité*, présenté à la Convention au nom du Comité des secours publics, Paris, 21 vendémaire, an II.

Bonaparte (Louis Napoléon), *Extinction du pauperisme*, Paris, 1844.

Boulainvilliers (Henri de), *Histoire de l'ancien gouvernement de la France*, Paris, 1727.

Brissot (J.-P.), *Théorie des lois criminelles*, Berlin, 1787.

Buchez (P.-J.-B.) et Roux (P.-C.), *Histoire de la Révolution française, ou Journal des Assemblée nationales depuis 1789 jusqu'en 1815*, Paris, Paulin, 1834-1838, 40 vol.

Buret (Eugène), *De la misère des classes laborieuses en Angleterre et en France*, Paris, 1840, 2 vol.

Cabanis (P.-J.-G), *Rapport du physique et du moral de l'homme*, 1795, 2e édi., Paris, 1802, 2 vol.

—*Du degree de certitude de la médecine (1789)*, Paris, 1803.

—*Quelques principes et quelques vues sur les secours publics*, Rapports fait à la Comission des hôpitaux, Paris, 1791-1793.

—*Observations sur les hôpitaux*, Paris, 1790.

—*Rapports sur un mode provisoire de police médicale*, Conseil des Cinq-Cents, Paris, 4 messidor an VI.

—*Opinion sur la neccesité de réunir en un seul système commun la législation des prisons et celle des secours publics*, Paris, 7 messidor an VI.

—*Rapport sur l'organisation des écoles de médecine*, Conseil des Cinq-Cents, Paris, 29 brumaire an VII.

—*Coup d'œil sur les révolutions et sur la réforme de la médecine*, Paris, 1804.

Campell (Th.D.), *Adam Smith's Science of Morals*, Londres, 1971.

Camus (A.M.), *Letrres sur la profession d'avocat*, 4e éd., Paris, 1818.

Castel (Charles, abbé de Saint-Pierre), *Les Rêves d'un homme de bien qui peuvent être réalisés*, Paris, 1775.

Le Censeur Européen, revue publiée par Charles Dunoyer et Charles Comte en 1814-1815.

Chalmers (Thomas), The Christian and Civil Economy of Large Towns, 1821.

Cherbuliez (Antoine), *Riche ou pauvre.Causes et effets de la distribution actuelle des richesse sociales*, Paris, Antoine Cherbuliez, 1840.

—*Etude sur les causes de la misère, tant morale que physique, et sur les moyens d'y porter remède*, Paris, 1853.

——Le socialism c'est la barbarie.Examen des questions sociales qu'a soulevées la révoltion du 24 février 1848, Paris, 1848.

——*Précis de science économique*, Paris, 1862, 2 vol.

Chevalier (Michel), De l'instruction secondaire, à l'occasion du rapport au roi de M.Villemain, Paris, 1843.

——*Question de la populatio*n, discours d'ouverture du cours d' économie politique au Collège de France, 1847.

——*Accord de l' économie politique et de la morale*, discours d'ouverture du cours d' économie politique au Collège de France, 1850.

——*Les Questions politiques et sociales*, I, II, III, extraits de la *Revue des Deux Mondes* et publiés en un volume , Paris, 1850.

Clastres (Pierre), *La Société contre l'État*, Paris, Éditions de Minuit, 1975.

Cocquelin（Charles）et Guillaumin（G.U.）, *Dictionnaire de l'économie politique contenant l'exposition des principes de la science*, Paris, 1852-1853, 2 vol.

Collection des lois, décrets, ordonnances, règlements et avis du Conseil d'État (1788-1830), par J.-B.Duvergier, Paris, Guyot et Scribe, 1824-1834.

Comte (Auguste), Discours prélimaire sur l'ensemble du positivism, Paris, 1848.

——"Rapports de la commission positive", republiés dans la *Revue occidentale*, 23-24, 1889-1990.

——*Physique sociale.Cours de philosophie positive* (1830-1824), J.-P. Enthoven（ed.）, Paris, Hermann, 1975, 2 vol.

Comte (Charles), *Traité de législation, ou Exposé des lois générals suivant lesquelles les peuples prospèrent, dépérissent ou restent stationnaires*, Paris, 1835.

Constant (Benjamin), *De la liberté chez les modernes*, Paris, Livre de Poche, 1980.

Les Constitutions de la France depuis 1789, présentés par Jaques Godechot, Paris, Flamarion, 1979.

Cowherd (R.G.), *Political Economists and the English Poor Laws*, Athens （Ohio）, 1979.

Droz（Joseph）, *De l'économie politique, ou Principes de la science des richessses*, Paris, 1846.

Duchatel (Tanneguy), *Considérations d'économie politique sur la bienfaisance*, Paris, 1836.

Du Chesne, *Code de la police*, Paris, 1757.

Dunoyer (Charles), *L'Industrie et la Morale considérées dans leurs rapports avec la liberté*, Paris, 1825.

—*Nouveau Traité d'économie sociale*, Paris, 1830.

—*Rapports de la morale avec l'économie politique*, Mémoires de l'Académie des sciences morales et politiques de l'Institut, t.X, Paris, 1860.

Dupin（Charles）, *Des progrès moraux de la population parisienne depuis l'établissement de la Caisse d'épargne*, Paris, 1842.

Dupuis (Ch.F.), *Origines de tous les cultes ou Religion universelle*, 4 vol., Paris, an III.

Dupont de Nemours, *Mémoires sur la vie et les ouvrages de M. Turgot*, Philadephie, 1782.

Engels (Friedrich), *La Condition des classes ouvrières en Angleterre*, Paris,

Éditions sociales, 1961.

Fix (Théodore), *Observations sur l'état des classes ouvrières*, extrait du Journal des économists et publié en un volume, Paris, 1845.

—*De l'esprit progressif et de l'esprit de conservation en économie politique*, Paris, s.d.

Fodéré (Emannuel), *Essai historique et moral sur la pauvreté des nations*, Paris, 1825.

Frégier (H.-A.), *De classes dangereuses de la population dans les grandes villes et des moyens de les render meilleures*, Paris, 1840, 2 vol.

Garnier (Joseph) (ed.), *Le Droit au travail à l'Assemblée nationale.Recueil complet de tous les discours pronouncés dans cette mémorable discussion*, Paris, 1848.

—*De l'origine det de la filiation du mot économie politique, et des divers autres noms donnés à la science économique,* Paris, 1852.

—*Coup d'œil sur l'année 1849*, Paris, 1850.

—*Sur l'assocition, l'économie politique et la misère*, extrait du *Journal des* économistes, 58, 1846.

Gérando (J.-M.de), *Le visiteur du pauvre*, Paris, 1820.

—*De la bienfaisance publique*, Bruxelles, 1839, 2 vol.

Girardin (Emile de), *Discours à la commission du Luxembourg*, Paris, 1849, 2 vol.

Guerry (A.-M.), *Essai sur la statistique morale de la France*, Paris, 1833.

Hecquet (Philippe), *La Médécine, la Chirurgie et la Pharmacie des pauvres*, Paris, 1740, 3 vol.

Humboldt (Wilhelm von), *Essai sur les limites de l'État*, Breslau, 1851.

Hume (David), *Philosophical Works*, T.H.Green et T.H.Grose (eds), Londres, 1874-1875, 4 vol.

Isnard (Maximin), *Sur la nécessité de passer un pacte social antérieur à tout loi constitionnalles*, à la Convention, 10 mai 1793.

Justi (Johann von), *Éléments généraux de police*, Paris, 1769.

Laborde (Alexandre de), *De l'esprit d'association*, Paris, 1821, 2.vol.

La Farelle, *Du progrès social au profit des classes populaires non indigentes*, Paris, 1846.

——*De la nécessité de fonder en France l'enseignement de l' nécessité deconomie politique*, Paris, 1839.

Le Chapelier, *Rapport sur les sociétés particulières à l'Assemblée constituante*, 29 septembre 1797, Archives parlementaires, XXXI, pp.616-624.

Le Play (Frédéric), *Les ouvriers Européens*, Paris, 1860.

Mailhe, *Rapport relative aux réunions particulières de citoyens s'occupant de questions politiques*, Conseil des Cinq-Cents, 8 germinal an IV.

Malthus, *Essai sur les principe de population*, Paris, 2e éd., 1852.

——*Investigation on the Causes of the Present High Price of Provisions*, Londres, 1800.

——*Principes d'économie politique*, Paris, Calmann-Lévy, 1969.

Marbeau (J.-B.-F.), *Politique des intérêts, ou Essai sur les moyens d'améliorer le sort des travailleurs sans nuire aux propriétaries*, Paris, 1834.

——*Études sur l'économie sociale*, Paris, 1844.

——*Du pauperisme en France et des moyens d'y remédier*, Paris, 1847.

Marx (Karl), *Le Capital. Critique de l'économie politique*, Paris, Éditions sociales, 1973, 2 vol.

—*Les luttes de classes en France, 1848-1850*, Paris, Éditions sociales, 1984.

Matter (Jaques), *De l'influence des mœurs sur les lois et de l'influnce des lois sur les mœurs*, Paris, 1823.

—*Des sacrifices que l' état social demande aux libertés naturelles de l'homme*, Paris, 1837.

Mill (James), "Government", *Encyclopedia Britannica*, Suppléments 1824.

Mill (John Stuart), Défense de la révolution de 1848 vis-à-vis de ses détracteurs, Paris, 1849.

—*Auguste Comte et le Positivisme*, Londres, 1866.

Mirabeua (Victor Rigueti), *L'Ami des hommes*, Avignon, 1756-1760.

—*Les Devoirs*, Milan, 1780.

Le Moniteur.

Montesquieu, *De l'esprit des lois*, Paris, 1824, 2 vol.

Moreau-Christophe, *Du problème de la misère et de sa solution chez les peuples anciens et modernes*, Paris, 1851, 3 vol.

Nassau Senior (William), *Three Lectures on the Rate of Wages*, Londres, 1830.

Necker, *De l'adminstration des finances de la France*, 1784, 3 vol."Oisiveté", article de *l'Encyclopédie*.

Parent-Duchatelet (Alxandre), *De la prostitution dans la ville de Paris, considérée sous le rapport de l'hygiène publique, de la morale et de d'adminstration*, Paris, 1836.

—*De l'hygiène publique, ou Mémoire sur les questions les plus importantes de l'hygiène appliquée aux professions et travaux d'utilité publique,*

Paris, 1836.

Parent-Réal (Nicolas), *Sur les sociétés particulières s'occupant de questions politiques*, Conseil des Cinq-Cents, 26 fructidor an VII.

Passy (H.-P.), *Des causes de l'inégalité*, Paris, Mémoire de l'Académie des sciences morale et politiques de l'Institut, t.7, 1849.

Pecqueur (Constantin), *L'Économie sociale*, Paris, 1839.

Piqué (J.-P.), *Moyens de détruire la mendicité, ou Morale du pauvre*, Paris, 1802.

Prunelle (C.V.), *De la médecine politique en général et de son objet, de la médecine légale en particulier*, Montpellier, 1814.

—*De l'ancien de la médecine sur la population des États*, s.l., 1818.

Pyat (F.), *Le Droit au travail*, discours à l'Assemblée nationale, 2 novembre 1848, supplement à la Démocratie pacifique, 5 novembre 1848.

Quesnay, "Hommes", article pour l'*Encyclopédie*, 1756, republié par Ronald Meek, *Economics of Physiocracy*.

—"Grains", article pour l'Encyclopédie, 1756, republié par Ronald Meek, *Economics of Physiocracy*.

—"Le droit naturel", *Journal de l'Agriculture, du Commerce et des Finance*, 1765-1766.

—*Maximes générales pour un gouvernement le plus avantageux aux genre humain*, Paris, 1775.

—*Tableau économique*, Paris, Clamann-Lévy, 1969.

Quetelet (Adolphe), *Du système social et des lois qui le régissent*, Paris, 1848.

Ratier (F.-S.), "police médicale.Des mesures propres à arrêter la propagation de la maladie vénérienne", *Annales d'hygiène publique*, XVI, 1836, pp.262-297.

Rémusat (Charles de), *Du paupérisme et la charité légale*, Paris, 1840.

—*De la politique libérale, ou Fragments pour servir à la définition de la Révolution française*, Paris, 1860.

—"De l'esprit de réaction", La Revue des Deux Mondes, XXXV, 1861, pp.777-813.

Rétif de la Bretonnne (Nicolas Edeme), *Les Nuits de Paris*, Paris, P.Boussel, 1963.

Revue mensuelle d'économie politique, 1833-1836, I-VI.

Ricardo, *Works and Correspondance*, Piero Sraffa (ed.), Cambridge, Cambridge University Press, 1951-1955, 11 vol.

Roederer (A.-M.), *Des sociétés particulières, telles que clubs*, réunions, etc., Paris, an VII.

Rollin, *Rapport sur le mode d'organisation des sociétés s'occupant de questions politiques*, Conseil des Cinq-Cents, 16 thermidor an VII.

Rousseau, *Discours sur l'origine et les fondements de l'inégalité parmi les hommes* (1754), Paris, Garnier-Flammarion, 1871.

Saint-Simon, *Adresse aux Philanthropes*, Paris, 1821.

Sandelin, *Répertoire d'économie politique ancienne et moderne*, La Haye, 1846-1848, 6 vol.

Say (éJean-Baptiste), *Traité d'économie politique*, Paris, 1803.

—"Économie politique", *Encyclopédie progressive*, Paris, 1826.

—*Cours complet d'économie politique pratique* (1828), 3e éd., Paris, Gauillaumin, 1852, 2 vol.

——"Olbie.Essai sur les moyens d'améliorer les mœurs d'une nation", 1799, in *Œuvres diverses*, Paris, Guillaumin, 1848.

Sieyès, *Qu'est-ce que le tiers état?* (1789), Paris Quadrige/PUF, 1982.

——*Préliminaires de la Constitution. Reconnaissance et exposition raisonnée des droit de l'homme et du citoyen*, Paris, 1789.

——*Vues sur les moyens d'exécution dont les représentants de la France pourront disposer en 1789*, 1789.

Sismondi, *Nouveaux principes d'économie politique, ou De la richesse dans ses rapports avec la population*, Paris, 1819.

——"Balance des productions et des consommations", *Revue encyclopédie*, mai 1824, annexe au premier volume des *Nouveaux Principes*.

——"Lettre au directeur de la Revue encyclopédie", *Revue encyclopédie*, 35, 1827.

——"Du sort des ouvriers dans les manufactures", *Revue mensuelle d'économie politique*, III, 1834.

——"Du revenu social", *Revue mensuelle d'économie politique*, IV, 1835.

——*Études sur les Constitutions des peuples libres*, Paris, 1836, 3.vol.

——"Examen d'une réfutation des *Nouveaux Principes* par un disciple de M.Ricardo"（Mac Culloch）, annexe au premier volume des *Nouveaux Principes*.

Smith (Adam), *Theory of Moral Sentiments*（1759）, D.D.Raphael et A.L.Macfie (eds), Oxford, Clarendon Press, 1976.

——*An Inquiry into the Nature and the Causes of the Wealth of Nations* (1776), R.H.Campbell et A.S.Skinner (eds), Oxford, Clarendon Press, 1976, 2 vol.

Stein (Lorenz von), *Geschichte der sozialen Bewegung in Frankreich*, Berlin, 1850.

Thiers (Adolph), *Rapport général présenté aux nom de la Commission de l'assitance et de la prévoyance publique*, Paris, 1850.

Thomas (Emile), *Histoire des Ateliers nationaux considérés sous le double point de vue politique et social,* Paris, Michel Lévy Frères, 1848.

Toqueville, *Mémoire sur le paupérisme*, Paris, 1835.

—*De de la démocratie en Amérique* (1835-1840), Paris, Garnier-Flammarion, 1981, 2 vol.

—*Souvenirs*, Paris, Gallimard, 1978.

—"Travail", article de l'*Encyclopédie.*

Trélat (Ulysse), *De la constitution du corps des médecins et de l'enseignment médical*, Paris, 1828.

—et Buchez (P.-J.-B.), *Précis* élémen*taire d'hygiène*, Paris, 1825.

Tuetey (Alexandre) et Bloch (Camille), *Procès-Verbaux et Rapports du Comité de mendicité de la Constitutuante*, 1790-1791, Paris, Imprimerie nationale, 1911.

Turgot, *Œuvres complètes de Turgot et documents le concernant*, par G.Schelle, 5 vol., Paris, Alcan, 1913-1923.

Écrits économiques, Paris, Calmann-Lévy, 1970.

Villeneuve-Bargement, *Économie politique chrétienne, ou Recherches sur le paupérisme*, Paris, 1834.

Villermé (Louis-Réné), "Sur l'hygiène morale", *Annales d'hygiène publique et de médecine légale*, IV, 1830, pp.25-47.

—"Des épidémies sous les rapport de l'hygiène publique, de la statsitique médicale et de l' économie politique", *Annales d'hygiène publique et de médecine légale*, IV, 1833, pp.5-48.

——"Note sur les ravages du choléra-morbus dans les maisons garnies de Paris, depuis le 29 mars jusqu'au ler août 1832", *Annales d'hygiène publique et de médecine légale*, XI, 1834.

——"Mémoire sur la distribution de la population française par sexe et par état civile, et sur nécessité de perfection ner nos tableaux de population et de moralité", *Annales d'hygiène publique et de médecine légale*, VIII, 1837, pp.245-280.

——*Tableau de l' état physique et moral des ouvriers employés dans les manufacturs de colon, de laine et de soie*, Paris, 1840, 2 vol.

——*Enquête sur le travail et la condition des enfants et des adolescents dans les mines de la Grande-Bretagne*, Batgnolles, 1843.

——"Des sociétés de prévoyance ou de secours mutel", *Annales d'hygiène publique et de médecine légale*, XXXIV, 1845, pp.94-111.

——*Des associations ouvrières*, Paris, 1849.

Volney (Constantin-François), *La Loi naturelle, ou Catéchisme du citoyen françai* (1793), Paris, Armand Colin, 1934.

Walras (Auguste), *Réfutation de la doctrine de Hobbes sur le droit naturelle de l'individu*, Evreux, 1835.

Watteville (Adolph de Grabe de), *Essai statistique sur les établissement de bienfaisance*, Paris, 1846.

Littérature secondaire

E.H.Akerknecht, "Anticontagionism between 1821 and 1867", *Bulletin of the History of Mdedecine*, 22, 1948, pp.562-592.

—"Hygiene in France", *Bulletin of the History of Medecine*, XXII, 1948, pp.117-155.

—"Villermé et Quetelet", *Bulletin of the History of Medecine*, XXVI, 1952, pp.317-329.

Actes du colloque Sismondi, Rome, Academia nazionale dei Lincei, 181, 1973.

Agulhon (Maurice), *1848 ou l'apprentissage de la République, 1848-1852*, Paris, Éditions du Seuil, 1973.

Amann (Peter), *Revolution and Mass Democracy. The Paris Club Movement in 1848*, Princeton, Princeton University Press, 1975.

Amato (Sergio), "Sismondi e la critica dell'economia politica", *Problemi del socialismo*, XVI, 21-22, 1974, pp.397-419.

Arendt (Hannh), On Revolution, New York, Viking Press, 1963.

Ashford (Douglas E.), *Poverty:Yesterday, Today*, en cours de publication.

Aulard (A.), "L'Idée républicaine et démocratique avant 1789", *La Révolution française*, 1898, pp.6-45.

Baker (Keith), "The early history of the term social science", *Annals of Sciences*, 20, 1964, pp.211-226.

—*Condorcet: From Natural Philosophy to Social Mathematics*, Chicago, University of Chicago Press, 1975.

Barret-Kriegel (Blandine), *Les Chemins de l'État*, Paris, Calmann-Lévy,

1983.

—*L'État et les Esclaves*, Paris, Calmann-Lévy, 1989.

Baxter (S.B.) (ed.), *England's Rise to Greatness, 1660-1763*, Berkeley, University of California, 1983.

Benetti (Carlo), *Adam Smith. La teoria economica della societ*à *merchant*, Milan, Etas Libri, 1979.

Bequet (Léon), *Régime et législation de l'Assitance Publique en France*, Paris, 1885.

Berger (P.L.) et Neuhaus (R.), *To Empower People*, Washington, American Enterprise Institute, 1977.

Betourne (Olivier) et Hartig (Aglaia I.), *Penser l'histoire de la Révolution française*, Paris, La Découverte, 1989.

Bezucha (R.J.), "The French revolution of 1848 and the social history of work", *Theory and Society*, 12, 4, 1983, pp.469-483.

Bloch (Camille), *L'Assitance et L'État en France* à *la veille de la Révolution*, Paris, Picard, 1908.

Bourthoumieux (Charles), *Essai sur le fondement philosophique des doctrines économiques.Rousseau contre Quesnay*, Paris, 1936.

Bouvier (Jean) et Wolff (Jaques) (eds), *Deux siècles de fiscalit*é *française*, Paris, Mouton et École pratique, 1973.

Burchell (Grahma), Gordon (Colin) et Miller (Peter) (eds), *The Foucault Effect*, Londres, Harvester, 1991.

Burtless (Gary), "Inequality in America: where do we stand?", *The Brookings Reviews*, 5.3, 1987, pp.9-16.

Caillé (Alain), *Splendeurs et Misères des sciences sociales:esquisse d'une mythologie*, Genève, Librairie Droz, 1986.

Cassier (Ernest), The Myth of the State, New Haven, Yale University Press, 1946.

Castel (Robert), "La guerre à la pauvreté aux Etats-Unis: le statut de la misère dans une société d'abondance", *Actes de la recherché en sciences sociales*, 19, janvier 1978, pp.47-60.

—*L'Ordre psychiatrique. L'âge d'or de l'aliénisme*, Paris, Éditions de Minuit, 1976.

—"La question soicale commence en 1349", *Cahiers de la recherché sur le travail social*, 1989, pp.9-27.

—"Droit au secours et ou libre accès au travail:les travaux du Comité pour l'extinction de la mendicité de l'Assemblée constituante", in *La Famille, la loi, l'État, de la Révolution au Code civil*, Paris, Imprimerie Nationale, 1989, pp.480-490.

Charvet (John), *The Social Problem in the Philosophy of Rousseau*, Cambridge, Cambridge University, 1974.

Checkland (S.G. et E.O.A.) (eds), T*he Poor-Law Report of 1834*, Londres, Penguin Books, 1974.

Chevalier (Louis), *Classes laborieuses et classes dangereuses*, Paris, LGF, 1978.

Cheysson (Emile), "La solidarité", *L'Économiste français*, juillet 1903.

—"L' économie sociale et l'hygiène", *Revue d'hygiène*, t.XVII, 2, 1985.

Coleman (William), *Death is a Social Disease:Public Health and Political Economy in Early Industrial France*, Madison, University of Wisconsin Press, 1982.

Cossa (Luigi), *Histoire des doctrines économiques*, Paris, V.Giard et E.Brière, 1899.

Covello (V.T.) (ed.), *Poverty and Public Policy*, Boston, G.K.Hall&Co., 1980.

Croiset (Alfred), *Essai d'une philosophie de la solidarité*, Paris, 1902.

Denis (H.), *Histoire des systèmes économiques et socialistes*, Paris, 1904.

Diaz (F.), *Filosofia e politica nel settesento francese*, Turin, Einaudi, 1962.

Donzelot (Jaques), "Espace clos, travail et moralization", *Topique,* 3, mai 1970.

—*La Police des familles*, Paris, Éditions de Minuit, 1977.

—"Avant Keynes et Taylor", Aut-aut, 181, 1980, pp.100-119.

—*L'Invention du social*, Paris, Fayard, 1984.

— (ed.) , *Face à l'exclusion. Le modèle français*, Paris, Éditions Esprit-Le Seuil, 1991.

Dosse (François), *L'Histoire en miettes*, Paris, La Découvert, 1989.

Dreyfus (Ferdinand) , "Note sur le Comité de salubrité", *Revue philantropique*, 1904.

—*Un philantrope d'autrefois:La Rochefoucauld-Liancourt, 1747-1827*, Paris, 1903.

Dreyfus (Hubert L.) et Rabinow (Paul), *Michel Foucault*：*Beyond Structuralism and Hermeneutics*, Chicago, University of Chicago Perss, 1982.

Duprat (G.), "La crise du libéralisme en matière d'assitance", *Revue politique et parlementaire*, 50, octobre 1906, pp.98-113.

Durkheim (Emile), *Le Socialisme*, Paris, Alcan, 1928.

Essztein (Léon), *L'Économie et la Morale aux débuts du capitalisme industriel en France et en Grand-Bretagne*, Paris, École pratique des hautes études, 6e section, mémoire 62, 1966.

Ewald (François), *L'État-Providence*, Paris, Grasset, 1986.

Fach (Wolfgang) et Procacci (Giovanna), "The thin man: on life and love in liberalism", trad.fr. in *Bulletin du Mauss*, 23, 1987, pp.101-131.

Farge (Arlette), *Les Marginaux et les Exclus dans l'histoire*, Paris, 1979.

—et Revel (Jaques), *Logiques de la foule*, Paris, 1988.

Fatica (Michelle), "Potere, intellectualli, società e poveri tra accumulazione originaria e accumulazione capitalistica", *Democrazia industriale*, 1, 1980, p.10-26.

Faure (Alain), "Mouvement populaires et Mouvement ouvrier à Paris (1830-1834)", *Le Mouvement social*, 88, 1974, pp.51-92.

Forrest (Alan), *The French Revolution and the Poor*, Oxford, Basil Blackwell, 1981.

Forsthoff (Ernest), *Rechtsstaat im Wandel*, Stuttgart, Kohlhammer Verlag, 1964.

Foucault (Michel), *Naissance de la Clinique*, Paris, PUF, 1983.

—*Les Mots et les Choses*, Paris, Gallimard, 1966.

—*L'Archéologie du savoir*, Paris, Gallimard, 1969.

—*Histoire de la folie* à *l'âge classique*, Paris, Gallimard, 1972.

—*Moi, Pierre Rivière, ayant égorgé ma mère, ma sœur et mon frère...*, présenté par Michel Foucault, Paris, Gallimard, 1973.

—*Surveiller et Punir.Nassance de la prison*, Paris, Gallimard, 1975.

—"Omnes et singulatim:vers une critique de la raison politique", *Tanner Lectures on Human Values*, New York, Cambridge University Press, 1981.

—*Résumé des cours au Collège de France*, Paris, Julliard, 1989.

—*De la gouvernementalité*, Paris, Éditions du Seuil, 1989.

—*Difendrere la società*, cours 1976 au Collège de France, Florence, Ponte alle Grazie, 1990.

Fouillée (Alfred), "La philanthropie scientifique au point de vue du Darwinisme", *La Revue des Deux Mondes*, 15 septembre 1882, p.407-445.

Fox-Genovese (Elisabeth), *The Origins of Physiocracy. Economic Revolution and Social Order in Eighteenth Century France*, Ithaca, Cornell University Press, 1976.

Fraser (Derek) (ed.), *The New Poor-Law in the Nineteenth Century*, Londres, 1976.

Furet (François), *Penser la Révolution française*, Paris, Gallimard, 1978.

—*L'Atelier de l'histoire*, Paris, Hachette, 1986.

—*La Gauche et la Révolution au milieu du XIXe siècle: Edgard Quinet et la question du Jacobinisme*, Paris, Hachette, 1986.

— (ed.) , *L'Héritage de la Révolution française*, Paris, Hachette, 1989.

Furniss (Edgar) , *The Position of the Laborer in a System of Nationalism*, New York, 1920.

Gauchet (Marcel), "Tocqueville, l'Amérique et nous", *Libre*, 7, 1980, pp.43-120.

—*La Révolution des droits de l'homme*, Paris, Gallimard, 1989.

Geremek (Bronislaw), *La Potence et la Pieté.L'Europe et les pauvres, du Moyen Age* à *nos jours*, Paris, Gallimard, 1988.

Gide (Charles), "The economic school and the teaching of political economy in France", *Political Science Quartly*, 5, 1890, pp.603-635.

—*La Solidarité économique*, conférence à l'École des hautes études sociales, Val-les-Bains, 1902.

—*L'Économie sociale*, Paris, 1905.

—et Rist (Charles), *Histoire des doctrines économiques depuis les physiocrates jusqu'à nos jours*, Paris, Sirey, 1947, 2 vol.

Gierke (Otton von), *Natural Law and the Theory of Society, 1500-1800*, Cambridge (Mass.), Cambridge University Press, 1950.

Gilson（Etienne）, "La spécificité de la philosophie d'après Auguste Comte", *Congrès des sociétés philosophiques*, Paris, 1921, pp.363-386.

Glass (D.V.) (ed.), *Introduction to Malthus*, Londres, Watts, 1953.

Gordon（Colin）(ed.), *Power and Knowledge.Selected Interviews and Other Writings, 1972-1977*, Londres, Harvester, 1981.

—"Foucault en Angleterre", *Critique*, 471-472, 1986, pp.826-839.

Gossez (Rémi), "Les quadrante-cinq centimes", in *Études*, recueil publié par la Société d'histoire de la révolution de 1848, 15, 1953, pp.89-132.

—*Les Ouvriers de Paris*, vol.I, *L'Organisation, 1848-1851*, La Roche-sur-Yon, Bibiliothèque de la révolution de 1848, 1967.

Gouhier (Henry), *La Jeunesse d'Aguste Comte et la Formation du positivism*, Paris, Vrin, 1933-1941, 3 vol.

Graziani (Agusto), "Malthus e la teoria della domanda effettiva", introduction à Lilia Constabile, *Malthus.Sviluppo et ristagno della produzione capitalistica*, Turin, Einaudi, 1980, p.VII-LV.

Grossamnn (Henryk), *Sismondi et ses théories économiques*, Varsovie, 1924.

Gueslin (André), *L'Invention de l' économie sociale.Le XIXe siècle français*, Paris, Economica, 1987.

Guillaumont (Patrick), *La Pensée démo-économique de J.-B.Say et de Sismondi*, Paris, Cujas, 1969.

Guizard (L.de), *Rapport sur les travaux de la Société de la morale chrétienne pendant l'année 1823-1824*, Paris.

Gutton (Jena-Pierre), *La Société et les Pauvres en Europe, XVIe-XVIIIe siècle*, Paris, PUF, 1974.

Halévy (Elie), *La formation du radicalisme philosophique*, Paris, 1901-1904, 3 vol.

—*La Révolution et la Doctrine de l'utilité, 1789-1815*, Paris, 1830.

—*Sismondi*, Paris, F. Alcan, 1933.

Hartz (Louis), *The Liberal Tradition in America*, San Diego, Harcout Brace Jovanovich Publishers, 1983.

Hatzfeld (Henri), *Du paupérisme à la sécurité sociale.Essai sur l'origines de la sécurité sociale en France, 1850-1940*, Paris, Armand Colin, 1971.

Himmelfarb（Gertude）, *The Idea of Poverty. England in the Early Industrial Age*, New York, Vintage Books, 1985.

Hirschman（Albert）, *The Passions and the Interests:Political Arguments for Capitalism before its Triumph*, Princeton, Princeton University Press, 1977.

—*Shifting Involvements. Private Interest and Public Action*, Princeton, Princeton University Press, 1982.

—"Rival views of market society", *Journal of Economic Literature*, 12, décembre 1982.

—"Two hundred years of reactionary rhetoric: the case of the Perverse effect", *The Tanner Lectures on Human Values*, Ann Arbor, University of

Michigan Press, 1988.

Histoire, Socialisme et Critique de l'économie politique, actes du colloque organize par la Société des amis de Sismondi (Sorbonne, mai 1973), *Economies et sociétés*, Paris, Cahiers de l'ISMEA, 1976.

Holmes (Stephen), *Benjamin Constant and the Making of Modern Liberalism*, New Haven, Yale University Press, 1984.

Hont (Istvan) et Ignatieff (Michael) (eds), *Wealth and Virtue*, Cambridge, Cambridge University Press, 1983.

Hufton (Olwen H.), *The Poor of Eighteenth Century France, 1750-1789*, Oxford, Oxford University Press, 1974.

Janet (Paul), *Saint-Simon et le saint-sismonisme*, Paris, Baillière, 1878.

Jeandeau (René), *Sismondi précurseur de la législation sociale contemporaine*, Bordeaux, 1913.

Kaplow (Jeffry), *Les Noms des rois: les pauvres de Paris à la veille de la Révolution*, Paris, Maspero, 1974.

—"Sur la population folttante de Paris à la fin de l'Ancien Régime", *Annales historique de la Révolution française*, XXXIX, 187, janvier-mars 1967, pp.1-14.

Katz (Michael.B.), *The Undeserving Poor: from the War on Poverty to the War on Welfare*, New York, Patheon Books, 1989.

Kaus (M.), "The work-ethic state", *The New Repulic*, 7 juillet 1986, pp.22-23.

Kelly (D.R.), *History Law and the Human Sciences*, Londres, Variorum Reprints, 1984.

—*Historians and Law in Post-Revolutionary France*, Princeton, Princeton

University Press, 1984.

—et Smith (B.G.), "What was property? legal dimensions of the social question in France (1789-1848)", in *Proceedings of the American Philosophical Society*, 128, 3, 1984, pp.200-230.

Kemp (Tom), *Industrialization in Nineteenth Century Europe*, Londres, Longman, 1969.

Keynes, *The End of the Laissez-Faire*, Londres, Woolf, 1926.

—*General Theory of Employment, Interests and Money*, Londres, 1936.

—*Essay on Biography*, Londres, Macmillan, 1933.

Koselleck (Reinhart), *Le Règne de la critique*, Paris, Éditions de Minuit, 1979.

—*Vergangene Zukunft. Zur Semantik geschichtlichen Zeiten*, Francfort-sur-le-Main, Suhrkamp Verlag, 1958.

—*Die Französische Revolution als Bruch des gesellschaftlichen Bewüsstein*, Munich, R.Oldenbourg, 1988.

—*Preussen zwischen Reform und Revolution (1789-1848)*, Stuttgart, Klett-Cotta.

Kremer-Mariette (A.), *Auguste Comte et la théorie sociale du positivisme*, Paris, Seghers, 1970.

La Berger (Ann Fowler", "The Paris Health Council, 1802-1848", *Bulletin of the History of Medecine*, 49, 1975, pp.339-352.

La Capra (Dominick) et Kaplan (Steven L.) (eds), *Modern European Intellectual History*, Ithaca, Cornell University Press, 1982.

Lallemand (Léon), *La Révolution et les Pauvres*, Paris, 1898.

Lantz (Pierre), "Genèse des Droits de l'homme:citoyenneté, droits sociaux et droits des peuples", *L'Homme et la Soci*été, Paris, Gallimard, 1970.

Lazarsfeld (Paul), *Philosophie des sciences sociales*, Paris, Gallimard, 1970.

Lécuyer (Bernard-Pierre), "Médecines et observateurs sociaux:les Annales d'hygiène publique et de médecine légale (1820-1850)", in *Pour une histoire de la statistique*, Paris, INSEE, 1977, 2 vol.

Le Roux (Charles), *Le Vagabondage et la Mendicit*é à *Paris et dans le département de la Seine*, Paris, 1907.

Lavasseur (Emile), *Histoire des classes ouvrières et de l'industrie de France de 1789* à *1870*, Paris, 1904, 2 vol.

Lis (Catharina) et Soly (Hugo), *Poverty and Capitalism in Pre-Industrial Europe*, Londres, The Harvester Press, 1979.

Löwith (Karl), *Weltgeschichte und Heilsgeschehen. Die theologyschen Voraussetzungen der Geschichtsphilosophie*, Stuttgart, Metzler, 1953.

Lutfalla (Michel), *Aux origins de la pens*ée *économique*, Paris, Economica, 1981.

Lyon-Caen (Charles), *Notice historique sur l'Acad*é*mie des sciences sociales morales et politiques, 1795-1803, 1832-1932*, Paris, Firmin Didot, 1932.

Mayer (Arno), *The Persistance of the Old Regime. Europe from 1848 to the First World War*, New York, Pantheon Books, 1981.

Mead (Laurence), *Beyond Entitlement: the Social Obligations of Citizenship*, New York, The Free Press, 1983.

Meek（Ronald）, *The Economics of Physiocracy.Essays and Translations*, Cambridge (Mass.), Harvard University, 1963.

——*Economics and Ideology and Other Essays. Studies in the Development of Economic Thought*, Londres, Chapman& Hall, 1967.

Milgate (Murray) et Welch (Cheryl B.) (eds), *Critical Issues in Social Thought*, New York, Academic Press, 1989.

Monod (Henry), "L'œuvre d'assitance de la Troisième République", *Revue Philosophique*, 26, 1909-1910.

Moon (J.Donald) (ed.), *Responsibility, Rights and Welfare*, Boulder (Colorado), Westview Press, 1988.

Moss (Bernard H.), *The Origins of the French Labor Movement*, Berkeley, University of California Press, 1976.

Murard (Lion) et Zylberman (Patrick), *L'Haleine des faubourgs*, *Recherches*, 29, 1978.

Nicolet (Claude), *L'Idée républicaine en France.Essai d'histoire critique, 1789-1924*, Paris, Gallimard, 1982.

Nisbet (Robert A.), "The French revolution and the rise of sociology in France", *American Journal of Sociology*, 49, 1943-1944, pp.156-164.

Nye (Robert A.), *Crime, Madeness and Politics in Modern France*, Princeton, Princeton University Press, 1984.

Parekh (Bhikku) (ed.), *Bentham's Political Thought*, Cambridge, 1974.

Parturier (Louis), *L'Assistance à Paris sous l'Ancien Régime et pendant la Révolution*, Paris, 1897.

Pasquino (Pasquale), "Theatrum politicum", *Au-aut*, 167-168, 1978, pp.41-54.

——"Sieyès, Constant e il 'Governo dei moderni'.Contributo alla storia des concetto di rappresentanza politica", *Filosofia Politica*, 1, 1, juin 1987, pp.77-

98.

Paultre (Christian), *De la répression de la mendicité et du vagabondage sous l'Ancien Régime*, Paris, 1906.

Perrot (Michelle), *Enquête sur la condition ouvrière en France au XIXe siècle*, étude bibliographique, Paris, Microéditions Hachette, 1972.

— (ed.) , *L'Impossible Prison*, Paris, Éditions du Seuil, 1980.

— (ed.) , *De la Révolution à la Grande Guerre* (tome 4 de l'histoire de la vie privée), Paris, Éditions du Seuil, 1987.

Person (H.S.) (ed.), *Scientific Management in American Industry*, The Taylor Society, 1929.

Piasenza (Paolo), "Povertà, costruzione dello stato e control lo sociale in Francia: alle origini del problema", *Rivista di storia contemporanea*, janvier 1980, pp.1-36.

—*Polizia et cità.Strategie d'oridine, conflitti et rivolte a Parigi fra sei e settecento*, Bologne, II Mulino, 1990.

Picot (Georges), *Concours de l'Académie des sciences morales et politiques, 1834, 1834-1900*, Paris, Imprimerie Nationale, 1901.

Pitocco (Franco), *Millennio e utopia:il sansimonismo*, Rome, Bulzoni, 1984.

Piven (Frances F.)et Cloward (Richard A.), *Regulating the Poor*, New York, Random House, 1972.

Pizzorno (Alessandro G.), "Foucault et la conception libérale de l'individu", in *Michel Foucault Philosophie*, Paris, Éditions du Seuil, 1988, pp.236-245.

Poggi (Gianfranco), "The place of political concerns in the early social sciences", *Archives européennes de sociologie*, XXI, 1980, pp.32-371.

Polanyi (Karl), *The Great Transformation. The Political and Economic Origins of Our Time*, New York, Holt Rnehart$Winston, 1944.

Poynter (J.R.), *Society and Pauperism. English Ideas on Poor Relief, 1795-1834*, Londres, Routledge&Kegan Paul, 1969.

Rice (Roger) (ed.), R*évolution et Reaction.1848 and the Second French Republic*, New York, Barnes and Noble, 1975.

Procacci (Giovanna), "Social economy and the government of poverty", *Ideology and Consciousness*, 4, 1979, pp.55-72.

—"Legittimità politica, legittimità sociale", in V.Conti (ed.), *Sapere e potere*, Milan Multhipla Ed., 1984, 2 vol., 1, pp.93-103.

—"Notes on the government of the social", *History of the Present*, 3, 1987, pp.5-15.

—"Sociology and its Poor", *Politics and Society*, 17, 1989, pp.163-187.

—"Facing poverty: French and American philanthropy between science and reform", 1990, in Dietrich Rueschmeyer et Theda Skocpol (eds), *State, Social Knowledge and the Making of Modern Social Policies*, en cours de publication.

Quadagno (Jill), "Welfare capitalism and the social security act of 1935", *Amercian Sociological Review*, 49, 1984, pp.632-647.

Rawl (John), *A Theory of Justice*, Cambridge (Mass.), Harvard University Press, 1971.

Rébérioux (Madeleine), "Du comité de mendacité au rapport Barrère:continuité et évolution", in *Démocratie et Pauvret*é, Paris, Éditions Quart Monde/Albin Michel, 1991, pp.73-85.

Reischauer (R.D.), "Welfare reform:will consensus be enough?", *The*

Brookings Reviews, 5, 3, 1987, pp.3-8.

Ricci (A.G.), "Sismondi e il Marxismo", *Filosofia e Società*, 1972.

Rigaudiat-Weiss (H.), *Les Enquêtes ouvrières en France entre 1830 et 1848*, Paris, 1936.

Ritter (Joachim), *Hegel and the French Revolution*, Cambrige (Mass.), MIT Press, 1982.

Robbins (Lionel), T*he Theory of Economic Policy in English Classical Political Economy*, Londres, Macmillan&Co., 1953.

Roll (Eric), *A History of Economic Thought*, Londres, Faber&Faber, 1946.

Rosanvallon (Pierre), *Le Moment Guizot*, Paris, Gallimard, 1986.

—*L'État en France de 1789 à nos jours*, Paris, Éditions du Seuil, 1990.

Rose (M.), *The English Poor-Law, 1780-1983*, Londres, 1971.

Rosen (George), *From Medical Police to Social Medecine*, New Yokr, Science History Publications, 1974.

—"What is social medicine?A genetic analysis of the concept", *Bulletin of the History of Medecine*, 21, 1974, pp.674-733.

Rueschmeyer (Dietrich) et Skocpol (Theda) (eds.), *States, Social Knowledge and the Making of Modern Social Policies*, Princeton, Princeton University Press, en cours de Publications.

Sauzet (Marc), *Le Livret obligatoire des ouvriers*, Paris, 1890.

—"Essai historique sur législation industrielle de la France", *Revue d'économie politique*, 1892, pp.353-403 et 890-1220.

Say (Léon), *Turgot*, Paris, Hachette, 1887.

Schieder (Thomas), "Das problem des revolution im 19.Jahrhundert", *Historische Zeitschrift*, 170, 1950.

Schiera (Pier Angelo), *Il laboratorio borghese*, Bologne, Il Mulino, 1987.

Schmitt (Carl), "Das Zeitalter der Neutralisierungen und Entpolitisierungen", in *Le Categorie del politico, Bologne*, Il Mulino, 1972, pp, 167-184.

Schnur (Roman) (ed.), *Staat und Gesellschaft.Studien Über Lorenz von Stein*, Berlin, Duncker&Homblot, 1978.

Schumpeter, *History of Economic Analysis*, Oxford, Oxford University Press, 1954.

Scott (Joan W.), "'L'ouvrière!mot impie, sordie…'Women workers in the discourse of French political economy, 1840-1860", in *Gender and the Politics of History*, New York, Columbia University Press, 1988, pp.139-163.

Scott (John A.), *Republican Ideas and the Liberal Tradition in France, 1870-1914*, New York, Columbia University Press, 1951.

Sennett (Richard), *The Fall of Public Man*, New York, 1974.

Sewell (W.H.), *Work and Revolution in France. The Language of Labor from the Old Regime to 1848*, Cambridge, Cambridge University Press, 1980.

Shennan (J.H.), *France before the Revolution*, New York, Methuen, 1983.

Shklar (Judith N.), *Men and Citizens. Rousseau's Social Theory*, Cambridge, Cambridge University Press, 1969.

Sofia (Flancesca), *Una biblioteca ginevrina del'700: i libri del giovane Sismondi*, Rome, Ed. dell'Ateneo e Bizzarri, 1983.

Sowell (Thomas), *Say's Law: an Historical Analysis*, Princeton, Princeton University Press, 1972.

—*Classical Economics Reconsidered*, Princeton, Princeton University Press, 1974.

Spuller (Eugène), *Histoire parlementaire de la Deuxième République*, Paris, 1891, 3 vol.

Stone (Judith F.), *The Search of Social Peace. Reform legislation in France, 1890-1914*, Albany, State University of New York Press, 19855.

Tchernoff (Iouda), L*e Parti républicaine sous la monarchie de Juillet. Formation et* évolution *de la doctrine républicaine*, Paris, 1901.

—*Association et sociétés secrétes sous la Deuxième République*, Paris, 1905.

Thompson (E.P.), *The Making of the English Working Class*, Harmondsworth, Pellican Books, 1968.

Titmuss (R.T.), *The Philosophy of Welfare*, Londres, Allen&Unwin, 1987.

Touraine (Alain), "Face à l'exclusion", *Esprit*, 169, 1991, pp.7-13.

Tribe (Keith), *Land, Labour and Economic Discourse*, Londres, Routledge&Kegan Press, 1985.

Tuetey (Alexandre), *L'Assitance publique* à *Paris pendant la Révolution*, Paris, 1895-1897, 4 vol.

Veyne (Paul), *Comment on écrit l'histoire*, Paris, Éditions du Seuil, 1978.

Walzer (Michael), "Liberalism and the art of separation", *Political Theory*, 12, 1984, pp.315-330.

Weil (Georges), *Histoire du Parti republicaine en France, 1814-1870*, Paris, 1912.

Weir (Margaret), Orloff (A.S.) et Skocpol (Theda) (eds), *The Politics of Social Policy in the United States*, Princeton, Princeton University Press, 1988.

Winch (David), *Adam Smith's Politics. An Essay in Historiographic Revision*, Cambridge, Cambridge University Press, 1978.

Wittaker (T.), "Comte and Mill", *Reason and Other Essays*, Cambridge, 1934.

Woolf (Stuart), *The Poor in Western Europe in the Eighteen and Nineteenth Centuries*, Londres, Metuen&Co., 1986.

人物译名对照表

埃德温·H. 阿克尔克内希特	Ackerknecht, Edwin H.
A. 阿夫塔利翁	Aftalion, A.
莫里斯·阿居隆	Agulhon, Maurice
贝尔纳·德·艾里	Airy, Bernard d'
彼得·阿曼	Amann, Peter
塞尔焦/塞尔吉奥·阿马托	Amato, Sergio
汉娜·阿伦特	Arendt, Hannah
杜格尔（s）·E. 阿什福德	Ashford, Douglas E.
F.A. 奥拉尔	Aulard, F. A.
基思·贝克	Baker, Keith
J.-F. 巴拉永	Baraillon, J.-F.
贝特朗·巴雷尔（·德·Vieuzac）	Barère de Vieuzac, Bertrand
布朗丁·巴雷特—克里格尔	Barret-Kriegel, Blandine
博多（神父）	Baudeau (abbé)
丹尼尔·A. 鲍	Baugh, Daniel A.
斯蒂芬·B. 巴克斯特	Baxter, Stephen B.
莱因哈特·本迪克斯	Bendix, Reinhart
卡洛·贝内蒂	Benetti, Carlo
杰里米·边沁	Bentham, Jeremy

让—安托万·沙普塔尔　　　　　　　Chaptal, Jean-Antoine

约翰·沙尔韦　　　　　　　　　　　Charvet, John

S.G. 切克兰德和 E.O.A·切克兰德　　Checkland, S. G. et E. O. A.

安托万·谢尔比烈　　　　　　　　　Cherbuliez, Antoine

路易·舍瓦利耶　　　　　　　　　　Chevalier, Louis

米歇尔·舍瓦利耶　　　　　　　　　Chevalier, Michel

埃米尔·谢松　　　　　　　　　　　Cheysson, Emile

皮埃尔·克拉斯特　　　　　　　　　Clastres, Pierre

里夏尔·A. 克洛尔德　　　　　　　　Cloward, Richard A.

威廉·科尔曼　　　　　　　　　　　Coleman, William

奥古斯特·孔德　　　　　　　　　　Comte, Auguste

夏尔·孔德　　　　　　　　　　　　Comte, Charles

孔多塞　　　　　　　　　　　　　　Condorcet

本雅明·贡斯当　　　　　　　　　　Constant, Benjamin

维尔纳·康策　　　　　　　　　　　Conze, Werner

夏尔·科克兰　　　　　　　　　　　Coquelin, Charles

路易吉·科萨　　　　　　　　　　　Cossa, Luigi

莉利亚·科斯塔比莱　　　　　　　　Costabile, Lilia

路易·科斯塔　　　　　　　　　　　Costat, Louis

樊尚·T. 科韦洛　　　　　　　　　　Covello, Vincent T.

R.G. 考沃德　　　　　　　　　　　Cowherd, R. G.

阿尔弗雷德·克鲁瓦塞　　　　　　　Croiset, Alfred

H. 德尼　　　　　　　　　　　　　Denis, H.

路易吉·德·罗莎　　　　　　　　　De Rosa, Luigi

雅克·东泽洛　　　　　　　　　　　Donzelot, Jacques

阿尔弗雷德·富耶	Fouillée, Alfred
伊丽莎白·福克斯—热诺韦斯	Fox-Genovese, Elisabeth
弗拉塞尔·德雷克	Fraser, Derek
迈克尔·弗里登	Freeden, Michael
H.A. 弗雷吉耶	Frégier, H.-A.
弗朗索瓦·孚雷	Furet, François
埃德加·弗尼斯	Furniss, Edgar
诺曼·弗尼斯	Furniss, Norman
让—皮埃尔·居东	Gutton, Jean-Pierre
让娜·加亚尔	Gaillard, Jeanne
约瑟夫·加尼耶	Garnier, Joseph
马塞尔·戈谢	Gauchet, Marcel
J.M. 德·热朗多（男爵）	Gérando, J.-M. de (baron)
布罗尼斯瓦夫·盖雷梅克	Geremek, Bronislaw
夏尔·吉德	Gide, Charles
奥托·冯·吉尔克	Gierke, Otto von
艾蒂安·吉尔松	Gilson, Étienne
埃米尔·德·吉拉尔丹	Girardin, Emile de
D.V. 格拉斯	Glass, D. V.
雅克·戈德肖	Godechot, Jacques
科林·戈登	Gordon, Colin
雷米·戈塞	Gossez, Rémi
亨利·古耶	Gouhier, Henry
奥古斯托·格拉齐亚尼	Graziani, Augusto
T.H. 格林	Green, T. H.

斯蒂芬·L. 卡普兰　　　　　　　Kaplan, Steven L.

杰弗里·卡普洛　　　　　　　　Kaplow, Jeffry

卡尔—赫尔曼·克斯特纳　　　　Kästner, Karl-Hermann

米歇尔·B. 卡茨　　　　　　　　Katz, Michael B.

米肯·考斯　　　　　　　　　　Kaus, Miken

唐纳德·R. 凯利　　　　　　　　Kelley, Donald R.

汤姆·肯普　　　　　　　　　　Kemp, Tom

约翰·梅纳德·凯恩斯　　　　　Keynes, John Maynard

E.L. 尼迈耶　　　　　　　　　　Knemeyer, E. L.

瓦尔特·科皮　　　　　　　　　Korpi, Walter

赖因哈特·科泽勒克　　　　　　Koselleck, Reinhart

A. 克雷默—马里耶蒂　　　　　Kremer-Marietti, A.

安·福勒·拉贝格　　　　　　　La Berge, Ann Fowler

亚历山大·拉博得（伯爵）　　　Laborde, Alexandre de (comte)

拉卡普拉·多米尼克　　　　　　La Capra，Dominick

拉法雷勒　　　　　　　　　　　La Farelle

莱昂·拉勒芒　　　　　　　　　Lallemand, Léon

阿方斯·德·拉马丁　　　　　　Lamartine, Alphonse de

皮埃尔·兰茨　　　　　　　　　Lantz, Pierre

弗朗索瓦·拉罗什富科·利昂　　La Rochefoucauld-Liancourt,

库尔（公爵）　　　　　　　　　François de (duc)

保罗·拉扎斯菲尔德　　　　　　Lazarsfeld, Paul

伊萨克—勒内—居伊·列沙白里哀·　Le Chapelier, Isaac-René-Guy

贝尔纳·皮埃尔·勒屈耶　　　　Lécuyer, Bernard-Pierre

L. 利斯　　　　　　　　　　　　Lees, L.

亨利·莫诺	Monod, Henry
夏尔·德·瑟贡达 孟德斯鸠（男爵）	Montesquieu, Charles de Secondat de (baron)
唐纳德·穆恩	Moon, Donald
克里斯托夫·莫罗	Moreau-Christophe
利翁·穆拉德	Murard, Lion
威廉·纳索·西尼尔	Nassau Senior, William
雅克·内克尔	Necker, Jacques
R. 诺伊豪斯	Neuhaus, R.
罗伯特·A. 尼斯比特	Nisbet, Robert A.
罗伯特·A. 奈	Nye, Robert A.
安·绍拉·奥尔洛夫	Orloff, Ann Shola
比丘·帕雷科	Parekh, Bhikku
亚历山大·J.B. 帕伦特·杜夏特莱	Parent-Duchatelet, Alexandre J.B.
尼古拉·帕伦特·雷亚尔	Parent-Réal, Nicolas
路易·帕蒂里耶	Parturier, Louis
帕斯夸莱·帕斯奎诺	Pasquino, Pasquale
康斯坦丁·佩克尔	Pecqueur, Constantin
米歇尔·佩罗	Perrot, Michelle
H.S. 佩尔松	Person, H. S.
保罗·皮亚森扎	Piasenza, Paolo
乔治·皮科	Picot, Georges
J.P. 皮科齐	Picqué, J.-P.
佛朗哥·皮托科	Pitocco, Franco
弗朗西丝·福克斯·皮文	Piven, Frances Fox

安托万—玛丽·勒德雷尔   Roederer, Antoine-Marie

埃里克·罗尔   Roll, Eric

皮埃尔·罗桑瓦隆   Rosanvallon, Pierre

M. 罗斯   Rose, M.

乔治·罗森   Rosen, George

让—雅克·卢梭   Rousseau, Jean-Jacques

迪特里希·吕施迈耶   Rueschmeyer, Dietrich

克劳德—昂利·德·鲁弗鲁瓦·圣   Saint-Simon, Claude-Henry de
西门（伯爵）   Rouvroy de (comte)

M. 圣马可   Saint-Marc, M.

马克·索泽   Sauzet, Marc

让—巴蒂斯特·萨伊   Say, Jean-Baptiste

莱昂·萨伊   Say, Léon

Th. 席德尔   Schieder, Th.,

彼尔·安赫洛·席尔   Schiera, Pier Angelo

亚瑟·施莱辛格   Schlesinger, Arthur M.

卡尔·施密特   Schmitt, Carl

罗伯特·施内布   Schnerb, Robert

罗曼·施努尔   Schnur, Roman

约瑟夫·A. 熊彼得   Schumpeter, Joseph A.

乔安·W. 斯科特   Scott, Joan W.

W.R. 斯科特   Scott, W. R.

威廉·H. 休厄尔   Sewell, William H.

埃马纽埃尔·西耶斯（神父）   Sieyès, Emmanuel (abbé)

莱昂纳尔·西蒙德·德·西斯蒙第   Sismondi, Léonard Simonde de

让—保尔·阿尔邦·维尔纽夫—巴尔热蒙（子爵）	Villeneuve-Bargemont, Jean-Paul Alban de (vicomte)
路易—勒内·维莱姆	Villermé, Louis-René
康斯坦丁·弗朗索瓦·德·沃尔内	Volney, Constantin-François de (comte)
奥古斯特·瓦尔拉斯	Walras, Auguste
迈克尔·沃尔泽	Walzer, Michael
J. 韦耶	Weiller, J.
玛格丽特·韦尔	Weir, Margaret
谢里尔·B. 韦尔奇	Welch, Cheryl B.
莫顿·怀特	White, Morton
戴维·温奇	Winch, David
雅克·沃尔夫	Wolff, Jacques
斯图亚特·伍尔夫	Woolf, Stuart
帕特里克·泽尔博曼	Zylberman, Patrick

译后记

自从 20 世纪 70 年代末以来，社会主义运动暂时陷入低潮，革命弥赛亚主义不再流行，西方世界对资本主义世界的批判声音也几于沉寂。相反，市场竞争、个人主义、民主政治和人权原则变得神圣不可侵犯，撒切尔主义、里根主义、芝加哥经济学派、新托克维尔主义、罗尔斯主义、文化多元主义等思潮长盛不衰。越来越多的人相信，只要充分地享有自由，每个人都能够而且也应当成为自己的救赎。长期困扰欧美国家的"社会问题"似乎可以迎刃而解，孜孜以求的福利国家及其正当性开始受到质疑。在法国，自从弗朗索瓦·密特朗总统的第二个任期以来，淡化社会问题、减少国家干预和削弱社会福利构成了法国国内政策最基本的走向。埃马纽埃尔·马克龙当选总统后，更是不遗余力地扛起了经济自由的大旗，把减轻企业税负、改革养老金制度、延长退休年龄等当作其施政纲领的重中之重。

毋庸讳言，当今世界经济的高速增长、技术的突飞猛进和全球化的深入发展与西方世界的此种转变有着密不可分的联系。但是，历史没有终结，"社会问题"也没有消亡，贫富差距日趋扩大。在新一轮全球化浪潮中无法分享红利的弱势群体总是会以其特有的方式进行抗争，他们或者走向街头，组织罢工，试图阻止在市场原教旨主义的道路上狂奔的政府，或者摒弃传统的党派与制度，用选票把马克斯·韦伯所言的"奇理斯玛型"政治人物推向政治舞台，或者干脆主张回归孤立主义，拒绝全球化，高喊本国利益至上的口号。毫不夸张地说，当代西方国家此起彼伏的罢工、层出不穷的暴恐事件、屡见不鲜的种族歧视，以及令人眼花缭乱的政治乱象，与它们自 20 世纪 70 年代末以来漠视贫富差距问题，罔顾社会底层的艰难处境，尤其是削弱福利国家的一贯立场有着密不可分的联系。简言之，这是它们采取回避、拒绝和反对"社会问题"而必然要承受的代价。

所以，我们不难理解，西方国家的未来命运在很大程度上取决于它们是否能够正视"社会问题"，并重建一套兼顾自由与平等、效率与公平、多元与秩序的社会制度。有一点我们可以肯定，它们若想摆脱今日的困境，不能无视其先辈在 19 世纪对自由主义的批判，以及在 20 世纪缔造的福利国家制度。

在大革命和拿破仑帝国覆灭后，法国人曾经一度也相信，凭借自由，毋宁说，凭借选个人选择、市场经济和民主政治，即可建立一个自由、平等与繁荣的社会。然而，由此催生的社会却是另一副模样：少数人依靠对土地、资本和技术的垄断而腰缠万贯，而多数人被迫出卖劳力，并且不管怎么努力工作，也无法满足自身及其家庭的基本需求。这样的社会注定动荡不安，暴力、起义与革命接踵而至。为了摆脱困境，19 世纪法国的有识之士积极调查社会底层，尤其是广大工人群众的生存状态，倾听他们的心声，探究整合他们的社会治理手段。人们逐渐意识到，贫困问题具有自身的特性，不能为政治范畴、法律范畴或经济范畴所完全覆盖，而是拥有一个专属自己的社会范畴（le social），其诊治需要一套独特的哲学、方法与手段。

对于 1789—1848 年期间法国人对贫困问题的认识及其变化，对于其贫困治理策略的演变，意大利社会学家乔凡娜·普洛卡奇在其著作《治理贫困：法国的社会问题（1789—1848）》（1993 年出版）进行了全面的梳理与分析。难能可贵的是，在弗朗索瓦·孚雷等人竭力鼓吹"告别革命论"，积极宣扬盎格鲁—撒克逊主义的年代，普洛卡奇就已经旗帜鲜明地反对西欧国家盲目效仿美国的低福利国家模式，强调西欧福利国家制度的历史必然性与现实效用。在反福利国家的潮流甚嚣尘上的当代世界，普洛卡奇的分析和立场显得弥足珍贵。

我不想长篇评论本书的内容，相信读者应该能从中受益匪浅。在此，我只想对某些若干容易混淆概念的翻译稍作说明。1789—1848 年，西欧的知识界在谈论贫穷时，会使用不同的概念指涉不同的贫穷现象。

"贫穷"（la pauvrereté）是指客观意义上的穷苦现象，自古有之。"贫困"（la misère）的感情色彩要强烈许多，通常指代贫穷且悲惨的窘境，雨果的《悲惨世界》（Les Misèrable）可能也是在这个意义上使用了该词。"赤贫"（la indigence）的贫穷程度无疑更为严重，这类人群倘若没有社救助，便无法存活。这三种贫穷现象尽管程度有别，但人们认为它们产生的原因却是大致相同，无非有两类：一类穷人是"真穷人"，他们老弱病残，无法通过劳动养活自己；另一类穷人是"假穷人"，他们四肢健全，却懒惰成性，宁愿靠乞讨和流浪为生。相反，"贫窭"（le pauperisme）的含义更为特殊，它更多是近代的产物，尤其是工业化和城市化的产物。成千上万的男工、女工甚至童工每天劳动的时间长达 16、17 小时，却依然无法解决自身的衣食住行问题。所以，最令 19 世纪法国人感到担忧的，并不是个体的、零散的、乡村的"贫穷"、"贫困"或"赤贫"，而是群体的、城市的、工人的"贫窭"。这些法文词汇在当时法国的语境里拥有迥然不同的含义，但我所翻译的概念在汉语世界里的差别可能微乎其微。尽管多有不满，但限于水平，我无法找到更为妥帖的译法。所以，恳请读者的谅解，并请专家不吝指正。

在本书的翻译过程中，倪玉珍、张正萍、应远马和白玮等学友提供过帮助。我的两位硕士生王晨宇和姜弛翻译制作了人名翻译附录表。我还要特别感谢谢焕先生，没有他联系版权，没有他的校订，本书的翻译与出版便无从谈起。当然，一切文责，皆应归属本人。

乐启良

2023 年 3 月 6 日